Тени и свет

Фёдор К. Сологуб

Содержание

Тени и свет

I

Худощавый, бледный мальчик лет двенадцати, Володя Ловлев только что вернулся из гимназии и ждал обеда. Он стоял в гостиной у рояля и рассматривал последний номер "Нивы", который принесли с почты сегодня утром. Из газеты, которая лежала тут же, прикрывая один лист "Нивы", выпала маленькая книжечка, напечатанная на тонкой серой бумаге,— объявление иллюстрированного журнала. В этой книжечке издатель перечислял будущих сотрудников,— полсотни известных литературных имен,— многословно хвалил журнал весь в целом и по отделам, весьма разнообразным, и давал образчики иллюстраций.

Володя начал рассеянно перелистывать серенькую книжку, рассматривая крохотные картинки. Его большие глаза на бледном лице глядели устало.

Одна страничка вдруг заинтересовала мальчика и заставила его широкие глаза раскрыться еще шире. Сверху вниз вдоль странички было напечатано шесть рисунков, изображавших сложенные разными способами руки, тени которых, отброшенные на белую стену, образовали темные силуэты: головку барышни в какой-то смешной рогатой шляпке, голову осла, быка, сидячую фигуру белки и еще что-то в этом же роде.

Володя, улыбаясь, углубился в рассматривание рисунков. Ему знакома была эта забава: он сам мог сложить пальцы одной руки так, чтобы на стене появилась заячья головка. Но здесь было кое-что, чего Володя еще не видывал; и,— самое главное,— здесь все были фигуры довольно сложные, для двух рук.

Володе захотелось воспроизвести эти тени. Но теперь, при рассеянном свете догоравшего осеннего дня, конечно, ничего хорошего не выйдет.

Надо взять книжку к себе, сообразил он,— ведь она же не нужна.

В это время услышал он в соседней комнате приближающиеся шаги и голос матери. Покраснев отчего-то, он быстро сунул книжку в карман и отошел от рояля, навстречу своей маме. Она подходила к нему, ласково улыбаясь, такая

1

похожая на него, с такими же широкими глазами на бледном прекрасном лице.

Мама спросила, по обыкновению:

— Что у вас сегодня новенького?

— Да ничего нового,— хмуро сказал Володя. Но ему сейчас же показалось, что он говорит с мамою грубо, и стало от этого стыдно. Он ласково улыбнулся и стал припоминать, что было в гимназии,— но при этом еще яснее почувствовал досаду.

— У нас Пружинин опять отличился,— начал он рассказывать об учителе, нелюбимом гимназистами за грубость.— Ему наш Леонтьев отвечал урок и напутал, а он и говорит ему: "Ну, довольно, говорит, садитесь,— вались дерево на дерево!"

— А вы все сейчас и заметите,— сказала мама, улыбаясь.

— Вообще, он ужасно грубый. Володя помолчал немного, вздохнул и заговорил жалующимся голосом:

— И все-то они торопятся.

— Кто? — спросила мама.

— Да учителя. Каждый хочет поскорее курс пройти, да повторить хорошенько к экзаменам. Если о чем спросишь, так уж наверное подумают, что это гимназист зубы заговаривает, чтобы до звонка протянуть, чтоб не спросили.

— А вы после уроков разговаривайте.

— Ну да,— после уроков тоже торопятся, домой или в женскую гимназию на уроки. И все так скоро, — сейчас геометрия, а сейчас и греческий,

— Не зевай!

— Да, не зевай! Как белка в колесе. Право, это меня раздражает.

Мама легонько усмехнулась.

II

После обеда Володя отправился в свою комнату приготовлять уроки. Мама заботится, чтобы Володе было удобно,— и здесь есть все, чему надлежит быть в такой комнате. Володе здесь никто не помешает, даже мама не приходит к нему в это время. Она придет попозже, помочь Володе, если это будет нужно.

Володя был мальчик прилежный и, как говорится, способный. Но сегодня ему трудно было заниматься. За какой бы урок он ни взялся, вспоминалось что-нибудь неприятное,— вспомнился учитель того предмета, его язвительная или грубая фраза, брошенная мимоходом и запавшая в глубину души впечатлительного мальчика. Случилось почему-то, что многие из последних уроков сошли неудачно: учителя являлись недовольные, и дело у них не клеилось. Дурное настроение их сообщалось Володе, и теперь веяло на него со страниц книг и тетрадей хмурое и смутное беспокойство.

От одного урока он торопливо переходил к другому, третьему,— и это мелькание маленьких дел, которые надо поскорее исполнить, чтобы не оказаться завтра "деревом на дереве" своей скамьи, бестолковое и ненужное мелькание раздражало его. Он начал даже зевать от скуки и досады и нетерпеливо болтать ногами, тревожно двигаясь на стуле.

Но Володя твердо знал, что все эти уроки надо непременно выучить, что это очень важно, что от этого зависит вся его судьба,— и он добросовестно делал скучное для него дело.

Володя сделал на тетрадке маленькое пятнышко и отложил перо. Вглядевшись внимательно, он решил, что можно стереть перочинным ножом. Володя был рад развлечению. На столе ножа не было. Володя сунул руку в карман и порылся там. Среди всякого сора и хлама, по мальчишеской привычке напиханного в карман, нащупал он ножик и потянул его, а с ним заодно и какую-то книжку.

Володя еще не знал, что это за бумага в его руке, но, уже вытаскивая ее, вдруг вспомнил, что эта книжка с тенями, — и внезапно обрадовался и оживился.

Так и есть, это — она, та самая книжка, о которой он уже и забыл, занявшись уроками.

Он проворно вскочил со стула, подвинул лампу поближе к стене, опасливо покосился на притворенную дверь,— не вошел бы кто-нибудь,— и, развернув книжку на знакомой странице, принялся внимательно разглядывать первый рисунок и складывать по этому рисунку пальцы. Тень выходила сначала нескладная, не такая, как надо,— Володя передвигал лампу и так и этак, сгибал и вытягивал пальцы, — и наконец получил на белых обоях своей комнаты женскую головку в рогатом уборе.

Володе стало весело. Он наклонял руки и слегка шевелил пальцами,— головка кланялась, улыбалась, делала смешные гримасы. Володя перешел ко второй фигуре, потом к следующим. Все они сначала не давались, но Володя кой-как справился с ними.

В таких занятиях провел он с полчаса и забыл об уроках, о гимназии, о всем в мире.

Вдруг за дверью послышались знакомые шаги. Володя вспыхнул, сунул книжку в карман, быстро подвинул лампу на место, причем едва не опрокинул ее, — и уселся, сгибаясь над тетрадкою. Вошла мама.

— Пойдем чай пить, Володенька,— сказала она.

Володя притворился, что смотрит на пятно и собирается открыть ножик. Мама нежно положила руки на его голову.— Володя бросил ножик и прижался к маме раскрасневшимся лицом. Очевидно, мама ничего не заметила, и Володя был рад этому. Но ему все-таки было стыдно словно его поймали в глупой шалости.

III

На круглом столе посреди столовой самовар тихо напевал свою воркующую песенку. Висячая лампа разливала по белой скатерти и темным обоям дремотное настроение.

Мама задумалась о чем-то, наклоняя над столом прекрасное бледное лицо. Володя положил руку на стол и помешивал ложкою в стакане. Сладкие струйки пробегали в чае, тонкие пузырьки подымались на его поверхность. Серебряная ложка тихонько бренчала.

Кипяток, плеща, падал из крана в мамину чашку.

От ложечки на блюдце и на скатерть бежала легкая, растворившаяся в чае тень. Володя всматривался в нее: среди теней, бросаемых сладкими струйками и легкими пузырьками воздуха, она напоминала что-то,— что именно, Володя не мог решить. Он наклонял и вертел ложечку, перебирал по ней пальцами,— ничего не выходило.

"А все-таки,— упрямо подумал он,— не из одних же пальцев можно складывать тени. Из всего можно, только надо приноровиться".

И Володя стал всматриваться в тени самовара, стульев, маминой головы, в тени, отбрасываемые на столе посудой,— и во всех этих тенях старался уловить сходство с чем-нибудь. Мама говорила что-то.— Володя слушал невнимательно.

— Как теперь Леша Ситников учится?— спросила мама.

Володя в это время рассматривал тень молочника. Он встрепенулся и торопливо ответил:

— На кота.

Володя, ты совсем спишь,— с удивлением сказала мама.— Какой кот? Володя покраснел.

— Не знаю, с чего мне пришло,— сказал он — Извини, мамочка, я не расслышал.

IV

На другой вечер перед чаем Володя опять вспомнил о тенях и опять занялся ими. Одна тень у него все плохо выходила, как он ни вытягивал и ни сгибал пальцы.

Володя так увлекся, что не заметил, как подошла мама. Заслышав скрип отворяющейся двери, он сунул книжку в карман и смущенно отвернулся от стены. Но мама уже смотрела на его руки, и боязливая тревога мелькнула в ее широких глазах.

— Что ты делаешь, Володя? Что ты спрятал?

— Нет, ничего, так,— бормотал Володя, краснея и неловко переминаясь.

Маме представилось почему-то, что Володя хотел курить и спрятал — папиросу.

— Володя, покажи сейчас, что ты спрятал, — говорила она испуганным голосом.

— Право же, мама...

Мама взяла Володю за локоть.

— Что ж, мне самой к тебе в карман лезть? Володя еще сильнее покраснел и вытащил из кармана книжку.

— Вот,— сказал он, протягивая ее маме.

— Что ж это?

— Ну вот,— объяснял Володя, — тут рисуночки есть,— вот видишь, тени. Ну, я и показывал их на стене, да у меня плохо выходило.

— Ну, что ж тут прятать? — сказала мама, успокоившись.— Какие ж это тени, покажи мне.

Володя застыдился, но послушно стал показывать маме тени

— Вот это — голова лысого господина. А это — заячья голова.

— Ах ты! — сказала мама.— Вот ты как уроки готовишь!

— Я, мама, немножко.

— То-то, немножко! Чего ж ты краснеешь, милый мой? Ну полно, ведь я знаю, ты все сделаешь, что надо.

5

Мама взъерошила Володины коротенькие волосы. Володя засмеялся и спрятал пылающее лицо под мамиными локтями.

Мама ушла, а Володя все еще чувствовал неловкость и стыд. Мама застала его за таким занятием, над которым он сам посмеялся бы, если бы застал за ним товарища. Володя знал, что он — мальчик умный, и считал себя серьезным, а ведь это все-таки — забава, годная разве только для девочек, когда они соберутся.

Он сунул книжку с тенями подальше в ящик своего стола и не вынимал ее оттуда больше недели, да и о тенях всю эту неделю мало вспоминал. Разве только иногда вечером, переходя от предмета к другому, улыбнется он, вспомнив рогатую головку барышни, — иногда даже сунется в ящик за книжкою, да вспомнит сейчас же, как мама застала его, застыдится и скорее за дело.

V

Володя и его мама, Евгения Степановна, жили на окраине губернского города, в собственном мамином доме. Евгения Степановна вдовела уже девять лет. Теперь ей было тридцать пять лет, она была еще молода и прекрасна, и Володя любил ее нежно. Она вся жила для сына, училась для него древним языкам и болела всеми его школьными тревогами. Тихая, ласковая, она несколько боязливо смотрела на мир широкими глазами, кротко мерцавшими на бледном лице,

Они жили с одною прислугою. Прасковья, угрюмая вдова, мещанка, была баба сильная, крепкая; ей было лет сорок пять, но по строгой молчаливости своей она была похожа на столетнюю старуху. Когда Володя смотрел на ее мрачное, словно каменное лицо, ему часто хотелось узнать, что думает она длинными зимними вечерами на своей кухне, когда холодные спицы, позванивая, мерно шевелятся в ее костлявых руках и сухие губы ведут беззвучный счет. Вспоминает ли она пьяницу мужа? Или рано умерших детей? Или мерещится ей одинокая и бесприютная старость?

Безнадежно уныло и строго ее окаменелое лицо.

VI

Долгий осенний вечер. За стеною и дождь и ветер.

Как надоедливо, как равнодушно горит лампа!

Володя оперся на локоть, весь наклоняясь над столом на левый бок, и смотрел на белую стену комнаты, на белую штору окна.

Не видны бледные цветы на обоях... Скучный белый цвет...

Белый абажур задерживает отчасти лучи лампы. Вся верхняя половина комнаты в полусвете.

Володя протянул вверх правую руку. По затененной абажуром стене потянулась длинная тень, слабо очерченная, смутная...

Тень ангела, улетающего в небеса от порочного и скорбного мира, прозрачная тень с широкими крыльями, с головой, грустно склоненной на высокую грудь.

Не уносится ли из мира нежными руками ангела что-то значительное и пренебреженное?..

Володя тяжело перевел дыхание. Рука его лениво опустилась. Он склонил скучающие глаза на свои книги.

Долгий осенний вечер... Скучный белый цвет... За стеною плачет и лепечет...

VII

Мама второй раз застала Володю за тенями. На этот раз бычачья голова очень удалась ему, и он любовался ею и заставлял быка вытягивать шею и мычать.

Но мама была недовольна.

— Вот как ты занимаешься! — укоризненно сказала она.

— Я ведь немножко, мама, — застенчиво прошептал Володя.

— Можно бы этим и в свободное время заняться,

— продолжала мама.— Ведь ты не маленький,— как тебе не стыдно тратить время на такие пустяки!

— Мамочка, я больше не буду.

Но Володе трудно было исполнить обещание. Ему очень нравилось делать тени, и желание заняться этим частенько стало приходить ему среди какого-нибудь интересного урока.

Эта шалость иной вечер отнимала у него много времени и

мешала хорошенько приготовить уроки. Приходилось наверстывать потом и недосыпать. А как бросить забаву?

Володе удалось изобрести несколько новых фигур, и не только при помощи пальцев. И эти фигуры жили на стене, и, казалось иногда Володе, вели с ним занятные беседы.

Впрочем, он и раньше был большой мечтатель.

VIII

Ночь. В Володиной комнате темно. Володя улегся в свою постель, но ему не спится. Он лежит на спине и смотрит на потолок.

По улице идет кто-то с фонарем. Вот по потолку пробегает его тень среди красных световых пятен от фонаря, Видно, что фонарь качается в руках прохожего, — тень колышется неровно и трепетно.

Володе становится почему-то жутко и страшно. Он быстро натягивает одеяло на голову, и, весь содрогаясь от торопливости, ложится поскорее на правый бок, и принимается мечтать.

Ему становится тепло и нежно. В голове его складываются милые, наивные мечты, те мечты, которые посещают его перед сном.

Часто, когда он ляжет спать, ему делается вдруг страшно, он словно становится меньше и слабее,— и прячется в подушки, забывает мальчишеские ухватки, делается нежным, ласковым, и ему хочется обнять и зацеловать маму.

IX

Сгущались серые сумерки. Тени сливались. Володе было грустно. Но вот и лампа. Свет пролился на зеленое сукно стола, по стене прошмыгнули неопределенные милые тени.

Володя почувствовал прилив радости и одушевления и заторопился вынуть серенькую книжку.

Бык мычит... Барышня звонко хохочет... Какие злые, круглые глаза делает этот лысый господин!

Теперь свое.

Степь. Странник с котомкой. Кажется, слышна печальная, тягучая дорожная песня...

Володе радостно и грустно.

X

— Володя, я уж третий раз вижу у тебя эту книжку. Что ж, ты целыми вечерами на свои пальцы любуешься?

Володя неловко стоял у стола, как пойманный шалун, и вертел книжку в горячих пальцах.

— Дай мне ее сюда! — сказала мама.

Володя сконфуженно протянул ей книжку. Мама взяла ее и молча ушла, а Володя уселся за тетрадки.

Ему было стыдно, что он своим упрямством огорчил маму, и досадно, что она отняла от него книжку, и еще стыдно, что он довел себя до этого. Он чувствовал себя очень неловко, и досада на маму терзала его: ему совестно было сердиться на маму, но он не мог не сердиться. И оттого, что сердиться было совестно, он еще более сердился.

"Ну, пусть отняла,— подумал он, наконец,— а я и так обойдусь".

И в самом деле, Володя уже знал фигуры на память и пользовался книжкой только так, для верности.

XI

Мама принесла к себе книжку с рисунками теней, раскрыла их,— и задумалась,

"Что же в них заманчивого? — думала она.— Ведь он — умный, хороший мальчик,— и вдруг увлекается такими пустяками! Нет, уж это, значит, не пустяки!.. Что же, что тут?" — настойчиво спрашивала она себя.

Странная боязнь зарождалась в ней,— какое-то неприязненное, робкое чувство к этим черным рисункам.

Она встала и зажгла свечу. С серенькой книжкой в руках подошла она к стене и приостановилась в боязливой тоске.

"Да, надо же наконец узнать, в чем здесь дело",— решила она и принялась делать тени, от первой до последней.

Она настойчиво, внимательно складывала пальцы и

9

сгибала руки, пока не получала той фигуры, какая была ей нужна. Смутное, боязливое чувство шевелилось в ней. Она старалась его преодолеть. Но боязнь росла и чаровала ее. Руки ее дрожали, а мысль, запуганная сумерками жизни, бежала навстречу грозящим печалям.

Вдруг услышала она шаги сына. Она вздрогнула, спрятала книжку и погасила свечу.

Володя вошел и остановился у порога, смущенный тем, что мама строго смотрит на него и стоит у стены в неловком, странном положении.

— Что тебе? — спросила мама суровым, неровным голосом.

Смутная догадка пробежала в Володиной голове, но Володя поторопился ее отогнать и заговорил с мамой.

XII

Володя ушел.

Мама прошлась несколько раз по комнате. Она заметила, что за нею на полу движется ее тень, и — странное дело! — первый раз в жизни ей сделалось неловко от этой тени. Мысль о том, что есть тень, беспрестанно приходила ей в голову,— но Евгения Степановна почему-то боялась этой мысли и даже старалась не глядеть на тень

А тень ползла за нею и дразнила ее. Евгения Степановна пыталась думать о другом,— напрасно.

Она внезапно остановилась, бледная, взволнованная.

— Ну, тень, тень! — воскликнула она вслух, со странным раздражением топая ногами,— ну что же из того? что же?

И вдруг сразу сообразила, что глупо так кричать и топать ногами, и притихла.

Она подошла к зеркалу. Ее лицо было бледнее обыкновенного, и губы ее дрожали испуганной злобой.

"Нервы,— подумала она,— надо взять себя в руки"

XIII

Ложились сумерки. Володя размечтался

— Пойдем, погуляем, Володя,— сказала мама

Но и на улице были повсюду тени, вечерние, таинственные,

10

неуловимые,— и они шептали Володе что-то родное и бесконечно печальное.

В туманном небе проглянули две-три звезды, такие далекие и чужие и Володе и обступившим его теням. Но Володя, чтоб сделать приятное маме, стал думать об этих звездах: только они одни были чужды теням,

— Мама,— сказал он, не замечая, что перебил маму, которая говорила ему о чем-то,— как жаль, что нельзя добраться вот до этих звезд.

Мама взглянула на небо и ответила:

— Да и не надо. Только на земле нам и хорошо, там другое.

— А как они слабо светят! Впрочем, тем и лучше.

— Почему?

— Ведь если бы они посильнее светили, так и от них побежали бы тени.

— Ах, Володя, зачем ты все только о тенях и думаешь?

— Я, мама, нечаянно,— сказал Володя раскаивающимся голосом. Володя все еще старался приготовлять уроки получше,— он боялся огорчить маму леностью. Но всю силу своей фантазии он употреблял на то, чтобы вечером уставить на своем столе груду предметов, которая отбросила бы новую, причудливую тень. Он раскладывал так и этак все, что было у него под руками, и радовался, когда на белой стене появлялись очертания, которые можно было осмыслить. Эти теневые очертания становились близки ему и дороги. Они не были немы, они говорили,— и Володя понимал их лепечущий язык.

Он понимал, на что ропщет этот унылый пешеход, бредущий по большой дороге в осеннюю слякоть, с клюкою в дрожащих руках, с котомкой на понурой спине.

Он понимал, на что жалуется морозным треском сучьев занесенный снегом лес, тоскующий в зимнем затишье, и про что каркает медленный ворон на поседелом дубе, и о чем грустит суетливая белка над опустелым дуплом.

Он понимал, о чем на тоскливом осеннем ветре плачут нищие старухи, дряхлые, бесприютные, которые в ветхих лохмотьях дрожат на тесном кладбище, среди шатких крестов и безнадежно черных могил.

Самозабвение и томительная грусть!

XV

Мама замечала, что Володя продолжает шалить. За обедом она сказала:

— Хоть бы ты, Володя, другим чем заинтересовался.

— Да чем?

— Почитал бы.

— Да, начнешь читать, а самого так и тянет делать тени.

— Забаву бы придумал другую,— хоть мыльные пузыри.

Володя грустно улыбнулся.

— Да, пузыри полетят, а за ними тени по стене.

— Володя, ведь ты этак вконец расстроишь себе нервы. Ведь я вижу,— ты даже похудел из-за этого.

— Мама, ты преувеличиваешь!

— Пожалуйста! Ведь я знаю,— ты по ночам стал плохо спать и бредишь иногда. Ну, представь, если ты захвораешь!

— Вот еще!

— Не дай Бог, сойдешь с ума или умрешь,— какое мне горе будет!

Володя засмеялся и кинулся на шею к маме.

— Мамочка, я не умру. Я больше не буду. Мама заметила, что Володя уже плачет.

— Ну, полно, — сказала она, — бог милостив. Вот видишь, какой ты стал нервный,— и смеешься, и плачешь.

XVI

Мама пристально, боязливо всматривалась в Володю. Всякие мелочи теперь волновали ее.

Она заметила, что Володина голова слегка несимметрична: одно ухо было выше другого, подбородок немного отклонен в сторону. Мама смотрела в зеркало и замечала, что Володя и в этом похож на нее.

"Может быть,— думала она,— это — один из признаков дурной наследственности, вырождения? И в ком тогда корень зла? Я ли — такая неуравновешенная? Или отец?"

Евгения Степановна вспомнила покойного мужа. Это был добрейший и милейший человек, слабовольный, с бессмысленными порываниями куда-то, то восторженно, то мистически настроенный, грезивший о лучшем общественном устройстве, ходивший в народ,— и пивший запоем в последние

12

годы жизни. Он был молод, когда умер,— ему было тогда всего тридцать пять лет.

Мама даже свела Володю к врачу и описала его болезнь. Врач, жизнерадостный молодой человек, выслушал ее, посмеиваясь, дал кой-какие советы относительно диеты и образа жизни, сопровождая их шутливыми прибаутками, весело настрочил "рецептик микстуры" и игриво прибавил, похлопывая Володю по спине:

— А самое лучшее лекарство— посечь бы. Мама жестоко обиделась за Володю, но все остальные предписания выполнила в точности.

XVII

Володя сидел в классе. Ему было скучно. Он слушал невнимательно.

Он поднял глаза. На потолке к передней стене класса двигалась тень. Володя заметил, что она падает из первого окна. Сначала она легла от окна к середине класса, а потом быстро прошмыгнула от Володи вперед,— очевидно, на улице под окном шел кто-то. Когда еще эта тень двигалась, от второго окна упала другая тень, тоже сначала к задней стене, потом начала быстро поворачиваться к передней. То же повторилось в третьем и четвертом окне,— тени падали в класс, на потолок, и по мере того, как прохожий подвигался вперед, они тянулись назад.

"Да, — подумал Володя,— это не так, как в открытом месте, где тень тянется за человеком; здесь, когда человек идет вперед, тень скользит назад, и другие тени уже опять встречают его впереди".

Володя перевел глаза на сухую фигуру учителя. Холодное, желтое лицо учителя раздражает Володю. Володя ищет его тень и находит ее на стене, за учительским стулом. Тень уродливо перегибается и колышется,— но у нее нет желтого лица и язвительной усмешки, и Володе приятно смотреть на нее. Мысли его убегают куда-то далеко, и он уже совсем ничего не слышит.

— Ловлев!— называет его учитель.

Володя по привычке подымается и стоит, тупо глядя на учителя. У него такой нездешний вид, что товарищи смеются, а учитель делает укоризненное лицо. Потом Володя слышит, что учитель издевается над ним вежливо и зло.

13

Володя дрожит от обиды и от бессилия. Потом учитель объявляет ему, что ставит ему единицу за незнание и невнимательность, и приглашает его садиться.

Володя глупо улыбается и принимается соображать, что с ним случилось.

XVIII

Единица, первая в Володиной жизни! Как это было странно для Володи!

— Ловлев! — дразнят его товарищи, смеясь и толкаясь.— Схватил кол! С праздником!

Володе неловко. Он еще не знает, как следует вести себя в таких случаях.

— Ну, схватил,— досадливо говорит он,— тебе-то что за дело!

— Ловлев! — кричит ему ленивый Снегирев.— Нашего полку прибыло!

Первая единица! И ее надо было показать маме. Это было стыдно и унизительно. Володя чувствовал на своей спине в ранце странную тяжесть и неловкость,— этот "кол" пренеудобно торчал в его сознании и никак не вязался ни с чем в его уме.

— Единица!

Он не мог привыкнуть к мысли об единице и не мог думать ни о чем другом. Когда городовой близ гимназии посмотрел на него, по обычаю своему, строго, Володя почему-то подумал:

"А вот если бы ты знал, что у меня единица!"

Это было совсем неловко и непривычно,— Володя не знал, как ему держать голову и куда девать руки,— во всем теле была неловкость.

И еще было надо принимать перед товарищами беззаботный вид и говорить о другом!

Товарищи! Володя был уверен, что все они ужасно рады его единице.

14

XIX

Мама посмотрела на единицу, перевела непонимающие глаза на Володю, опять взглянула на отметку и тихо воскликнула:

— Володя!

Володя стоял перед нею и уничтожался. Он смотрел на складки мамина платья, на мамины бледные руки и чувствовал на своих трепетных веках ее испуганные взгляды.

— Что это? -спросила мама.

— Ну что ж, мама,— вдруг заговорил Володя,— ведь это ж первая!

— Первая!

— Ну, ведь это со всяким может быть. И право, это нечаянно.

— Ах, Володя, Володя!

Володя заплакал, по-ребячьи размазывая слезы ладонью по щекам.

— Мамочка, не сердись,— зашептал он.

— Вот твои тени! — сказала мама.

В ее голосе Володе послышались слезы. Сердце его сжалось. Он взглянул на маму. Она плакала. Он бросился к ней.

— Мама, мама,— повторял он, целуя ее руки,— я брошу, право, брошу всякие тени.

XX

Володя сделал громадное усилие воли,— и не занимался тенями, как его ни тянуло к ним. Он старался наверстать пропущенное из уроков.

Но тени настойчиво мерещились ему. Пусть он не вызывал их, складывая пальцы, пусть он не громоздил предмет на предмет, чтоб они отбросили тень на стене,— тени сами обступали его, назойливые, неотвязные. Володе уже незанимательны стали предметы, он их почти и не видел,— все его внимание уходило на их тени.

Когда он шел домой и солнце, бывало, проглянет из осенних туч хоть в дымчатой ризке, — он радовался, что повсюду побежали тени. Тени от лампы стояли около него, когда он вечером был дома.

Тени везде, вокруг,— резкие тени от огней, смутные от

15

рассеянного дневного света,— все они теснились к Володе, скрещивались, обволакивали его неразрывной сетью. Некоторые из них были непонятны, загадочны, другие напоминали что-то, на что-то намекали, — но были и милые тени, близкие, знакомые, — вот их-то и сам Володя, хотя и мимовольно, искал и ловил повсюду в беспорядочном мелькании чуждых теней. Но грустны были эти милые и знакомые тени.

Когда же замечал Володя, что сам он ищет этих теней, он терзался совестью и шел каяться к маме.

Случилось однажды, что Володя не одолел соблазна, пристроился к стене и начал показывать себе бычка. Мама застала его.

— Опять! — сердито воскликнула она.— Нет, я наконец попрошу директора, чтобы тебя сажали в карцер.

Володя досадливо покраснел и угрюмо ответил:

— И там есть стена. Везде стена.

— Володя! — горестно воскликнула мама.— Что ты говоришь!

Но Володя уже кается в своей грубости и плачет.

— Мама, я сам не знаю, что со мною делается.

XXI

А мама все не может одолеть своего суеверного страха теней. Ей все чаще думается, что она, как Володя, погрузится в созерцание теней, но она старается утешить себя.

— Какие глупые мысли! — говорит она себе.— Все обойдется, даст Бог, благополучно: нашалится и перестанет.

А сердце замирает от тайного ужаса, и настойчиво забегает ее мысль, пугливая перед жизнью, навстречу будущим печалям.

В тоскливые минуты утра она поверяет свою душу, вспоминает свою жизнь,— и видит ее пустоту, ненужность, бесцельность. Одно только бессмысленное мелькание теней, сливающихся в густеющих сумерках.

"Зачем я жила? — спрашивает она себя.— Для сына? Но для чего? Чтобы и он стал добычею теней, маниаком с узким горизонтом,— прикованный к иллюзиям, к бессмысленным отражениям на безжизненной стене? И он тоже войдет в жизнь, и даст жизнь ряду существовании, призрачных и ненужных, как сон",

Она садится в кресло у окна и думает, думает.

Она заламывает в тоске прекрасные белые руки. Мысли ее разбегаются. Она смотрит на свои заломленные руки и начинает соображать, какие из этого могли бы выйти фигуры на тени. Она ловит себя на этом и в испуге вскакивает.

— Боже мой! — восклицает она.— Да ведь это — безумие.

XXII

За обедом мама смотрит на Володю.

"Он побледнел и похудел с тех пор, как ему попалась эта несчастная книжка. И весь он переменился,— характером и всем. Говорят, характер перед смертью меняется. Что, если он умрет? Ах, нет, нет, не дай. Господи!"

Ложка задрожала в ее руке. Она подняла к образу боязливые глаза.

— Володя, да отчего ж ты не доел супа? — испуганно спрашивает она.

— Не хочется, мама.

— Володя, не капризничай, голубчик,— ведь это же вредно — не есть супу.

Володя лениво улыбается и медленно кончает суп. Мама налила ему слишком полную тарелку. Он откидывается на спинку стула и хочет сказать с досады, что суп был невкусен. Но у мамы такое обеспокоенное лицо, что Володя не смеет говорить об этом и бледно улыбается.

— Теперь я сыт,— говорит он.

— Ах, нет, Володя, сегодня все твое любимое. Володя печально вздыхает: он уже знает, что если мама говорит о его любимых блюдах, то это значит: будет его пичкать. Он догадывается, что и за чаем мама заставит его, как и вчера, есть мясо.

XXIII

Вечером мама говорит Володе:

— Володя, милый мой, ты опять увлечешься,— уж лучше ты не затворяй дверей.

17

Володя принимается за уроки. Но ему досадно, что за его спиною открыта дверь и что мама иногда проходит мимо этой двери.

— Я так не могу,— кричит он, шумно отодвигая стул,— я не могу ничем заняться, когда дверь настежь.

— Володя, зачем же ты кричишь? — ласково укоряет мама.

Володя уже раскаивается и плачет. Мама ласкает его и уговаривает:

— Ведь я, Володенька, о тебе забочусь, чтобы помочь тебе справиться с твоим увлечением.

— Мама, посиди здесь,— просит Володя.

Мама берет книгу и садится у Володина стола. Несколько минут Володя работает спокойно. Но фигура мамы начинает понемногу раздражать его.

"Точно над больным!" — злобно думает он.

Его мысли перебиваются, он досадливо двигается и кусает губы. Мама наконец замечает это и уходит из комнаты.

Но Володя не чувствует облегчения. Он терзается раскаянием, что показал свое нетерпение. Он пробует заниматься,— и не может. Наконец он идет за мамой.

— Мама, зачем же ты ушла? — робко спрашивает он.

XXIV

Ночь под праздник. Перед образами теплятся лампады.

Поздно и тихо. Мама не спит. В таинственном сумраке спальни она стоит на коленях, молится и плачет, всхлипывает по-детски.

Ее косы бегут на белое платье; плечи ее вздрагивают. Умоляющим движением подымает она руки к груди и заплаканными глазами смотрит на икону. Лампада на цепях еле заметно зыблется от ее горячего дыхания. Тени колышутся, толпятся в углах, шевелятся за киотом и лепечут что-то тайное. Безнадежная тоска в их лепете, неизъяснимая грусть в их медленно зыбких колыханиях.

Мать встает, бледная, с широкими, странными глазами, и колеблется на ослабевших ногах. Тихо идет она к Володе. Тени обступают ее, мягко шуршат за ее спиною, ползут у ее ног, падают, легкие, как паутинка, к ней на плечи и, заглядывая в ее широкие глаза, лепечут непонятное.

Она осторожно подходит к кровати сына. В лучах лампады

лицо его бледно. На нем лежат резкие, странные тени. Не слышно дыхания,— он спит так тихо, что маме страшно. Она стоит, окруженная смутными тенями, обвеянная смутными страхами.

XXV

Высокие церковные своды темны и таинственны. Вечерние песни подымаются к этим сводам и звучат там торжественной грустью. Таинственно, строго смотрят темные образа, озаренные желтыми огоньками восковых свечей.

Теплое дыхание воска и ладана наполняет воздух величавой печалью.

Евгения Степановна поставила свечу перед иконою Богоматери и стала на колени. Но молитва ее рассеянна. Она смотрит на свою свечу. Огонь ее зыблется. Тени от свеч падают на черное платье Евгении Степановны и на пол и отрицательно колышутся.

Тени реют по стенам церкви и утопают вверху, в этих темных сводах, где звучат торжественные, печальные песни.

XXVI

Другая ночь.

Володя проснулся. Темнота обступила его и беззвучно шевелится.

Володя высвободил руки, поднял их и шевелит ими, устремляя на них глаза. В темноте он не видит своих рук, но ему кажется, что темные тени шевелятся перед его глазами...

Черные, таинственные, несущие в себе скорбь и лепет одинокой тоски...

А маме тоже не спится, — тоска томит ее.

Мама зажигает свечу и тихонько идет в комнату сына, взглянуть, как он спит.

Неслышно приотворила она дверь и робко взглянула на Володину кровать.

Луч желтого света дрогнул на стене, пересекая Володино красное одеяло. Мальчик тянется руками к свету и с бьющимся сердцем следит за тенями. У него даже нет вопроса: откуда свет?

Он весь поглощен тенями. Глаза его, прикованные к стене, полны стремительного безумия.

Полоса света ширится, тени бегут, угрюмые, сгорбленные, как бесприютные путницы, торопящиеся донести куда-то ветхий скарб, который бременит их плечи.

Мама подошла к кровати, дрожа от ужаса, и тихо окликнула сына:

— Володя!

Володя очнулся. С полминуты глядел он на маму широкими глазами, потом весь затрепетал, соскочил с постели и упал к маминым ногам, обнимая ее колени и рыдая.

— Какие сны тебе снятся, Володя! — горестно воскликнула мама,

XXVII

— Володя, — сказала мама за утренним чаем, — так нельзя, голубчик; ты совсем изведешься, если и по ночам будешь ловить тени.

Бледный мальчик грустно опустил голову. Губы его нервно вздрагивали.

— Знаешь, что мы сделаем? — продолжала мама.— Мы лучше каждый вечер вместе понемножку поиграем тенями, а потом и за уроки присядем. Хорошо?

Володя слегка оживился.

— Мамочка, ты — милая! — застенчиво сказал он.

XXVIII

На улице Володя себя чувствовал сонно и пугливо. Расстилался туман, было холодно, грустно. Очерки домов в тумане были странны. Угрюмые фигуры людей двигались под туманной дымкой, как зловещие неприветливые тени. Все было громадно необычайно. Лошадь извозчика, который дремал на перекрестке, казалась из тумана огромным, невиданным зверем.

Городовой посмотрел на Володю враждебно. Ворона на

низкой крыше пророчила Володе печаль. Но печаль была уже в его сердце,— ему грустно было видеть, как все враждебно ему.

Собачонка с облезлой шерстью затявкала на него из подворотни,— и Володя почувствовал странную обиду.

И уличные мальчишки, казалось, хотели обидеть и осмеять Володю. В былое время он бы лихо расправился с ними, а теперь боязнь теснилась в его груди и оттягивала вниз обессилевшие руки.

Когда Володя вернулся домой, Прасковья отворила ему дверь и посмотрела на него угрюмо и враждебно. Володе сделалось неловко. Он поскорее ушел в комнаты, не решаясь поднять глаз на унылое Прасковьино лицо.

XXIX

Мама сидела у себя одна. Были сумерки — и было скучно.

Где-то мелькнул свет.

Володя вбегал, оживленный, веселый, с широкими, немного дикими глазами.

— Мама, лампа горит, поиграем немножко. Мама улыбается и идет за Володей.

— Мама, я придумал новую фигуру,— взволнованно говорит Володя, устанавливая лампу.— Погляди... Вот видишь? Это — степь, покрытая снегом, — и снег идет метель.

Володя поднимает руки и складывает их. По колени в снегу. Трудно идти. Один. Чистое поле. Деревня далеко. Он устал, ему холодно, страшно. Он весь согнулся,— старый такой.

Мама поправляет Володины пальцы.

— Ах! — в восторге восклицает Володя, — ветер рвет с него шапку, развевает волосы, зарывает его в снег. Сугробы все выше. Мама, мама, слышишь?

— Вьюга.

— А он?

— Старик?

— Слышишь, стонет?

— Помогите!

Оба бледные, смотрят, они на стену. Володины руки колеблются, — старик падает, Мама очнулась первая.

— Пора и за дело,— говорит она.

XXX

Утро. Мама дома одна. Погруженная в бессвязные, тоскливые думы, она ходит из комнаты в комнату.

На белой двери обрисовалась ее тень, смутная в рассеянных лучах затуманенного солнца. Мама остановилась у двери и подняла руку широким, странным движением. Тень на двери заколебалась и зашептала о чем-то знакомом и грустном. Странная отрада разлилась в душе Евгении Степановны, и она двигала обеими руками, стоя перед дверью, улыбалась дикой улыбкой и следила мелькание тени.

Послышались Прасковьины шаги, и Евгения Степановна вспомнила, что она делает нелепое.

Опять ей страшно и тоскливо.

"Надо переменить место, — думает она. — Уехать куда-нибудь подальше, где будет новое. Бежать отсюда, бежать!"

И вдруг вспоминаются ей Володины слова:

— И там будет стена. Везде стена.

"Некуда бежать!"

И в отчаянии она ломает бледные, прекрасные руки.

XXXI

Вечер.

В Володиной комнате на полу горит лампа. За нею у стены на полу сидят мама и Володя. Они смотрят на стену и делают руками странные движения.

По стене бегут и зыблются тени.

Володя и мама понимают их. Они улыбаются грустно и говорят друг другу что-то томительное и невозможное. Лица их мирны, и грезы их ясны,— их радость безнадежно печальна, и дико радостна их печаль.

В глазах их светится безумие, блаженное безумие.

Над ними опускается ночь.

Январский рассказ
(Ёлкич)

I

Елка, елка, не сердись.
Елкич, елкич, не бранись,
Мне постели не топчи,
Сядь на елку и молчи.

Вера Алексеевна прислушалась. В скучной темноте зимнего рассвета из детской доносилось тихое пение, - кто-то тоненьким голоском тянул песенку со странными словами. На лице Веры Алексеевны выразилась озабоченность. Она тихо подошла к дверям детской. Пение замолкло на минуту. Потом тоненький голос опять затянул, отчетливо выговаривая тихие и странные слова и придавая им трогательное и жалобное выражение:

Мама елку принесла.
Елка елкичу мила.
Елка выросла в лесу.
Елкич с шишкой на носу.

Вера Алексеевна, сохраняя на лице все то же озабоченное выражение, осторожно потянула к себе дверь детской. Старший мальчик, Дима, еще спал, приткнувшись носом к подушке и мерно дыша открытым ртом. Младший, Сима, худенький, черноволосый и черноглазый мальчик, сидел на постели, охватив колени руками, смотрел горящими в темноте глазами в темный угол, покачивался и напевал. Вера Алексеевна позвала тихонько, чтобы не испугать его:

— Симочка.

Сима не услышал. Продолжал свою песенку, и звуки ее казались все более хрупкими и печальными.

Елкич миленький, лесной!
Уходил бы ты домой.
Елку ты уж не спасешь,
С нами сам ты пропадешь.

23

Вера Алексеевна подошла к постели мальчика. Нарочно стучала каблучками своих туфель. Сима повернул к ней лицо.

— Симочка, что ты поешь спозаранку? Дай Диме спать.

Дима проснулся. Пухлый, румяный, лежал на спине и сердито смотрел на мать.

Сима сказал печальным и хрупким голосом:

— Елкич-то, вот бедненький! Каково ему теперь! Елку срубили, — где он теперь жить будет? Пустят ли его на другую елку? И как он туда доберется? Мама, как он теперь будет?

— Что ты говоришь, Симочка? — недовольным голосом заговорила мама. — Какой еще елкич тебе приснился? И как можно петь в постели! Всех разбудил.

Дима, который вставая всегда бывал груб, сказал хриплым и сердитым голосом:

— Пришла! Кому мешает. Усмирение с помощью родительских шлепков.

— Дима, не груби, — строго сказала мама. — Шлепков пока еще никому не было, ты их не хочешь ли?

— Попробуй, — все так же сердито отвечал Дима, — я ведь и зареветь могу.

Мама спокойно сказала:

— Ну, миленький, меня ревом не испугаешь.

Подошла к Диме, сняла с него одеяло, приподняла Диму за плечи, наклонилась к нему, и шепнула:

— Разговори Симу, — ему опять что-то снится нескладное.

Дима был польщен. Сразу стал очень любезен. Поцеловал обе мамины руки. Поздравил с праздником. Шепнул:

— Трудно. Теперь он все будет рассказывать.

Тоненький голосок за ними опять затянул свою нескончаемую песенку.

Елкич в елке мирно жил,
Елкич елку сторожил.
Злой приехал мужичок,
Елку в город уволок.

Мама вздрогнула, и короткое время стояла, как испуганная. Потом решительно подошла к Симе. Взяла его за плечо. Сказала решительно и строго:

— Симочка, не дури. Какой елкич? Что за вздор!

— А он, елкич, такой маленький, — заговорил тоненьким и возбужденным голоском Сима, — маленький, маленький, с новорожденный пальчик.

24

И весь зелененький, и смолкой от него пахнет, а сам он такой шершавенький. И брови зелененькие. И все ходит, и все ворчит: "Разве моя елка для вас выросла? она сама для себя выросла!"

— Это, Сима, тебе приснилось, — сказала мама. — Проснулся, так нечего в постели сидеть, — одевайся проворно. Дима, одеваться! И не дурить. Смотрите вы оба у меня.

И мама ушла из детской спальни. Она знала, что надо бы остаться сколько-нибудь еще с мальчиками, — но ей было так некогда. Эти праздники в городе, — их положительно не видишь, вздохнуть некогда. Столько разных выездов и приемов, положительно, какая-то неприятная праздничная повинность. И так много расходов, и так много домашних хлопот, суетни, неурядиц, неудовольствий, — с мужем, с детьми, с прислугою. Право, быть хозяйкою дома при современном строе жизни становится уже очень тяжело. Видно, и нам скоро придется ступить на ту же дорогу, по которой идут хозяйки в Северной Америке.

Такими соображениями утешая или, вернее, расстраивая себя, мама пошла в столовую, где уже ее ждали. И проходя мимо больших зеркал в гостиной, она с удовольствием, как всегда, кинула быстрый взгляд на отраженное в зеркалах прекрасное, еще такое молодое лицо и на стройную фигуру в домашнем, совершенно простом, но очень изящном, и, что самое важное, очень идущем к лицу наряде.

II

А мальчики, оставшись одни, немедля заговорили о бедном елкиче, который так тоскует о своей загубленной елке и не может утешиться.

Маленький, зелененький, шершавенький, с зелеными бровями и зелеными ресницами, он все ходит по комнатам, и ходит, и ворчит. Никто его не видит, кроме маленького Симочки.

И ходит, и ворчит, и жалуется, и наводит тоску на Симу. Ворчит:

— Разве она для вас в лесу выросла? Разве вы сделали ее? Зачем вы ее зарубили?

Сима оправдывается:

— Милый елкич, да ведь нам зато как весело-то было! Ты

25

подумай только, как свечки зажгли на елочке, вот-то весело стало! Разве ты этого не понимаешь? Ведь ты же сам видел, — свечки на елочке, и золотой дождь, и блестки, — так все и горит, и блестит, и переливается. Еще мне-то что, я ведь не первую елку справляю, — а вот самые маленькие, и еще вот швейцаровы дети, — ведь им это какой праздник! Что же ты сердишься так, милый елкич?

И с тоскою прислушивался к тому, что ему ответит елкич. И уже заранее знал, что елкич не поверит его словам, что нельзя никакими словами утешить елкича, у которого зарубили его родную елку.

— Она у меня одна была, — ворчит елкич.

И ноет, и скулит тоненьким голоском. И только Сима слышит его.

— Какую власть взяли! — ворчит елкич. — Взяли мою елку, привезли, веселитесь. Если вам нужно вокруг елки плясать, ехали бы в лес сами. В лесу хорошо. А то срубили, погубили.

Ноет, скулит.

III

Сима наконец приступил к своему старшему брату, студенту.

— Кира, елкич-то все тоскует. Он, елкич-то, все ходит, и на домашних сердито смотрит, и все скулит таким тоненьким голоском. Какой он бедный!

— Результат чтения фантастических произведений, — проворчал студент.

— Нет, Кира, ты скажи, вот он жалуется, что елка не для нас выросла, а вот ее для нас срубили. Как же это так? Ведь она, и в самом деле, — для себя? И каждый для себя. А то ведь этак каждого придут и возьмут, и сделают, что хотят.

Студент выслушал хмуро. Сказал:

— Елка — дерево. Ее можно срубить. А вот относительно нас с тобою, тут, действительно, дело обстоит неладно. Человек есть автономная личность, не правда ли?

Сима утвердительно кивнул головою. Кира продолжал:

— Ну, и вот, приходят агенты власти, и берут тебя, и ведут, куда ты не хочешь, и заставляют делать то, что несвойственно твоей натуре. Ты говоришь: я для себя вырос, тебе отвечают: нет, брат, шалишь, ты вырос церкви и отечеству всему на пользу, а раз на пользу, так мы тебя и используем. Так-то, брат,

26

в общем хозяйстве все на пользу идет, ничто даром не пропадает.

— Это очень нехорошо, — убежденно сказал Сима.

— Хорошего, действительно, мало, — согласился студент, — но уж таков социальный строй. Служи другим, коли хочешь, чтобы тебе служили.

— Тогда я не хочу, — печально сказал Сима, — если надо заставлять и мучить, тогда я не хочу.

— Ну, брат, об этом нас с тобой не спросят, — сказал студент.

Затянулся папиросой. Видно было, что ему очень приятно курить и чувствовать себя дома на положении взрослого. Покровительственно посмотрел на Симу. Похлопал его по плечу. Сказал:

— Ты — забавный мальчуган. Все фантазируешь. Пожалуй, вырастешь, так поэтом будешь.

Сима помолчал, вздохнул и сказал, краснея и потупясь:

— Елкича жалко. Как он теперь будет?

IV

Сима проснулся ночью. Услышал опять, как елкич ходит, скулит тоненьким голоском и ворчит. И домашние шепчутся с ним, стараются его утешить.

Тоненький голосок из угла говорит:

— Мы тебя не гоним. Будь с нами. У нас хорошо. Светики перебегают. Пылиночки кружатся. Очень хорошо.

— Насмотрелся я, — ворчит елкич. — Мне здесь у вас не нравится. Хозяева у вас нехорошо живут.

— Нам нет никакого дела до хозяев, — отвечает домашний. — Мы сами по себе, они сами по себе, — мы им не мешаем, они на нас не обращают внимания. Только Сима за нами иногда смотрит, да это не беда, — он еще маленький, и он так и не вырастет, — он к нам уйдет. Он для нас почти что свой, — а до других нет дела.

— Нет, — ворчит елкич, — не нравится, да и не нравится мне у вас. Что хотите, а не нравится. Кровью тут у вас пахнет, а я этого запаха не люблю.

— А у вас в лесу разве ничем таким не пахнет? — с досадою и насмешкою спрашивает домашний.

Но елкич не отвечает и ворчит себе свое:

27

— И не нравится, и не нравится. Рубят, бьют, а для чего, и сами не знают.

Сима приподнялся на локте и тихонько, чтобы не разбудить Димы, шепнул:

— Миленький елкич, почему же тебе у нас не нравится? Мы все — добрые.

Стало очень тихо. Домашние молчали и чутко ждали, что ответит елкич. Помолчал елкич. Сказал сердито:

— Иди завтра на улицу, — сам увидишь.

Домашние засмеялись, зашушукались. Сим стало тоскливо.

— Что же я увижу? — спросил он. — Милый елкич, ты иди со мною и покажи.

— Покажу, покажу, — ответил елкич.

Писклявый голос его казался злым и угрожающим, но Сима не боялся этого: он знал, что елкич тоскует по своей елке и не может утешиться и потому такой сердитый.

— Покажу, — повторял елкич, — будешь доволен мною.

Домашние тихонько шушукались и смеялись тоненькими, шелестинными голосками, и не понять было Симе, добрые они или злые, смеются ли они от злости или от милой веселости. Жутко было Симе, и, чтобы подбодриться, он опять шепотом спросил елкича:

— Милый елкич, когда же ты мне покажешь? Утром? Правда? Когда мы пойдем гулять с фрейлейн Эмилиею? да?

— Да, да, — ворчал елкич. — Утром, так утром.

И шелестинные расстилались по всем углам смешки и шепотки.

И опять спросил Сима:

— Милый елкич, ты ведь маленький, как же ты с нами пойдешь? Фрейлейн Эмилия как зашагает, так только поспевай. Она говорит: моцион надо делать весело. Так как же ты?

— Ничего, — сердитым голосом сказал елкич, — уж я от вас не отстану. Я к тебе в карман сяду.

Шелестинные шушукались, смеялись голосочки во всех уголочках. И под шелестинный смех заснул Сима.

V

Утром мальчики, как всегда, пошли гулять с фрейлейн Эмилиею. Но неспокойно и страшно было на улицах. Шли толпы. Слышались злые слова. И вдруг раздались вдали резкие звуки рожка.

Старший Симочкин брат пробежал мимо.

— Фрейлейн, — крикнул он на ходу, — ведите детей домой.

Но уже фрейлейн и сама ухватила обоих мальчиков за руки и бросилась бежать в переулок, дальше от толпы, от веселого рожка.

— Елкич, елкич, — кричал Сима, — что же ты мне покажешь?

— Беги за братом, — быстро шептал елкич, — брось немку, беги за братом. Его сейчас убьют солдаты.

Сима громко закричал и рванулся от фрейлейн Эмилии.

— Сима, Сима, ради Бога, куда вы? — кричала испуганная фрейлейн, пытаясь поймать Симу.

Но Сима убежал в толпу. Скрылся, за народом. Фрейлейн растерянно металась, не зная, что делать. Дима плакал. Кругом бежали какие-то испуганные, плохо одетые люди. Кричали что-то.

Сима догнал брата.

— Кира, пойдем вместе, — кричал он.

Студент испуганно глянул на мальчика, и побледнел.

— Зачем ты здесь? Где фрейлейн?

Опять в ясном и морозном воздухе весело и звонко зарокотали звуки рожка. Нестройный гам поднялся в ответ этим звукам. Вдруг все побежали. Перед Симою и студентом стало пусто и светло. Стройный ряд наклонившихся штыков вдруг дрогнул и задымился. Сима в страхе отвернулся. Страшный треск пронизал, казалось, все его тело. Земля заколебалась, поднялась, камни под снегом холодной мостовой прижались к Симочкину лицу. Короткий миг было очень больно. И потом стало легко и приятно. Раскинув на снегу маленькие, помертвелые руки, Сима шепнул:

— Елкич миленький...

И затих.

Собака

Так всё опостылело в этой мастерской губернского захолустного города, — эти выкройки, и стук машинок, и капризы заказчиц, — в этой мастерской, где Александра Ивановна и училась, и уж сколько лет работала закройщицею. Все раздражало Александру Ивановну, ко всем она придиралась, бранила безответных учениц, напала и на Танечку, младшую из мастериц, вчерашнюю здешнюю же ученицу. Танечка сначала отмалчивалась, потом вежливым голоском и так спокойно, что все, кроме Александры Ивановны, засмеялись, сказала:

— Вы, Александра Ивановна, сущая собака.

Александра Ивановна обиделась.

— Сама ты собака! — крикнула она Танечке.

Танечка сидела и шила. Отрывалась время от времени от работы и говорила спокойно и неторопливо:

— Завсегда лаетесь... Собака вы и есть... У вас и морда собачья... И уши собачьи... И хвост трепаный... Вас хозяйка скоро выгонит, так как вы и есть самая злющая собака, пес барбос.

Танечка была молоденькая, розовенькая, пухленькая девушка с невинным, хорошеньким, слегка хитреньким личиком. Смотрела такою тихонькою, одета была как девочка ученица, сидела босая, и глазки у нее были такие ясные, и бровки разбегались веселыми и высокими дужками на ровно изогнутом, беленьком лбу под гладко причесанными темно-каштановыми волосами, которые издали казались черными. Голосок у Танечки был звонкий, ровный, сладкий, вкрадчивый, — и если бы слушать только звуки, не вслушиваясь в слова, то казалось бы, что она говорит любезности Александре Ивановне.

Другие мастерицы хохотали, ученицы фыркали, закрываясь черными передниками и опасливо посматривая на Александру Ивановну, — а Александра Ивановна сидела багровая от ярости.

— Дрянь, — вскрикивала она, — я тебя за уши выдеру! Я тебе все волосы повытаскаю!

Танечка отвечала нежным голоском:

— Лапки коротенькие... Барбос лается и кусается... Намордничек надо купить.

Александра Ивановна бросилась к Танечке. Но, прежде чем

Танечка успела положить шитье и встать, вошла хозяйка, грузная, широкая, шумя складками лилового платья. Строго сказала:

— Александра Ивановна, что это вы скандалите!

Александра Ивановна взволнованным голосом заговорила:

— Ирина Петровна, что же это такое! Запретите ей меня собакою называть!

Танечка жаловалась:

— Излаяла ни за что, ни про что. Всегда по пустякам ко мне придирется и лается.

Но хозяйка посмотрела строго и на нее и сказала:

— Танечка, я тебя насквозь вижу. Не ты ли и начинаешь? Ты у меня не воображай, что уж если ты мастерица, так и большая. Как бы я твою маменьку не пригласила, по старой памяти.

Танечка багряно вспыхнула, но продолжала сохранять невинный и ласковый вид. Смиренно сказала хозяйке:

— Простите, Ирина Петровна, больше не буду. Только я и то стараюсь их не задевать. Да уж она очень строгие, слова им не скажи, сейчас — я тебя за уши. Такая же мастерица, как и я, а уж я им из девчонок вышла.

— Давно ли, Танечка? — спросила хозяйка внушительно, подошла к Танечке, — и в затихшей мастерской послышались две звонкие пощечины и Танечкин слабый вскрик:

— Ах! ах!

Почти больная от злости вернулась домой Александра Ивановна. Танечка угадала ее больное место.

"Ну, собака, и пусть собака, — думала Александра Ивановна, — а ей-то что за дело? Ведь я не разведываю, кто она, змея или там лисица, что ли, — и не подсматриваю, не выслеживаю, кто она. Татьяна, и дело с концом. Обо всех можно узнать, а только зачем ругаться? Чем собака хуже кого другого?"

Летняя светлая ночь томилась и вздыхала, вея с ближних полей на мирные улицы городка истомою и прохладою. Луна поднялась, ясная, полная, совсем такая же, как и тогда, как и там, над широкою, пустынною степью, родиною диких, рыкающих на воле, и воющих от древней земной тоски. Такая же, как и тогда, как и там.

И так же, как тогда, горели тоскующие глаза, и тоскливо сжималось дикое, не забывшее в городах о степных просторах сердце, и мучительным желанием дикого вопля сжималось горло.

Начала было раздеваться, да что! все равно не уснуть.

31

Пошла из дверей. В сенях теплые под босыми ногами шатались и скрипели доски сорного пола, и какие-то щепочки да песчинки весело и забавно щекотали кожу ног.

Вышла на крыльцо. Бабушка Степанида сидела, черная в черном платке, сухая и сморщенная. Нагнулась, старая, и казалось, что греется в лунных, холодных лучах.

Александра Ивановна села рядом с нею, на ступеньки крыльца. Смотрела на старуху сбоку. Большой, загнутый старухин нос казался ей клювом старой птицы.

"Ворона?" — подумала Александра Ивановна.

Улыбнулась, забывая тоску и страх. Умные, как у собаки, глаза ее засветились радостью угадки. В бледно-зеленом свете луны разгладившиеся морщинки ее увядшего лица стали вдруг невидны, и она опять сделалась молодою, веселою и легкою, как десять лет тому назад, когда луна еще не звала ее лаять и выть по ночам у окон темной бани.

Она подвинулась ближе к старухе и ласково сказала:

— Бабушка Степанида, а что я у вас все хочу спросить?

Старуха повернула к ней темное лицо с глубокими морщинами, и резким старческим голосом спросила, точно каркнула:

— Ну что, красавица? Спрашивай.

Александра Ивановна тихонько засмеялась, дрогнула тонкими плечами от вдруг пробежавшего по спине холодка и говорила очень тихо:

— Бабушка Степанида, сдается мне, — правда ли это, нет ли? — ух не знаю, как и сказать, — да вы, бабушка, не обидьтесь, — я ведь не со зла...

— Ну, ну, говори, не бойся, милая, — сказала старуха.

Глядела на Александру Ивановну яркими, зоркими глазами. Ждала. И опять заговорила Александра Ивановна:

— Сдается, мне, бабушка, — уж вы, право, не обидьтесь, — что будто бы вы, бабушка, ворона.

Старуха отвернулась, и молчала, качая головою. Казалось, что она припоминала что-то. Голова ее с резко очерченным носом клонилась и качалась, и казалось порою Александре Ивановне, что старуха дремлет. И дремлет, и шепчет что-то себе под нос. Качает головою и шепчет древние, ветхие слова. Чародейные слова...

Было тихо на дворе, ни светло, ни темно, и все вокруг казалось завороженным беззвучным шептанием древних, вещих слов. Все томилось и млело, и луна сияла, и тоска опять сжимала сердце, и было все ни сон, ни явь. Тысячи запахов,

32

незаметных днем, различались чутко, и напоминали что-то древнее, первобытное, забытое в долгих веках.

Еле слышно бормотала старая:

— Ворона и есть. Только крыльев у меня нету. И я каркаю, и я каркаю, а им и горя мало. А мне дадено предвиденье, и не могу я, красавица, — не каркать, да людишки-то и слушать меня не хотят. А я как увижу обреченного, так и хочется мне каркать, и хочется.

Старуха вдруг широко взмахнула руками и резким голосом крикнула дважды:

— Кар, кар!

Александра Ивановна дрогнула. Спросила:

— Бабушка, кому каркаешь? Ответила старая:

— Тебе, красавица, тебе.

Жутко стало сидеть со старухою. Александра Ивановна ушла к себе. Села под открытым окном. Слушала, — за воротами сидели двое и говорили.

— Воет и воет, — слышался низкий и злой голос.

— А ты, дядя, видел? — спросил сладенький тенорок. Александра Ивановна сразу по этому тенорку представила кудреватого, рыжеватого, весноватого парня, — здешний, с этого же двора.

Прошла минута тусклого молчания. И вдруг послышался сиплый и злой голос:

— Видел. Большая. Белая. У бани лежит, и на луну воет. Опять представила по голосу черную бороду лопатою, низкий плотный лоб, свиные глазки, расставленные толстые ноги.

— Чего же она воет, дядя? — спросил сладкий.

И опять не сразу ответил сиплый:

— Не к добру... И откуда взялась, не знаю.

— А ежели, дядя, она — оборотень? — спрашивал сладкий.

— А не оборачивайся, — ответил сиплый.

Непонятно было, что значили эти слова, — но не хотелось думать о них. И уже не хотелось прислушиваться к ним. И что же ей звук и смысл людских слов!

Луна смотрела прямо в лицо, и настойчиво звала, и томила. И тусклою сжималось сердце тоскою, — и не усидеть было на месте.

Александра Ивановна поспешно разделась. Нагая, белая, тихо вышла в сени, приоткрыла наружную дверь, — на крыльце и на дворе никого не было, — пробежала двором, огородом, добежала до бани. Резкое ощущение холода в теле и холодной земли под ногами веселило. Но скоро тело угрелось.

Легла на траву, на живот. Приподнялась на локтях,

подняла лицо к бледной, мертво-тоскующей луне, и протяжно завыла.

— Слышь, дядя, завыла, — сказал у ворот кудреватый. Сладенький тенорок трусливо дрожал.

— Завыла, проклятая, — неторопливо отозвался сиплый и злой.

Встали со скамьи. Щелкнула щеколда у калитки.

Тихо шли двором и огородом двое. Впереди старший, дюжий, чернобородый, с ружьем в руках. Кудреватый трусливо жался сзади. Выглядывал из-за плеча.

За банею лежала в траве большая белая собака и выла. Ее голова, черная на макушке, была поднята к ворожащей в холодном небе луне, задние лапы были странно вытянуты назад, а передние упруго и прямо упирались в землю. В бледно-зеленом и неверном озарении луны она казалась огромною, — такою огромною, каких и не бывает на свете собак, — толстою и жирною. Черное пятно, которое начиналось на ее голове и тянулось неровными извивами вдоль всей спины, казалось женскою распущенною косой. Хвоста не было видно, — должно быть, он был подвернут. Шерсть на теле была такая короткая, что собака издали казалась совсем голою, и кожа ее матово светилась в лунном свете, и похоже было на то, что в траве лежит и воет по-собачьи голая женщина.

Чернобородый прицелился. Кудреватый закрестился и забормотал что-то.

Гулко прокатился удар выстрела. Собака завизжала, вскочила на задние ноги, прикинулась голою женщиною, и, обливаясь кровью, бросилась бежать, визжа, вопя и воя.

Чернобородый и Кудреватый повалились в траву, и в диком ужасе завыли...

Сологуб Федор Кузьмич

Нет ничего странного в том, что молодой чиновник Леонтий Васильевич Ельницкий влюбился в молодую мещанскую девушку Зою Ильину. Она же была девица образованная и благовоспитанная, кончила гимназию, знала английский язык, читала книги, и давала уроки. И, кроме того, была очаровательна. По крайней мере, для Ельницкого.

Он охотно посещал ее, и скоро привык к тому, что вначале тягостно действовало на его нервы. Скоро он даже утешился соображением, что как никак, а все же Гавриил Кириллович Ильин, Зоин отец, был первым в этом городе мастером своего дела.

Гавриил Кириллович говорил:

— Дело мое не какое-нибудь эфемерное. Это вам не поэзия с географией. Без моего товара и один человек не обойдется. И притом же дело мое совершенно — чистое. Гроб не пахнет, и воздух от него в квартире крепкий и здоровый.

Зоя часто сидела в складочной комнате, где хранились заготовленные на всякий случай гробы. Одетая пестро и нарядно, — у отца много оставалось атласа, парчи и глазета, — и даже со вкусом, Зоя часто звала туда и своего друга.

— Пойдемте в складочную, Леонтий Васильевич, — говорила она, — там тепло и сухо, и там хочется говорить сказки. Там каждая доска пахнет вымыслом.

Они шли в складочную. Там Зоя рассказывала Леонтию Васильевичу вычитанные из книг истории и сказки, очень сильно изменяя, и дополняя их своими вымыслами. Ельницкий сначала неловко поеживался, и хмуро посматривал крутом, а потом принимался развивать перед Зоею свои взгляды.

Порою Зоин отец приходил сюда, за делом или просто так послушать их разговоры. Если за делом, Зоя и Ельницкий уходили в другие комнаты. Если просто так, они продолжали разговаривать, а он слушал, поглаживая седые длинные усы и весело сверкав синими, как у дочери, все еще молодыми глазами. Кто всмотрится внимательно в эти глаза, тому понятно станет, что они многое видели, и многое привыкли замечать.

Старик и сам сказал однажды Ельницкому, когда они сидели все трое в складочной:

— Я все вижу, я все знаю. Конечно, мелкотою мне, до моей

популярности, заниматься не приходится, но что касается почтенных жителей нашего порода, я знаю срок каждому и размер. Как только умер, у меня все готово. Конечно, для видимости прикинешь мерочку, но только, скажу с интимною откровенностью, мог бы и не беспокоить покойника. Только поставить прибор по желанию родственников.

Леонтий Васильевич недоверчиво усмехался, а старик продолжал:

— Видите, здесь сложены гробы разных размеров; длина, ширина, все к кому-нибудь пригнано. Глаз у меня наметанный, а мерка у меня живая.

Зоя слегка покраснела и улыбалась, а Леонтий Васильевич спросил:

— Какая мерка?

Старик объяснил охотно:

— Зою мою вожу в церковь, на гулянье, в театр. Станет рядом с кем надо, а уж мне и видно, какая разница в росте, в ширине. На один сантиметр не ошибусь. Конечно, людей в городе много, есть и совпадения в размерах, и на иную домовину у меня по несколько кандидатов. Списочки веду.

Леонтий Васильевич вспомнил, как на днях Зоя подошла и стала рядом с ним, и старик смотрел на них внимательно. Холодок пробежал по его спине. Он укоризненно посмотрел на Зою. Она отвернулась, и легким движением гибкой руки показала на один из гробов.

— Вот мой размер, — сказала она равнодушно.

— А вам не жутко? — спросить Ельницкий.

— Я ведь здесь выросла, — спокойно ответила она.

Когда Ельницкий уходил в тот вечерь домой, ему казалось, что он никогда не перешагнет порога складочной. Но на другой же день Зоя опять повела его туда, и он послушно пошел за нею. Невеселыми глазами он окинул ряд гробов, и спросил, стараясь говорить шутливо:

— Который же тут по моему размеру?

И с досадою услышал, как дрогнул его голос.

Зоя спокойно улыбнулась, и сказала:

— Срок настанет еще не скоро.

Сказала так уверенно, как будто бы знала. И звук ее слов внес удивительное успокоение в душу молодого человека. А Зоя ласково погладила края своего, гроба, и сказала:

— И в этот ляжет кто-нибудь другой, не я. Мне почти жаль, — я к нему привыкла, и запомнила узор его досок.

Все отчетливее с каждым днем понимал Ельницкий, что любит Зою. Он был уверен, что и она любит его. Их встречи были часты и радостны, их разговоры — доверчивы и ясны. Они иногда говорили друг другу ты, почти не замечая этого. Но о любви своей еще молчали. Что-то удерживало Ельницкого. А Зоя спокойно ждала, терпеливая и уверенная, точно и в самом деле знающая все сроки.

Однажды Ельницкий спросил ее:

— Зоя, ты — мечтательница. Но в этой мрачной обстановке можно ли мечтать о любви?

Зоя посмотрела на него внимательно и нежно, и голос ее был сладок и звонок, когда она говорила:

— На могилах цветут розы, над пробами возникает любовь. Мать земля сырая любить нас и тогда, когда мы цветем, и тогда, когда мы отцветаем. Она радуется и славит Бога каждый раз, когда рождается человек.

В середине декабря однажды Ельницкий пришел к Зое вечером. Горели лампы, было тихо. Он прошел в складочную. Зои было не видно. Он проходил мимо гробов, чтобы сесть у печки, погреться, подождать, — в передней ему оказали, что Зоя дома. Взор его дотоле невнимательный, вдруг остановился на одном гробу, стоявшем на скамейке: там он увидел Зою, вздрогнул и остановился.

Девушка спала, лежа прямо на досках; ее голова покоилась на сложенных руках; губы нежно улыбались, и дыхание было безмятежно-ровное.

Ельницкий тихо позвал:

— Зоя!

Девушка открыла глаза.

— А, это — ты, — оказала она, приподнимаясь. — Сегодня я очень устала. А если очень устанешь, то всего слаще отдыхать на голых досках.

— Выходи, — сказал он хмуро.

Взял ее за плечи, и потянул к себе. Она легко и ловко спрыгнула на пол.

— Я чуть не упала, — сказала она. — Ты так сильно меня потянул. Или вы все такие жестокие?

— Жестокие? Почему? — с удавлением спросил Ельницкий.

— У людей все так, — говорила Зоя, — во всем проявляется жестокость, только по-разному, посильнее, послабее. Удар кинжалом в сердце или в глаз, укус, поцелуй, — разные звенья одной цепи. Ты читал сегодня о том, что они сделали с сестрою милосердия?

— Что? Нет, я не читал, — сказал Ельницкий.

Зоя взяла развернутый лист газеты "Речь". Показала ему.

— Читай, вот здесь.

Он прочел. Крикнул, внезапно охваченный гневом:

— Какие мерзавцы!

Зоя говорила:

— Ты только представь себе весь ужас ее муки! В холодную ночь стоит нагая, привязанная к дереву. На нее светят фонарями, десяток молодых, сильных парней, хохочут и бросают в нее ножи. Потеха длится долго, кровь течет по телу, нож торчит в ее глазу, — подумай, представь себе это! Теперь скажи мне, — может быть, это — неправда, или непроверенный, преувеличенный слух? Тогда как смеет газета печатать об этом? Или это — правда? Тогда отчего весь мир не содрогнется, не восстанет, не уничтожит злое племя?

— Так нельзя рассуждать, Зоя, — возразил Ельницкий, — это — злодеи, преступники, которые могут быть в каждой стране.

Зоя покачала головою.

— Если это может быть в каждой стране, если так надругаться над сестрою может француз и англичанин, так ведь это — такой ужас, от которого можно с ума сойти или проклясть все человечество. Я знаю, люди прочтут это так же, как они читают о всяком преступлении. Кое-кто немножко поволнуется. Но всем все равно.

Пока нас не тронули, нам все равно. Мы все — жестокие звери.

Ельницкий почувствовал., что мысли его разбегаются, так много можно было бы спорить против этих нелепых и несправедливых слов, но ему не хотелось почему-то говорить.

Зоя посмотрела на него, и засмеялась невесело.

— Вижу, ты не согласен со мною. Вот, слушай, я расскажу тебе сказку из этой книги. Читал эту книжку?

Ельницкий взял с не крашенного березового столика у печки книгу в белой обложке с зелено-золотым рисунком, и прочел ее титул: "Тути — Намэ. Сказки попугая. Москва. Кн-во К. Ф. Некрасова".

— Не читал.

Зоя, переиначивая, как всегда, прочитанную, сказку, говорила неторопливым и ровным голосом:

— Один добрый и богатый купец в Багдаде, по имени Халис, роздал все свое имущество дервишам, бедным и сиротам. У него не было детей, куда беречь деньги! Но, видишь ли, когда делаешь что-нибудь, то легко увлечься чрезмерно. Он все роздал, понимаешь, буквально все, так что у него остался только дом с голыми стенами, и нечего есть, и не на что купить пищи. И он подумал: ну что ж, дом продам, деньги раздам, сам как-нибудь проживу, — одна голова не бедна, а и бедна, так одна. И уже он условился с другим купцом, что тот завтра принесет деньги, а Халис передаст ему дом. Тот купец был жадный, он видел, что Халис торопится кончить это дело, он и воспользовался случаем неправо обогатиться, я предложил Халису гораздо меньше денег, чем сколько стоил дом. Ну, Халис торговаться не стал. Но вот он ночью увидел во сне человека, одетого в блистающие одежды. Очень испугался, думает, — пришел за моею душою. А потом успокоился, подумал опять, — ну, что ж, на земле я ничего не оставляю. Но светозарный муж узнал его мысли и сказал ему: "Не хочет Бог твоей смерти и твоей нищеты. Ты останешься в этом доме, и у тебя будет жена, и она родит тебе сыновей и дочерей. Слушай, — завтра я приду к тебе, принявши облик брамина. Ты ударь меня палкою по голове, и я рассыплюсь золотом". Так он говорил, и Халис запомнил все его слова. Но ты подумай, друг мой — надо нанести удар, чтобы обрести свое сокровище. Какой верный образ нашей злобы и жестокости! Зоя замолчала. Потом сказала тихо:

— Не стоит, пожалуй, досказывать сказку. Ты сам догадаешься, что все так и случилось. Добрый был награжден, жадный наказан.

Но, увлекаясь рассказом, продолжала:

— Спросишь, как был наказан жадный? А вот как. На утро пришел купец с деньгами, — поторопился придти пораньше, чтобы кто-нибудь другой не дал больше. А следом за ним вошел в дом Халиса брамин. Он был одет в желтый шелк, лицо у него было сморщенное и желтое, из-под желтой парчовой шапки видны были редкие пряди золотистых волос, и руки его были желты, в весь он был словно сбит из золота. И сказал он Халису: "Халис, прогони этого купца, он дает тебе мало денег". Халис сказал: "Мы условились с этим человеком, и я должен принять его деньги и отдать ему дом". Но брамин стал между Халисом и жадным купцом, и мешал им приступить к расчету. Тогда Халис вспомнил свой сон, схватил палку, и закричал: "Уйди отсюда, или я тебя поколочу". Ведь он был человек добрый, и рука его не поднималась ударить человека без предупреждения. Но брамин не уходил, и настаивал на своем. Тогда Халис ударил брамина по голове. Брамин заблестел, голова его зазвенела, он осел, в вдруг рассыпался громадною кучею золотых монет. Халис отсчитал девяносто девять монет, отдал их жадному купцу, и сказал: "Теперь ты и сам видишь, что я должен поступить так, как мне приказывало это золото, пришедшее ко мне в образе брамина. Возьми эти деньги, и никому не говори о том, что ты здесь видел". Купец сказал: "Хорошо, я откажусь от нашей сделки за эти девяносто девять монет, но в придачу дай мне твою палку". Халис согласился. Он знал, что не в палке сила. А жадный купец вздумал, что в этой палке заключена чудесная сила, и что стоит ударить ею любого брамина, и тот рассыплется золотом. Пошел жадный купец домой, и послал своих слуг ко всем браминам того города, которые он знал, звать их на пир в тот же вечер. Брамины пришли, и купец дал им много вина. Когда они упились, он затеял с ними ссору, схватил Халисову палку, и принялся бить их по головам. Крови пролилось не мало, а золота не было ни одной монеты. Брамины подняли страшный крик, сбежалось много народу, купца взяли под стражу, и утром привели к судье. Судья спросил: "За что ты бил браминов? "Купец отвечая: "Халис научил меня этому". И рассказал, что видел у Халиса. Послали за Халисом, и судья сказала: "Слушай, что показывает на тебя этот человек". Халис выслушав рассказ купца, и сказал судье: "Господин, спроси у соседей моих, кто видел брамина, вошедших в мой дом, и спроси у браминов, не исчез ли кто-нибудь из них, кого ищут и не находят". И никто не видел брамина, вошедшего в дом Халиса, и не было среди браминов никого пропавшего, кого искали и не находили. И велели судья бить купца палками, все золото его взяли и роздали обиженным браминам. Зоя замолчала. Ельницкий сказал:

— Каждый день, Зоя, ты рассказываешь мне сказки. А самая лучшая сказка, знаешь, какая?

— Знаю, — сказала Зоя, — та, которую мы делаем из своей жизни.

— Зоя, — спросил он, — ты любишь меня?

— Не знаю, — сказала Зоя, — ведь ты еще не ударил меня ни разу ни по голове, ни по сердцу, чтобы я стала твоим сокровищем, золотом твоей жизни.

Она смеялась, и смотрела на него дерзким, вызывающим взглядом.

— Как же я могу тебя ударить? — спросил он смущенно.

— Никакого клада не возьмешь просто, — отвечала Зоя.

Она стояла перед Ельницким, дразня его все тою же дерзкою усмешкою и настойчивым взором потемневших, злых глаз.

— Как же можно бить тебя? — спросил Ельницкий. — Ты слабее меня.

Он чувствовал, что голова его кружится и сердце замирает.

Злое наваждение овладевало им. Зоя засмеялась. Неприятно резок был ее смех.

— О! — воскликнула она, — я вовсе не такая беззащитная. Видишь, нож на столе лежит. Он острый, и конец его тонок. Он легко войдет в твое сердце, если ты оплошаешь.

Она побледнела, губы ее задрожали, и рука потянулась к ножу.

— Злая ведьма! — закричал Ельницкий.

Точно движимый чужою волею, он ударил Зою по щеке. Удар был неожиданно силен и звонок, и под своею рукою почувствовал Ельницкий зной вдруг вспыхнувшей нежной девичьей щеки. Зоя покачнулась, метнулась в сторону. Ельницкий ужаснулся тому, что случилось.

"Что я сделал? Я ударил любимую девушку! Какой позор!" — коротко подумал он.

Зоя вдруг пронзительно, закричала, схватила нож, и бросилась на Ельницкого. Лицо ее было искажено бешеною злобою, синие глаза казались слитыми в малые круги нестерпимо острыми молниями. С ужасом и восторгом глянул на нее Ельницкий, — никогда не была так прекрасна Зоя, как в эту гневную минуту. Он схватил одною рукою кисть ее правой руки, в которой сверкал нож, — едва успел схватить и отвести вниз, — конец ножа уже разрезал его одежду, и остро царапнул кожу на груди, — другая его рука тяжело легла на ее плечо и шею. Она бешено рвалась в его руках, налегая всем телом на его. грудь. Вдруг он почувствовал боль в левой ноге, вскрикнул и упал, увлекая за собою Зою. Он ушибся головою о край скамьи, и, теряя сознание, услышал над собою отчаянный Зоин вопль.

Когда он очнулся, он лежал в гостиной на диване. Зоя стояла перед ним на коленях, плакала и целовала его руки. Старик смотрел насмешливо, и говорил.:

— Пустяки, две легонькие царапины. До свадьбы заживет.

Ельницкий вспомнил, что именно этими словами в детстве утешала его старая няня. Он засмеялся..

— Зоя, — сказал он, — ты — мое сокровище. Когда же ты доскажешь мне твою сказку?

— Зоя — сказочница, — отвечал за нее старик, — своим детям она наскажет сказок.

— Своему сыну Зоя расскажет, — тихо говорил Ельницкий, — как его отец пошел на войну. Видишь, Зоя, я догадался, — жаль, немного поздно, — как тебя надо ударить, — по сердцу, — уйти от тебя, уйти, чтобы наносить удары и побеждать.

— Ты ко мне, вернешься, — со странною уверенностью сказала Зоя.

— Не знаю, Зоя, — отвечал он, — да и не все ли равно!

Старый гробовщик покачивал головою, и говорил:

— Еще не скоро, дети, настанет ваш срок уйти в тесные дома.

Красногубая гостья

I

Хочу ныне рассказать о том, как спасен был в наши дни некто, хотя и малодостойный, но все-таки брат наш, спасен от злых чар ночного волхвования словами непорочного Отрока. Темной вражьей силе дана бывает власть на дни и часы, — но побеждает всегда Тот, Кто родился, чтобы оправдать жизнь и развенчать смерть.

II

Эта зима была для Николая Аркадьевича Варгольского тяжелая и томная.

Он все больше и больше отдалялся от всех своих друзей, родственников и знакомых. Все охотнее просиживал он короткие темные дни и длинные черные вечера в унылом великолепии своего старого особняка, и ограничивался только недолгими прогулками по всегда тщательно выметенным аллеям тенистого небольшого сада при его доме.

Николай Аркадьевич даже не принимал почти никого, кроме своей недавней знакомой Лидии Ротштейн, бледнолицей, прекрасной молодой девушки, с жутко-громадными глазами и чрезмерно-яркими губами.

Прежде Николай Аркадьевич любил все прелести веселой, рассеянной жизни. Он любил светское общество, зрелище, музыку, спорт. Бывал везде, где бывают обыкновенно все. Живо интересовался всем тем, чем все в его кругу интересуются, чем принято интересоваться. Был он молод, независим, богат, в меру окружен, и в меру одинок и свободен, весел, счастлив и здоров.

А теперь вдруг все это странно и нелепо изменилось. Многокрасочная прелесть жизни потеряла свою над ним власть. Забылась пестрота впечатлений и ощущений разнообразной, веселой жизни. Ни к чему не тянуло. Ничего не хотелось.

Все, что прежде перед его глазами стояло ярко и живо,

теперь заслонилось бледным, жутко-прекрасным лицом его красногубой гостьи.

И только хотелось ему смотреть в бездонную глубину этих странных, точно неживых, точно навеки завороженных тишиною и тайною, зеленоватых глаз. И только хотелось ему видеть эту безумно-алую на бледном лице улыбку, видеть этот большой, прямо разрезанный рот с такими яркими губами, точно сейчас только разрезан этот рот, и еще словно свежею дымится он кровью. И только хотелось ему все слушать да слушать тихие, злые слова, неторопливо падающие с этих странных и очаровательных уст.

Такое все стало скучное, что вне этих стен! Такою докучною, ненужною казалась ему вся эта жизнь, внешняя, шумная, которою он жил до сих пор.

Вялая ленность разливалась в его теле, прежде таком бодром и радостном. Голова стала часто болеть и томно кружиться, полная глухих, безумных шумов и звонов. Лицо его бледнело, точно яркие губы Лидии Ротштейн выпивали всю его жизнь.

III

С чего это началось? Теперь это как-то смутно и неохотно припоминалось ему.

Познакомились где-то в сумеречном холодном свете осеннего вечера. Кажется, говорили что-то незначительное. Николай Аркадьевич был чем-то в тот день занят и увлечен. Она была бледна, малоразговорчива и неинтересна. Поговорили с минуту, не больше. Разошлись, и Николай Аркадьевич забыл о ней, как забывают всегда о случайных, ненужных встречах.

IV

Прошло несколько дней. Николай Аркадьевич кончал свой завтрак. Ему сказали, что его желает видеть госпожа Лидия Ротштейн.

Николай Аркадьевич слегка удивился. Это имя не сказало

44

ему ничего. Забыл совсем. Досадливо поморщился. Спросил лакея:

— Кто такая? Просительница? Так дома нет.

Молодой, красивый лакей Виктор, тщательно подражавший своему барину в манерах и модах, усмехнулся такою же ленивою и самоуверенною, как и у Николая Аркадьевича, улыбкою бритых, холеных губ и сказал с такою же, как и у барина, растяжечкою:

— Не похожи на просительницу. Скорее будут из стилизованных барышень. Где-нибудь на пляже вы изволили с ними познакомиться. Уже весело улыбаясь, спросил Николай Аркадьевич:

— Ну, почему же непременно на пляже?

Виктор отвечал:

— Да так-с мне по всему сдается. По общему впечатлению. Первое впечатление почти никогда не обманывает. Притом же из городских словно бы такой не припомню.

Николай Аркадьевич спросил, продолжая соображать, кто бы такая могла быть эта стилизованная барышня Ротштейн:

— А какая она из себя? Виктор принялся рассказывать:

— Туалет черный, парижский, в стиле танагр, очень изящный и дорогой. Духи необыкновенные. Лицо чрезвычайно бледное. Волосы черные, причесаны, как у Клео де Мерод. Губы до невозможности алого цвета, так что даже удивительно смотреть. Притом же невозможно предположить, чтобы употреблена была губная помада.

— А, вот кто это!

Николай Аркадьевич вспомнил. Оживился очень. Сказал почти радостно:

— Хорошо. Сейчас я к ней выйду. Проводите ее в зеленую гостиную, и попросите подождать минутку.

Он наскоро кончил свой завтрак. Прошел в ту комнату, где ожидала его гостья.

V

Лидия Ротштейн стояла у окна. Смотрела на великолепные переливы осенней, багряно-желтой, словно опаленной листвы. Стройная, длинная, вся в изысканно черном, она стояла так тихо и спокойно, как неживая. Казалось, что грудь ее не дышит, что ни одна складка ее строгого платья не шевельнется.

Очерк ее лица сбоку был строг и тонок. Лицо было так же спокойно, безжизненно, как и ее застывшее в неподвижности тело. Только на бледном лице чрезмерная алость губ была живою.

С жестокою нежностью чему-то улыбались эти губы, и трепетно радовались чему-то.

Заслышав отчетливый звук легких шагов Николая Аркадьевича по холодному паркету этой строго-красивой гостиной, в которой преобладал зеленоватый камень малахит, Лидия Ротштейн повернулась лицом к Варгольскому.

С нежною жестокостью чему-то улыбались ее чрезмерно-алые губы, ее губы прекрасного вампира, и трепетно радовались чему-то. Радость их была злая и победительная.

Взором, неотразимо берущих душу в нерасторжимый плен, она смотрела прямо в глубину глаз Николая Аркадьевича. И было в нем странное смущение и непривычная ему неуверенность, когда он услышал ее первые слова, сказанные золотозвенящим голосом.

VI

Она говорила:

— Я к вам пришла, потому что это необходимо. Для меня и для вас необходимо. Вернее, неизбежно. Пути наши встретились. Мы должны покорно принять то, что неотвратимо должно случиться с нами.

Николай Аркадьевич с привычною, почти машинальною любезностью пригласил ее сесть.

Привычный скептицизм человека светского и очень городского подсказывал ему, что его красноустая гостья — просто экзальтированная особа, и что слова ее высокопарны и нелепы. Но в душе своей он чувствовал неодолимое обаяние, наводимое на него холодным мерцанием ее слишком спокойных, зеленоватых глаз. И не было в душе его того спокойствия, которое до того времени было ее постоянным и естественным состоянием во всяких обстоятельствах его жизни, хотя бы самых экстравагантных.

Лидия Ротштейн села в подставленное ей Николаем Аркадьевичем кресло. Медленно снимая перчатки, она медленным взором обводила комнату — ее стены с малахитовыми колоннами — ее потолок, расписанный каким-то лукаво-мудрым художником конца позапрошлого столетия — ее старинную мебель, все эти очаровательные вещи, соединившие в себе прелесть умной старины и слегка развращенного, взысканного вкуса той далекой эпохи напудренных париков, жеманной любезности и холодной жестокости, эпохи, созданием которой был старый дом Варгольских.

VII

Тихо говорила Лидия Ротштейн:

— Как очаровательно все это, что вас здесь окружает! Этот дом имеет, конечно, свои легенды. По ночам, быть может, здесь иногда ходят призраки ваших предков.

Николай Аркадьевич отвечал:

— Да, в детстве я слышал кое-что об этом. Но мне самому не доводилось видеть здесь призраки. Люди нашего века скептически настроены. Призраки боятся показываться нам, слишком живым и слишком насмешливым.

Лидия спросила:

— Чего же им бояться?

Николай Аркадьевич отвечал, стараясь придерживаться тона легкой шутки:

— Электрический свет вреден для них, а наша улыбка для них смертельна.

Тихо повторила Лидия:

— Электрический свет! Самые страшные для людей призраки — это те, которые приходят днем. Днем, как я пришла. Не кажется ли вам и в самом деле, что я похожа на такой призрак, приходящий днем? Я так бледна.

Николай Аркадьевич сказал:

— Это к вам идет. Вы очаровательны. Ему хотелось быть слегка насмешливым. Но его слова против его воли звучали нежно, как слова любви. Лидия говорила:

— Может быть, и я пройду перед вами, как один из призраков вашего старого дома, и исчезну, изгнанная вашею скептическою улыбкою, как те призраки, которых вы уже изгнали отсюда. Если изгнали. Впрочем, Бог с ними, с этими призраками. Я могу пробыть с вами сегодня только недолгое время, а мне надо многое сказать вам. Или, может быть, вы не захотите меня выслушать?

— Пожалуйста, я весь к вашим услугам, — сказал Николай Аркадьевич.

VIII

Лидия помолчала немного и продолжала:

— Меня зовут Лидиею, но мне больше нравится, когда меня называют Лилит. Так назвал меня мечтательный юноша, один из тех, кого я любила. Он умер. Умер, как все, кого я любила. Любовь моя смертельна — и мне хорошо, потому что любовь моя и смерть моя радостнее жизни и слаще яда.

Николай Аркадьевич заметил:

— Если ад сладок.

Он старался легко и шутливо улыбаться, но чувствовал, что улыбка его бледна и бессильна.

С холодною, почти безжизненною настойчивостью повторила Лидия:

— Слаще яда. Во мне душа Лилит, лунная, холодная душа первой эдемской девы, первой жены Адама. Земное, дневное, грубое солнце мне, бледной Лилит, ненавистно. Не люблю я дневной жизни и безобразных ее достижений. К холодным успокоениям зову я тех, кого полюбила. К восторгам безмерной и невозможной любви зову я их. Пеленою мечтаний, которые слаще ароматнейших из земных благоуханных отрав, я застилаю безобразный, дикий мир дневного бытия. Многоцветною, яркою пеленою застилаю я этот тусклый мир перед глазами возлюбленных моих. Крепки объятия мои, и сладостны мои лобзания. И у того, кого я полюблю, я прошу в награду за безмерность и невозможность моих утешений только малого дара, скудного дара. Только каплю его жаркой крови для моих холодеющих вен, только каплю крови прошу я у того, кого полюбила.

Очарованием великой печали и тоски безмерной звучали золотые звоны ее отравленных странным и страшным желанием речей. В холодной глубине ее глаз разгоралось холодное, зеленое пламя — и мерцание этого пламени чаровало и обезволивало Николая Аркадьевича. Он сидел и молчал и слушал тихие, золотом звенящие слова свой зеленоокой, красногубой гостьи.

48

IX

И она говорила:

— Только одну каплю крови. Моими устами приникну я к телу возлюбленного моего. Моими жаждущими вечно устами я, как вставший из могилы вампир, вопьюсь в это милое, горячее место между горлом и плечом, между горлом, где трепещет дыхание жизни, и белым склоном плеча, где напряженная дремлет сила жизни. Вопьюсь, вопьюсь в сладостную плоть возлюбленного моего, и выпью каплю его жаркой крови. Одну каплю, — ну, может быть, две, три или даже четыре. Ах, возлюбленный мой не считает! Возлюбленному моему и всей своей крови не жалко, — только бы оживить меня, холодную, жарким трепетом своей жизни, — только бы я не ушла от него, не исчезла, подобная бледному, безжизненному призраку, исчезающему при раннем крике петуха.

Стараясь улыбнуться, Николай Аркадьевич сказал:

— Все это, что вы говорите, конечно, очень интересно и оригинально, — но я не понимаю, какое отношение я имею ко всему этому.

Но он сейчас же почувствовал всю ненужность и неправду своего жалкого ответа. И потому, по мере того, как он говорил, голос его становился глуше и слабее, и последние слова он сказал совсем тихо, почти прошептал.

X

Лилит встала. Подошла к нему. В движениях ее не было той порывистой страстности, с какою земные женщины произносят свои признания.

Стоя перед Варгольским и глядя прямо в его глаза холодным взором жутких глаз, в которых разгорался зеленый, мертвый огонь, она сказала:

— Я люблю тебя. Тебя избрала я, возлюбленный мой. Подчиняясь золотым звонам ее голоса, он встал со своего места. И стояли они друг против друга, — она, бледноликая, зеленоокая, с чрезмерно яркими, как у вампира, устами, и вся холодная, как неживая, лунная Лилит, — и он, зачарованный и словно всю свою утративший волю. Лилит сказала:

— Люби меня, возлюбленный мой. Больше и сильнее, чем

любил ты дневную свою жизнь, люби меня, лунную, холодную твою Лилит.

Упала минута молчания. Казалось тогда, что не было сказано ни одного слова.

И вот спросила его Лилит:

— Возлюбленный мой, любишь ли ты меня? Любишь ли? Варгольский тихо ответил ей:

— Люблю.

И чувствовал, как душа его тонет в зеленой прозрачности ее тихих глаз.

И опять спросила его Лилит:

— Возлюбленный мой, любишь ли ты меня сильнее, чем все очарования и прелести дневной жизни, меня, твою лунную, твою холодную Лилит?

Отвечал ей Варгольский — и холод великого успокоения был в звуке его тихих слов:

— Моя лунная, моя холодная Лилит, я люблю тебя сильнее, чем все очарования дневной жизни. И уже отрекаюсь от них, и отвергаю их все за один твой холодный поцелуй.

Радостно улыбнулась Лилит, но радостно-холодная улыбка ее была коварная и злая. И спросила Лилит:

— Отдашь ли ты мне каплю твоей многоцветной крови? Чувствуя, как в душе его возникают и сплетаются в дивном борении ужас и восторг, Варгольский сказал, простирая к ней руки:

— Отдам тебе, моя Лилит, всю мою кровь, потому что люблю тебя безмерно и навсегда.

И она прильнула к его устам поцелуем долгим и томным. Темное и томное самозабвение осенило Варгольского, и того, что было с ним потом, он никогда не мог отчетливо вспомнить.

XI

С того дня Лидия Ротштейн приходила к Николаю Аркадьевичу в неопределенные сроки, то чаще, то реже, почти всегда неожиданно, в разное время, то днем, то вечером, то позднею ночью. Она как-то ухитрялась всегда заставать его дома. А потом это стало и нетрудно, когда он почти совсем прекратил сношениях людьми.

Всегда эти свидания с Лилит были окутаны в сознании Варгольского густою пеленою странного, почти досадного ему забвения. Одно знал он несомненно — как ни крепки были объятия Лилит, как ни безумно дик были ее поцелуи, все же их связь оставалась чуждою грубых земных достижений, и ни разу не отдалась ему эта странная, красноустая гостья с неживыми глазами и с апокрифическим именем.

Когда она приникала к его плечу, легкая острая боль пронизывала все тело Варгольского — и тогда становилось ему сладко и томно. В теле чередовались жуткие ощущения зноя и холода, точно била его лихорадка.

Знойные, жадные губы Лилит, только одни живые в холоде ее тела, впивались в его кожу. Поцелуй их был подобен холодному бешенству укуса. И казалось ему тогда, что кровь его сочится капля за каплей.

XII

Лилит исчезала незаметно.

Долго после ее ухода Варгольский лежал, погруженный в томное бессилие, ни о чем не думая, ничего не вспоминая, не мечтая ни о чем. Даже о Лилит не мечтал и не вспоминал он тогда. Самые черты ее лица припоминались ему неясно и неопределенно.

Иногда он думал о ней потом, когда проходило то оцепенение, в которое погружали его ее ласки. Он думал иногда, что Она не человек, а вампир, сосущий его кровь, что она его погубит, что надо ему оградиться от нее. Но эти короткие, вялые мысли не зажигали его обессилевшей воли. Ему было все равно.

Иногда он спрашивал себя, любит ли он Лилит. Но, прислушиваясь внимательно к темным голосам своей души, он не находил в них ответа на этот вопрос. И было в нем равнодушие, холодное и спокойное. Любит, не любит — не все ли равно!

XIII

Лакей Николая Аркадьевича, Виктор, был женат. Однажды, незадолго до святок, он пришел к Николаю Аркадьевичу не в урочное время, и сказал ему:

— Жена моя, Наталья Ивановна, разрешившись на днях от бремени, просит вас, Николай Аркадьевич, сделать нам большую честь и удостоить быть восприемником от купели нашего первого сына, новорожденного младенца Николая.

Виктор старался держаться своего всегдашнего спокойного, солидного тона, но при последних словах, вспомнив со всею остротою новизны, что он уже отец, покраснел от радости и гордости, и засмеялся с неожиданным, почти деревенским, простосердечием. Но, впрочем, тотчас же сдержался и опять стал вести себя чинно и степенно. Сказал со всегдашним своим достоинством:

— И я со своей стороны осмеливаюсь присоединиться к просьбе моей жены. Сочтем за великую для себя честь и будем чрезвычайно рады.

Николай Аркадьевич поздравил счастливого отца. Согласился немедленно, — не потому, что хотел согласиться, а просто потому, что вялое равнодушие давно уже угнездилось в нем.

И странное дело, — это обстоятельство, такое, по-видимому, незначительное в его жизни, с какою-то неожиданною силою внесло резкую перемену в его отношении к Лилит.

Первый же раз, когда он увидел младенца Николая, которого ему надо было назвать своим крестником, он почувствовал нежное умиление к этому слабопопискивающему, красному, сморщенному комочку мяса, завернутому в мягкие, нарядные пеленки. Глаза малютки еще не умели останавливаться на здешних предметах — но земная, вновь сотворенная из темного земного томления душа, радостно мерцая в них, трепетала жаждою новой жизни.

Николаю Аркадьевичу вспомнились зеленые, жуткие пламенники неживых глаз его белолицей гостьи с чрезмерно-красными губами. Сердце его вдруг сжалось ужасом и страстною тоскою по шумной, радостной, многоцветной, многообразной жизни.

XIV

Когда после веселого обряда крестин, в котором .он принял недолгое участие, он вернулся к себе в мерцающую тишину высоких покоев, он опять почувствовал себя слабым и равнодушным ко всему.

Там, у Виктора, ему напомнили, что сегодня сочельник.

Где же он встретит праздник? Как его проведет? Уже давно, больше месяца, он упрямо не принимал никого, и сам ни у кого не был.

Над холодным его равнодушием возникали то тихо поблескивающие глазенки его крестника, то слабый его писк. И напоминали ему Младенца в яслях, и звезду над дивным вертепом, и волхвов, принесших дары. Все, что было забыто, что было отвеяно холодным дыханием рассеянной, светской жизни, припомнилось опять, и опять томило душу сладким предчувствием восторга.

Варгольский взял книгу, которую не открывал уже много лет. Прочитал трогательные, простые в мудрые рассказы о рождении и1 детстве Того, Кто пришел к нам, чтобы нашу бедную земную, дневную жизнь оправдать и обрадовать. Кто родился для того, чтобы развенчать и победить смерть.

Трепетна была душа, и слезы подступали к глазам. Злые обольщения его коварной гостьи вдруг вспомнились Варгольскому. Как мог он поддаться их лживому обаянию! Когда цветут на земле милые, невинные улыбки, когда смеются и радуются милые, невинные детские глаза!

Но ведь она, лунная, неживая, лживая Лилит, опять придет. И опять зачарует обаянием смертной тишины!

Кто же поможет? Кто спасет?

Книга бессильно выпала из рук Николая Аркадьевича. Молитва не рождалась в его обессилевшей душе.

И как бы он стал молиться? Кому и о чем?

Как молиться, если она, лунная, холодная Лилит, уже здесь, за дверью?

XV

Вот чувствует он, что она стоит там, за дверью, в странной нерешительности, и медлит, колеблясь на страшном ему и ей пороге.

Лицо ее бледно как всегда. В глазах ее холодное пламя. Губы ее цветут страшною яркостью, как яростные губы упившегося жаркою кровью выходца из темной могилы, губы вампира.

Но вот Лилит преодолела страх, в первый раз остановивший ее у этого порога. Быстрым, как никогда раньше, движением она распахнула высокую дверь и вошла. От ее черного платья повеяло страшным ароматом туберозы, веянием благоуханного, холодного тления.

Лилит сказала:

— Возлюбленный мой, вот я опять с тобою. Встречай меня, люби меня, целуй меня — подари мне еще одну каплю твоей многоцветной крови.

Николай Аркадьевич протянул к ней руки угрожающим и запрещающим движением. Он сделал над собой страшное усилие, чтобы сказать:

— Уйди, Лилит, уйди. Я не люблю тебя, Лилит. Уйди навсегда. Лилит смеялась. Был страшен и жалок трепет ее чрезмерно алых губ, обреченных томиться вечною жаждою. И говорила она:

— Милый мой, возлюбленный мой, ты болен. Кто говорит твоими устами? Ты говоришь то, чего не думаешь, чего не хочешь сказать. Но я возьму тебя в мои объятия, я, твоя лунная Лилит. Я опять прижму тебя к моей груди, которая так спокойно дышит. Я опять прильну к твоему плечу моими алыми, моими жаждущими устами, я, твоя лунная, твоя холодная Лилит.

Медленно приближалась к нему Лилит. Было неотразимо очарование ее смеющихся алых губ. И был слышен золотой звон ее слов:

— Целованием последним прильну я к тебе сегодня. Я навеки уведу тебя от лживых очарований жизни. В моих объятиях ты найдешь ныне блаженный покой вечного самозабвения.

И приближалась медленно, неотразимо. Как судьба. Как смерть.

XVI

Уже когда ее протянутые руки почти касались его плеч, вот, между ними дивный затеплился тихо свет. Отрок в белом хитоне стал между ними. От его головы струился дивный свет, как бы излучаемый его кудрявыми волосами. Очи его были благостны и строги, и лик его прекрасен.

Отрок поднял руку, повелительно отстранил Лилит, и сказал ей:

— Бедная, заклятая душа, вечно жаждущая, холодная,

лунная Лилит, уйди. Еще не настали времена, не исполнились сроки, — уйди, Лилит, уйди. Еще нет мира между тобою и детьми Евы, — уйди, Лилит, уйди. Исчезни, Лилит, уйди отсюда навсегда.

Легкий стон был слышен, и свирельно-тихий плач. Бледная в сумраке полуосвещенного покоя, медленно тая, тихо исчезла Лилит.

Краткие прошли минуты, — и уже не было здесь дивного Отрока, и все было, как всегда, обыкновенно, просто, на месте. Как будто бы только легкою грезою в полутьме было злое явление Лилит, и как будто и не приходил дивный Отрок.

Только ликующая радость звенела и пела в душе измученного, усталого человека. Она говорила ему, что никогда не вернется к нему бледноликая, холодная,, лунная Лилит, злая чаровница с чрезмерною алостью безумно жаждущих губ. Никогда!

Путь в Дамаск

I

От буйного распутства неистовой жизни к тихому союзу любви и смерти, — милый путь в Дамаск...

Вечером весеннего тихого дня, когда на весело шумных улицах громыхали дрожки, когда свирепые оборванцы и увядшие женщины продавали наивные ландыши, Клавдия Андреевна Кружинина вышла от доктора, красная и дрожащая от стыда и отчаяния, совершенно подавленная тем, что ей, молодой девушке, пришлось услышать. Казалось ей, что все и дожидающиеся в гостиной больные, и горничная в передней смотрят на нее с насмешкою, жалящею сердце змеиными укусами.

Кто же возьмет ее, такую некрасивую и совсем неинтересную, застенчивую, неловкую, теряющуюся всегда при мужчинах?

Уже давно зеркало приводило ее в отчаяние, — противное правдивое стекло, отражающее беспощадно только то, что есть, — лицо, не только некрасивое, но и лишенное всякого очарования. Некрасивость лица не скрашивалась даже несколькими отдельными приятными и милыми чертами. Глаза, живо отражающие всякое движение, глубокие и умные, — умильные ямочки на щеках и на подбородке, — густые волны черных, как осенняя ночь, волос, — все эти разрозненные прекрасности печально дисгармонировали с общим серым тоном лица и всей неграциозной фигуры.

Кто же ее возьмет? Кто назовет ее женою?

С беспощадною откровенностью циника, каким сделала его профессия, доктор бросил ей беспощадные слова.

Клавдия Андреевна сконфуженно лепетала:

— Но, доктор, как же это? Разве это от меня зависит? У меня нет жениха.

Доктор пожал плечами.

— С природою не заспоришь, — равнодушно сказал он, — никакое лекарство вам не поможет.

II

В том состоянии растерянности и стыда, когда дрожат и подкашиваются ноги, и не знаешь, что делать, Клавдия Андреевна шла по улицам. Знакомые перекрестки и переходы привели ее в квартиру в четвертом этаже, со двора. Там жила ее подруга, Наталья Ильинична Опричина, девица волоокая, полногрудая, энергичная, славный человек и отличный товарищ.

Клавдия Андреевна все ей рассказала. Если бы прошло хоть сколько-нибудь времени, хоть один только день, тогда, может быть, стало бы стыдно даже и подруге сказать об этом. Но теперь вышло как-то само собою. Тем более, что Опричина сразу, по несчастному, опрокинутому лицу Клавдии Андреевны поняла, что случилось неожиданное что-то и очень неприятное, — и стала расспрашивать. Клавдия Андреевна села, улыбнулась растерянно и стыдливо, и принялась рассказывать, подробно и добросовестно, как твердо заученный урок.

Рассказала и заплакала. Опричина ходила по комнате шагами грузными, от которых легонько позвякивали на столе стеклышки подсвечников, — и думала.

— По-моему, — сказала она, — плакать тут нечего, а надо действовать. У тебя нет никого на примете?

Клавдия Андреевна жалобным голосом призналась:

— Нет никого. Опричина говорила:

— Они скверные, все эти наши мужчины, и это возмутительно и несправедливо, что за всякую смазливою рожицею ухаживают охотно, будь она глупа, как набитый осел, а на некрасивых никто не хочет смотреть.

Она внезапно остановилась и подошла к Клавдии Андреевне с таким видом, точно вдруг придумала что-то очень удачное и остроумное.

— Знаешь, я тебе могу помочь. У меня как раз есть подходящий... Ну, одним словом, это — один мой очень хороший знакомый. Он любит иметь дело с невинными девушками. Я тебе это устрою.

III

Через несколько дней Клавдия Андреевна сидела в отдельном кабинете дорогого ресторана с изысканно одетым господином лет сорока с чем-то. Разговор плохо вязался. Был сервирован легкий, но дорогой ужин, — были устрицы, шампанское. Клавдия Андреевна была смущена, но храбро старалась скрыть это. Сергей Григорьевич Ташев, ее собеседник, говорил комплименты ее уму, остроумию, образованности.

— Давно уже я не проводил такого приятного вечера. Вы — самая умная из всех женщин, которых я знаю в Петербурге.

Клавдия Андреевна смотрела на его подозрительно черные волосы, на его слишком прямой стан, на неприятный очерк прямо разрезанного рта с коротко подстриженными над ним черными, жесткими усами. Чувствовала она, что все это говорится потому, что невозможно похвалить ее наружность, и все-таки необходимо говорить приятные, сближающие слова.

Иногда вдруг казалось ей все это сном, выдумкою. Она — некрасивая, сутуловатая, в своем вечном черном, убого прикрашенном ради "случая" голубым галстучком, платье, никогда не посещавшая ресторанов, не знавшая, как держать себя, как открыть электричество и управиться с артишоками. И эта странно-чуждая комната с красными раздражающими обоями, с традиционными зеркалами, с пианино в углу и с бархатною гранатовою портьерою, за которою укрывается еще что-то, — что? умывальник? постель? И элегантный господин с крупными, точно миндалины, желто-белыми зубами, с тщательным пробором над помятым лицом, со складками вокруг рта и глаз, и его чрезмерно, на ее взгляд, изысканный костюм, и удивительный темно-гранатовый пластрон на батистовой сорочке.

Что свело их здесь? Почему они с ним, такие чужие, далекие, вчера еще незнакомые, сидят здесь одни, вдвоем, отделенные тяжелыми гранатовыми портьерами от улицы, от города, от всего внешнего, всегдашнего, привычного?

Эта пряно-странная обстановка действовала на Клавдию Андреевну, как кружащее голову наваждение. Белые нарциссы и багряные гвоздики в хрустальной чаше среди стола благоухали в нагретом воздухе. Вино, играющее так приятно, благодарно согревающее и поднимающее, золотое, радостное, в высоких шарообразных рюмках.

Забыла всю нелепицу спутанной связи событий, и зачем

сюда пришла, забыла, потеряла память об этом, уронила ее в золотые слезы в рюмках,— и сидела радостная, отвечала, говорила, даже засмеялась на смешной рассказ о знакомом профессоре.

Ташев говорил, заканчивая анекдот;

— Не знаю, как могут интеллигентные люди посещать подобные места. Я, например, могу похвастаться, если уж на то пошло, что ни разу не обладал женщиной без любви.

Клавдия Андреевна вздрогнула, может быть, от слишком холодного вина, в котором плавали кусочки нерастаявшего льда. Ташев продолжал:

— Женщина, в которую мы влюблены, может быть некрасивою, да и что такое красота, как не условное понятие? Но она должна сохранять в себе нежные чары, обаяние вечно-женственного, таинственного и безотчетного. Тонкие, неуловимые нити должны протянуться между нею и мужчиною, прежде чем их соединит то, что мы называем любовью.

Лицо его, желтовато-бледное, оживилось и окрасилось. Глаза заиграли, и неприятно-крупные зубы чаще сверкали из-под верхней выпяченной, ярко-карминового цвета губы.

IV

Устрицы, холодные и скользкие, на большом круглом блюде. Клавдия Андреевна робко свернула себе на тарелку две штуки, и в замешательстве выжидала, пока ее собеседник тоже вооружится ножом и покажет ей, что делать с этим невиданным ею блюдом.

— С лимоном или так? — спросил он, услужливо протягивая ей хрустальную тарелочку с желтыми кружками и золоченою вилочкою.

Вдруг она почувствовала, что краснеет, от корней волос до плеч, как краснеют, сознавая безвыходность положения. Он, должно быть, понял, взял нож, ловко раскрыл им створку, и быстро опрокинул в рот скользкий комок.

Клавдия Андреевна почувствовала к нему благодарность и даже нечто вроде расположения. Он избавил ее от первых мучительных минут. Но что будет дальше?

Было жутко и любопытно, и все время, как во сне, как в тумане. Потом снова вино, золотистые бокалы, золотые ломтики ананаса на хрустальной тарелке, и снова, тусклые сквозь туман, разговоры о красоте, о женщинах, о любви.

— Что такое красота, — никто из нас не знает, но только стремится познать. И притом ведь не в этом дело.

"Ты сегодня совсем не красива,
Но особенно как-то мила", —

продекламировал Ташев, любивший щегольнуть знанием новых поэтов, иностранной литературы, бывавший на всех первых представлениях и парадных спектаклях. Как только он успевал! Студентам читать лекции, председательствовать на всевозможных ученых и полуученых собраниях, ездить в заграничные командировки, писать книгу.

V

Рядом в большом кабинете шло настоящее веселье. Слышались звуки матчиша, кек-уока, отрывки цыганских и опереточных мотивов. Разбитый истерический голос порою пытался вытянуть на высоких тонах:

"Я поцелуями покрою...",

но каждый раз срывался на одном и том же месте, и горестно взвизгивал:
— Не могу, не могу!

Кто-то на что-то жаловался уже совсем пьяным голосом, кого-то утешали, кто-то звучно целовался, стараясь заглушить поцелуи взрывами хохота. Шалая, пестрая и пьяная, должно быть, была компания!

Ташев сказал, наливая вино в бокал Клавдии Андреевны:
— Вот как люди веселятся, а мы с вами еще и первой бутылки шампанского не распили. Я пью за женщин интересных, умных, с такими прекрасными глазами, как у моей очаровательной собеседницы.

И неожиданным движением, быстро наклонившись, поцеловал у Клавдии Андреевны руку.

Неожиданность смутила, но не поразила ее. Ведь этого она и ждала, к этому и готовилась, подымаясь еще два часа тому назад с бьющимся сердцем по обитой ковром под бронзою прутьев лестнице первоклассного ресторана. И у нее так редко целовали руку! От этого поцелуя, беглого и неожиданного, трепетно сияющая протянулась нить от него к ней, нить невидимая, но значительная.

Он пододвинулся к ней, так что на узком диванчике уже не было между ними места, положил свою руку, желтоватую, с темными, резко выделяющимися волосами, на ее небольшую смуглую пясть, и говорил уже интимным тоном, которому старался придать оттенок задушевности:

— Единственный недостаток наших эмансипированных женщин — это то, что они все же, несмотря на свободу мысли, не хотят такой же свободы для тела. По-моему, гармоническое развитие личности должно соединять в себе и то и другое.

Клавдия Андреевна смотрела на смуглое чужое лицо, слушала эти пыльные слова, знакомые по романам, в как-то перестала чувствовать странность своего положения и своей близости к этому, совсем ей чужому, второй раз в жизни виденному ею человеку. Равнодушие, тупое и безразличное, овладело ею.

"Все равно, все равно", — мелькало в ее утомленной отуманенной голове.

Жизнь, такая серая, такая безжалостная, не сегодня завтра все равно придавит. И перед Клавдиею Андреевною мелькнула унылая полоса безрадостных годов, молодость, проходящая без увлечении, в докучных заботах о заработке, в мелких огорчениях и в тщетных попытках полюбить, найти "человека" — друга, мужа.

VI

Пьяный гул рядом ей вдруг напомнил, как в прошлом году на масленице она ехала в вагоне третьего класса ночью, вызванная телеграммою в Калугу, где застрелился младший ее брат, студент. На соседней с нею полке рядом в вагоне примостилась пьяная развеселая пара, мастеровой с гармоникою и женщина, может быть, проститутка, его подруга на эту ночь.

Всю эту ужасную ночь Клавдия Андреевна, точно в тяжком чаду, оцепенев, не сомкнула глаз, и всю ночь взвизгивала гармоника, лихо гаркал мастеровой, и орала пьяные песни пьяная проститутка.

Клавдия Андреевна ехала к себе, в семью. Эта семья собиралась только тогда, когда с кем-нибудь из членов ее случалось несчастье — смерть, ссылка, проводы на войну. Теперь готовились хоронить младшего брата. Так, в эти печальные мгновения жизни собирались они все, некрасивые, неудачники, каждый со своею отравою в душе, молча толпились возле гроба или возле поезда, не знали и не умели сказать ничего утешительного друг другу. Толпою химер, серых и унылых, стояли они, обмениваясь тусклыми взглядами и серыми словами.

В эту истомную ночь она позабыла обо всем этом, и в тупом оцепенении слушала пьяный визг, брань, поцелуи, визгливую гармонику. Не все ли равно, — казалось и тогда, — не сегодня завтра жизнь придушит, не все ли равно?

Повернулась на жесткой скамейке и вдруг закашлялась от чада махорки. За невысокою стенкою хрипло смеялась проститутка.

— Дохает кто-то, барышня, кажись, — раздался ее противно-простуженный голос.

Тощий парень с зеленым лицом и колючим взором серых глаз высунулся на минуту из-за перегородки. Уколол взором Клавдию Андреевну, и вдруг лицо его стало презрительно скучным. Отвернулся.

Из-за перегородки слышался его пьяный, наглый голос:
— Морда отпетая, дохает туда же, ни как красавица.
— Мордолизация! — хрипло взвизгнула проститутка.

Острое жало обиды прокололо насквозь бедное сердце тоскующей девушки.

VII

Вспоминала теперь эту ночь, и эту обиду, и опять стыдною болью заныло сердце. Такою болью, что словно разлилась боль по всему телу, по всему вдруг закрасневшемуся телу, и вдруг ударила по нерву болевшего на днях зуба, который собиралась, да так и не успела запломбировать.

Ташев участливо глянул на ее вдруг исказившееся болью лицо.
— Что с вами? — спросил он, нагибаясь к ней и обдавая ее легким ароматом вина.
— Зуб разболелся, — сказала она.

И брызнули жалкие, мелкие слезы. Невольно. Лепетала:

— Ничего. Это сейчас пройдет.

Что-то говорил Ташев, — едва слышала сквозь багровый туман, кружащий голову, едва понимала, что слышала.

— Возьмите воды, пополощите зубы.

Едва сознавала, что, повинуясь ему, идет куда-то, и он поддерживает ее ласково и бережно под локоть левой руки. Перед самыми глазами заколебались багрово-тяжелые складки портьеры.

— Здесь есть вода. Позвольте, я вам помогу.

Откинул тяжелые складки. Повернул выключатель, — и вдруг неярким светом электрической лампочки в потолке озарился тесный альков, — серый мрамор умывальника с медными, красивыми кранами, и громоздкая, нагло громадная кровать.

Так стыдно было стоять около этой кровати. Налил ей воды. Взяла ее в рот, на больной зуб. Боль утихла. Клавдия Андреевна лепетала несвязно:

— Благодарю вас. Мне легче. Прошло. Повернулась, — уйти из алькова. Навстречу ей — улыбка в блестящие, неприятно крупные зубы.

— Подождите, успокойтесь, не торопитесь, — говорил Ташев. Слегка задыхался, и глаза его блестели лукавыми и страстными огоньками. Клавдия Андреевна почувствовала на своей талии прикосновенье его жаркой руки. Он шептал:

— Вы устали. Прилягте. Отдохните. Это вас лучше всего успокоит.

Совсем близко наклонился к ней. Ласковыми, но настойчивыми движениями подвигал ее к мягким успокоениям слишком нарядной кровати.

Стыдливый ужас вдруг охватил ее. Диким порывом оттолкнула Ташева и бросилась из алькова, вся красная, вся трепетная.

Схватилась за шляпку. Ташев растерянно повторял:

— Клавдия Андреевна, да что же это? Да что с вами? Да вы успокойтесь. Я же, право, не понимаю. Кажется, я...

Дрожащими руками, не попадая куда надо, Клавдия Андреевна пыталась приколоть шляпку. Шпилька выпала из ее дрожащих рук, в на паркет звякнула и заблестела ее крупная, стеклянно-синяя головка.

Ташев, бормоча что-то и, видимо, сердясь, подходил к Клавдии Андреевне. Она испуганно взвизгнула, схватила свою легкую накидку в бросилась вон из кабинета. Слышала за собою обрывки восклицаний Ташева:

— Я не понимаю! Это Бог знает что! Зачем же!

Ресторанные лакеи с удивлением смотрели на стремительно бегущую мимо них барышню.

VIII

Клавдия Андреевна быстро шла, почти бежала, по шумным городским улицам. Привычною дорогою добежала до того дома, где живет Опричина, и уже поднялась до половины лестницы, и вдруг так же стремительно повернула обратно, и опять очутилась на улице.

То шла, то останавливалась. Поправила свалившуюся шляпку, заколов ее единственною оставшеюся шпилькою. Села в первый попавшийся трамвай и сидела там, тупо, без мыслей, красная, несчастная на вид, пока все не стали выходить и кто-то в темноте не сказал скучным, злым голосом:

— Приехали. Дальше не пойдет.

Вышла. Осмотрелась.

Городская окраина. Маленькие серые домишки. Сбитые плиты узкого тротуара. Чахлая, но весело зеленеющая и сквозь вечернюю мглу травка меж камней в мостовой.

Пошла наудачу. Шла усталая, тихая, безмолвная. Ночь была кругом, и тишина, и полутемно, и печаль на земле, и пустынная синева над землею.

Казалось, что плачет кто-то, забытый и ненужный. Влажный вешний воздух был тих и печален. Пахло водою. Свирельный в ночной тишине доносился откуда-то не издалека стон.

Вдруг Клавдия Андреевна различила, что это — звуки скрипки. Играл кто-то, точно плакала скрипка над милым, успокоенным прахом. Клавдия Андреевна пошла по тому направлению, откуда к ней доносились эти звуки.

Вот, — бедный, тихий дом, весь темный. Калитка. Со двора доносился тонкий плач тоскующей скрипки.

Клавдия Андреевна вошла во двор. Слабый свет виднелся сквозь занавеску окна в глубине двора. По шатким доскам узких мостков Клавдия Андреевна подошла к окну. Стояла и слушала долго у открытого окна.

На высокой, долгой, стенящей ноте замерли свирельные вопли. Слышно было, как с тихим стуком легла скрипка на стоя, и слышны были быстрые, неровные шаги взад и вперед.

Что это было, легкий ли ветер отдернул край занавески, сама ли Клавдия Андреевна слегка отвела ее кончиками вздрагивающих пальцев, — но она увидела музыканта.

Это был молодой человек в студенческой тужурке, с нервным, бледным, измученным лицом, с густыми, вьющимися круто и упрямо волосами, торчащими спутанной копною над крутизною упрямо выпуклого лба, с порывистыми движениями и с угловатым, резким жестом сухих рук, быстро ерошащих волосы. Студент ходил, метался по комнате, — и в движениях его была тоска, и в лице его дрожало томление, тягостное до смерти.

Бездонно-черный взор его глаз остановился на минуту на лице Клавдии Андреевны, — но было ясно, что студент не увидел ее, ночной, случайной, неведомо как сюда пришедшей девушки. И в бездонно-черном взоре его глаз таилось томление, безумное, последнее томление человека.

IX

Во всей обстановке бедной комнаты, заурядного логовища для одинокого от хозяев, было что-то неуловимо-значительное. Какой-то внезапный, странный, тоскливый беспорядок места, где есть умирающие.

На столе, среди книг и всякого обычного скарба, между коробкою папирос и недопитым стаканом чая, лежала слишком прямо положенная и, видимо, только что написанная записка. Ящик в столе был слегка выдвинут, и это почему-то особенно бросалось в глаза, словно в этом было что-то значительное.

А может быть, так показалось Клавдии Андреевне потому, что едва она увидела этот слегка выдвинутый ящик, как уже студент подошел к нему и, неловко сутулясь, стал шарить в нем.

Клавдия Андреевна с жадным любопытством ждала, что он вынет из ящика. Настойчиво, как злое внушение, вместе с тяжелым стучанием крови в ее висках, повторялось одно, улично-обычное слово:

— Револьвер, револьвер.

О, оправдалось злое внушение, злое предчувствие. Студент отошел от стола, и в его руке Клавдия Андреевна увидела стальной блеск маленького, изящного, как детская игрушка, оружия.

65

Резким жестом свободной руки студент взъерошил свои упрямые кудри, и поднял револьвер к виску.

Глаза у него расширились. Рука странно колебалась в воздухе, устанавливая дуло револьвера на удобное положение.

Потом опустил руку, глянул в дуло револьвера, еще раз размашисто взъерошил волосы, крикнул отрывисто и громко:

— Баста!

И решительным движением взмахнул револьвером к голове.

Внезапный женский вопль заставил его дрогнуть. Всмотрелся.

X

Порывистым движением обеих рук раздернув занавеску, Клавдия Андреевна отчаянно крикнула:

— Милый, милый! Зачем? Не надо!

Студент увидел, что незнакомая, некрасивая девушка лезет к нему в окно, неловко цепляясь руками за раму, задевая за что-то платьем, — неловкая, с кое-как сидящею на растрепанных волосах шляпкою, с лицом красным, взволнованным, несчастным, облитым слезами, искаженным рыдающими гримасами.

Лезет, такая смешная, забавная, заплаканная, и повторяет слезливо и жалобно:

— Миленький, не надо, не надо!

Студент сунул револьвер в ящик стола, бросился к окну и, бормоча что-то несвязное, помог нежданной гостье перелезть подоконник.

Полная возбуждениями последних дней, она бросилась к нему, обняла его и, плача, повторяла без конца:

— Милый, хороший, не надо, — живи, люби меня, живи, я тоже несчастная.

— Извините, — сказал студент, — вы успокойтесь. Может быть, чаю?

Клавдия Андреевна засмеялась, все еще плача. Говорила:

— Не надо, не надо, ничего не надо. И этой игрушки не надо. Вот, если вы дошли до того, что уже нечем жить, — душевно нечем, — то вот, и я тоже, и если мы захотим, разве .нельзя, разве так уж совсем нельзя сотворить жизнь по нашей воле, и жизнь, и любовь, и смерть? Вот послушайте.

66

Рассказывала ему о себе долго, сбивчиво, подробно, откровенно по-детски. Все рассказала. И опять вернулась к обидам, жгущим сердце уколами тысячи пчелиных жал. Смеясь и плача говорила:

— Он говорит, — морда, дохает туда же, — это, что я закашлялась от его махорки. А она говорит, — мордолизация. И оба смеются. Морда! Ну и пусть, и пусть!

Студент взъерошил свои лохмы, резким, привычным жестом вскинув руки как-то слишком вверх, и сказал утешающим голосом:

— Ну, это наплевать. Я тоже морда порядочная.

И вдруг засмеялись оба. И не было уже смертного томления в его глазах и в ее душе. Он подошел к ней близко, и обнял ее порывисто, и поцеловал звучно, весело и молодо в ее радостно дрогнувшие губы. Сказал:

— Эту ерунду к черту!

И сердито захлопнул ящик стола.

И она целовала его и повторяла:

— Милый, милый мой! Люби меня, люби меня, целуй меня, — будем жить вместе, и умрем вместе.

"Легче вдвоём.
Если не сможем идти,
Вместе умрём на пути,
Вместе умрём".

Помнишь, не забудешь

I

Предпраздничная веселая, но все же всем надоевшая, шумная суета кончилась. В квартире Скоромыслиных стало наконец тихо и по-праздничному легко. Запахи куличей, только что испеченных, вкусные, но тяжелые, смешались с легким, как сказка, ароматом духов.

Торжественные звоны, пушечные выстрелы, легкие гулы веселых голосов и стук колес и копыт по торцам мостовой слабо доносились в тишину и уют просторного кабинета, полузаглушенные тяжелыми складками портьер.

Николай Алексеевич Скоромыслин не пошел к пасхальной заутрене. Он всегда ходил в эту ночь в церковь вместе с женою и с детьми, а сегодня ему что-то занездоровилось. И настроение было тоскливое, совсем не праздничное.

Впрочем, в последнее время это с Николаем Алексеевичем нередко случалось, такое несоответствие его настроений с тем, что чувствуют и переживают все другие. Вокруг веселые люди смеются и шутят, — а Николай Алексеевич грустен, задумчив, ему скучно, он готов говорить всем неприятные слова. И наоборот бывает — все вокруг волнуются, негодуют, плачут, — а он спокоен, даже иногда весел. Стали даже говорить знакомые, что у Скоромыслина тяжелый характер.

Николаю Алексеевичу просто не хотелось сегодня идти в церковь; недомогание было только предлогом, чтобы не сказать коротко и просто:

— Потому, между прочим, не хотелось идти, что будет много знакомых в той церкви, — домовой, — куда они ходят потому, что имеют кое-какие связи с людьми, причастными к тому ведомству. Если пойти, то надо будет всем знакомым улыбаться, делать беззаботное лицо и говорить что-то легкое и никому не нужное, но совершенно обязательное в эту ночь. И вообще, как всегда со знакомыми, надевать маску общепринятого образца.

Ах, эти скучные маски! Отчего нельзя всегда быть самим собою!

Самим собою можно быть только тогда, когда остаешься один, совсем один, когда знаешь, что никто не постучится в дверь, когда можешь положить трубку телефона, чтобы не

68

услышать докучного звонка. Только тогда спокойно можно отдаться мечтам и воспоминаниям, погрузиться в ту легкую задумчивость, которая слаще всего на свете.

Вот этого утешения захотелось теперь Николаю Алексеевичу.

II

Перед заутренею жена вошла к Николаю Алексеевичу в кабинет, шурша белым шелком нового платья, поправляя холодный, матовый жемчуг на теплой белизне стройной шеи, и сказала:

— Пора нам ехать. Неудобно приходить слишком поздно. А ты, Коля, поедешь?

Николай Алексеевич встретил жену привычно-ласковою улыбкою, поцеловал ее белую, стройную руку с кольцами, сияющими многоцветным блеском камней на длинных, тонких пальцах, от которых пахло сладко и нежно, и сказал:

— Нет, я лучше останусь дома. Подожду вас. Полежу здесь. Голова у меня все еще побаливает.

— Да, конечно, — сказала жена, — раз ты неважно себя чувствуешь, так лучше останься дома. А то еще простудишься. На улице холодно, и ветер такой холодный. Ты много работал в последнее время, — и это не хорошо. Не надо так утомляться.

Николай Алексеевич лениво усмехнулся и вяло возразил:

— Ну, где там! Какая теперь моя работа! В городе совсем нет времени заняться как следует.

— Да, — сказала жена, — уж эта городская жизнь! Но ведь ты знаешь, Коля, для детей приходится. А я и сама очень не люблю города. Я бы и зимою охотно жила в деревне.

Николай Алексеевич тоже любит повторять, что не любит города, где так много пустых развлечений, встреч и разговоров, мешающих работе, где так поздно ложатся спать и так поздно начинают день. Городские жители, отравленные милым ядом городской жизни и очень влюбленные в соблазны этой шумной жизни, любят хулить нелепость и суету жизни большого города.

— Я дам тебе хинину, — сказала жена, — это тебе отлично поможет.

Николай Алексеевич попытался возражать:

— Ну вот, зачем! Ничего мне теперь не надо. Пожалуйста, не беспокойся. Я полежу спокойно, и все пройдет.

Но жена уже не слушала его. Она исчезла за темно-синею портьерою двери, легкая, как девочка, совсем не похожая на сорокалетнюю даму, на мать пятерых детей.

Через минуту она уже вернулась и легко, шурша недлинным шлейфом по синему затянувшему пол сукну, пробежала через комнату. Она держала в одной руке на блюдечке с розовым рисунком на фарфоре коробочку с облатками хинина и высокую рюмку с темною мадерою запить горький порошок.

Веселая, нарядная в своем белом, шитом тяжелым тусклым золотом платье, с полными белыми плечами и с полными стройными руками, открытыми по локоть, все еще красивая, с пылающими от безотчетной веселости щеками и с порозовевшими раковинками тонких, маленьких ушей, полузакрытых завитыми локонами, благоухающая какими-то легкими, как сладостная райская мечта, духами, она стояла перед Николаем Алексеевичем и требовала с ласковою настойчивостью, чтобы он принял эту ненужную для него пакость.

Николай Алексеевич шутливо вздохнул и развел руками, покоряясь неизбежному. Сказал:

— Ах, милая, я все еще тебе во всем послушен. Жена улыбалась весело, обрадованная его шуткою. Николай Алексеевич с легкою гримасою усилия проглотил облатку. Запил ее мадерою. Лег на диван и с удовольствием протянулся на его широком, упругом ложе, ощущая левою рукою холодноватую мягкую кожу его высокой, прямой спинки с полочкою наверху, где стояло несколько фотографических портретов, и со шкафчиками по бокам.

Жена неторопливыми, ловкими движениями приятных, полуобнаженных рук поправила под головою Николая Алексеевича шитую зелеными и розовыми шелками — венок из роз — атласную подушку и покрыла Николая Алексеевича мягким клетчатым пледом, под которым сразу стало тепло, приятно и спокойно, и таким милым стал легкий озноб в спине.

— Ну что, Коля, теперь удобно тебе? — спросила жена.

— Очень. Спасибо, милая, — ответил Николай Алексеевич. — Уж ты не возись со мною, иди себе. Дети ждут, должно быть.

Но прежде чем уйти, жена переставила с письменного стола на столик у дивана наполовину отпитый стакан с кисловато-сладким зеленоватым питьем и раскрытую книгу,

70

новый роман. Потом она простилась с Николаем Алексеевичем нежным поцелуем, сказала:

— Постарайся поспать до нашего прихода. И ушла, легкая, веселая, благоуханная, по сукну прошуршала шлейфом, портьеру колыхнула у двери, ушла.

Николай Алексеевич смотрел за нею, и глаза его благодарили, и губы улыбались ласково. Лихорадка мучила и нежила его, меняя ознобы и зной. Она напоминала ему о другой, которой с ним уже нет, и губы его улыбались и шептали:

— Помнишь, не забудешь? Милая Иринушка, не забудешь?

Были слышны недолго слабые из-за дверей отзвуки веселых голосов в зале и в передней, донесся издали стук закрытой на лестницу двери, и стало тихо.

III

Николай Алексеевич остался один.

Он взял книгу. Пробежал несколько страниц. Но скучно было читать и казалось неудобно держать книгу руками из-под пледа, который при этом сползал с плеч и комкался под правым боком.

Николай Алексеевич положил книгу на столик и повернул выключатель стоявшей на столике легкой лампы-качалки. Теперь кабинет был освещен только рассеянным, отраженным от лепного потолка светом двух лампочек люстры, прикрытой снизу тяжелым, темным щитом.

Николай Алексеевич закутался пледом и погрузился в смутное, приятное состояние полудремы.

Бывало, Николай Алексеевич любил мечтать о будущем. Признак юности и скованной еще силы — мечта о будущем. Мечты о будущем утешали, когда настоящее было темно.

Теперь Николай Алексеевич больше любил вспоминать былое. Старость ли надвигалась, слишком ли яркие мечты утомили душу, или милого много накопилось в былом, — к былому с каждым годом все чаще обращались мысли.

Воспоминания как мечты иногда. А иногда они как проза. Иногда в них странное сплетение прозы и мечты, милого и постылого.

Что же эти дни, о которых вспоминается так сладко и так горько? Дни, когда было молодо, бедно, трудно и радостно, что же эти дни?

И горе в них было, и тусклость бедной, скудной жизни.

Очень трудна была жизнь, только молодость все скрашивала, и еще более, несравненно более, ее любовь. Любовь милой Иринушки, первой жены Николая Алексеевича.

Иринушкина любовь чудеса делала и на убогий мир действительности надевала для Николая Алексеевича пышный наряд царственной мечты. Милая Иринушка, явленная ему в обличий простодушной Альдонсы, преображалась перед ним торжественною Дульцинеею, прекраснейшею из прекрасных, и преображала для него мир.

Это было давно, так давно!

А теперь?

Теперь Николаю Алексеевичу идет — и уже давно идет — пятый десяток. И все в жизни его изменилось. Бледная, скучная бедность отошла. Жизнь полна, легка, приятна. Хорошо теперь Николаю Алексеевичу живется.

Хорошо?

Да, конечно, хорошо.

Только иногда странно как-то. Бедность и достаток, откуда они? Зачем они так пытают человека? Зачем то немудрое, чего добивается человек, приходит так поздно?

Вот были годы, когда, едва начав свою самостоятельную трудовую жизнь, бедный учитель в уездном городишке, женился Николай Алексеевич на своей милой Иринушке. Женился потому, что любил Иринушку, потому, что она любила его. Женился, хотя оба они были бедны и одиноки.

Жена молоденькая в его доме, и свирепая в его доме бедность. Душа просит радостей и смеха, а жизнь грозит напастями и бедами, и утомляет трудами, и не дает отдыха.

Работали они оба очень много, а денег у них в доме было очень мало. Порою и совсем не было денег. И очень мало было вещей. Да и те вещи, которые были, были плохи.

Но разве деньги и вещи сильнее человека?

Город, где они жили, был скверный, маленький, ветхий городишко, обнищавший вдали от сильных людей и от больших дорог. И люди в этом городе жили жалкие, угрюмые, злые, завистливые, нищие духом люди. А те, в ком теплилась живая душа, томились там, и тосковали, и рвались убежать из этого постылого города, от этой тусклой жизни; и, если не могли убежать, умирали рано, или убивали сами себя, или спивались.

А вот теперь у Николая Алексеевича дорогая, красивая, хорошо обставленная квартира на одной из лучших улиц большого города. В этой квартире с Николаем Алексеевичем живут жена его, дети, у детей гувернантка, студент-репетитор, бонна и целый штат прислуги. В этой квартире часто бывают гости, милые, любезные, просвещенные люди; смеется и плачет рояль, кто-то поет нежные и страстные романсы; танцуют весело и оживленно; говорят обо всем, что в широком мире случается, волнуя сердца, и что в искусствах живет живою жизнью. Когда нет гостей, вечер занят театром, концертом, маскарадом, посещением знакомых, ужином в ресторане.

Николай Алексеевич работает много, но все-таки гораздо меньше, чем в те юные годы, его первые годы жизни с милою Иринушкою. Имя его довольно известно, книги, которые пишет Николай Скоромыслин, раскупаются неплохо, в обществе о нем иногда говорят, газеты бранят его с достаточною свирепостью, словом, известность несет ему свои дани.

Николаю Алексеевичу, конечно, кажется, что у него мало денег. Никому из живущих в городах не довольно того, что есть. Николай Алексеевич в этом не составляет исключения.

А все-таки получает Николай Алексеевич за иной месяц в двадцать раз больше, чем он получал за то же время в те давние годы, за иной месяц в тридцать раз больше, а то иногда и в сорок раз. Бывают и еще более удачные месяцы, но редко.

Когда Николай Алексеевич получит в сорок раз больше, чем прежде получал за месяц, то часть этих денег откладывается; если в тридцать раз — концы с концами кое-как сводятся; если только в двадцать, тогда тратятся и те деньги, которые были отложены в удачливые месяцы. Но в конце концов денег на все хватает — и на скромный образ жизни, и на книги и картины, и на заграничные ежегодные поездки, без которых никак нельзя обойтись, потому что все знакомые за границу ездят и много об этом говорят и потому, что за границею жить легко, приятно и удобно. Приятнее, чем в России, где газеты каждый день приносят такие странные, неожиданные новости.

IV

Николай Алексеевич скучающими глазами обвел знакомые, приятно-привычные предметы своего кабинета. Все здесь было дорого, просто, прочно и красиво, в строгом скандинавском духе. Преобладал спокойный, холодный темно-синий цвет.

73

На громадном письменном столе были расположены в педантичном порядке бумаги, конверты, чернильницы, карандаши, рамки с портретами, часы, лампа, подсвечники, вазы с цветами, бронзовые фигурки для надавливания на разрозненные бумажки и еще какие-то красивые вещицы без определенного назначения. По стенам стояли шкафы американской системы, набитые книгами в переплетах и без переплетов, и все эти книги были расставлены строго по форматам — маленькие повыше, — и в каждом формате по алфавиту.

В углу близ окна стояла очень странная, но дорогая скульптура, — словно ножом или долотом наспех вырезанная из липового чурбана фигура неуклюжего, некрасивого, голого увальня, опирающегося на палку и согнувшего для чего-то толстые, мягкие колени. Но это было не дерево, а мрамор, и непонятно было, зачем так безжалостно изуродован кусок прекрасного камня талантливым скульптором. А что скульптор был талантлив, это было несомненно при первом же взгляде на эту диковинную статую, столько в ней было силы и незабываемой выразительности.

В таком же странном роде были и несколько висевших по стенам картин в гладких серебристо-серого цвета рамах. Краски этих картин были непомерно ярки, а фигуры написаны были так, что долго надо было всматриваться, чтобы что-нибудь понять. И все же это были картины, отмеченные печатью несомненного таланта, сильного, яркого, необузданно-смелого, хотя, к сожалению, слишком модного. А все модное в искусстве, как и в жизни, имеет тот прискорбный недостаток, что рано или поздно выходит из моды и забывается. Иное, впрочем, воскресает в поздних поколениях; иное же забывается и погибает навсегда.

На синей скатерти круглого стола под люстрою видны были газеты, книжки новых журналов и несколько горшков с белыми гиацинтами.

Много простора, света и книг было в этой комнате, а Николаю Алексеевичу припоминалась та убогая квартиренка, которую он и его Иринушка снимали за три рубля в месяц. Ведь их было тогда только двое, куда ж бы им была большая квартира? Да и что бы они стали делать с большою квартирою?

Иринушка даже не соглашалась взять прислугу. Жалованье и содержание прислуги составили бы слишком обременительную статью в их более чем скромном бюджете. Иринушка сама справлялась со всеми работами по хозяйству и храбро делала все то, чему ее не учили ни в гимназии, ни дома, пищу стряпала, полы мыла.

Помнишь, милая, не забудешь? Иринушка, милая, помнишь?

Помнишь, Иринушка, этот маленький, захолустный городишко, грязный, тусклый, ленивый, сонный, этот злой город, осатанелый от лени, водки и сплетен?

Пришлось прожить в нем несколько лет. И особенно тяжело было в первый год.

Николаю Алексеевичу еще ничего было, он был постарше. А его шестнадцатилетней Иринушке, должно быть, круто приходилось. Но она не жаловалась и всегда очень была весела. Сама смеялась и Николая Алексеевича забавила. Звонким, зыбким смехом заслоняла от него уродливый лик темной жизни. Разгоняла злые чары жизни, как умела, как могла, смехом, песнею, пляскою.

Иринушка, милая, помнишь, не забудешь?

Помнишь, Иринушка, эту первую осень, беспросветную, холодную, мокрую, злую?

V

Серые тучи облекли все небо, и серый, холодный, скупой сеялся сквозь них свет осеннего, скудного дня. Тоска разлита была в тяжелых, мокрых тучах и в воздухе холодном и сыром, и от земли, от этих немощеных улиц, поднималась неизбывная тоска.

Весь день шел дождь, мелкий, упрямый, маленький и злой дождичек, гнусный спутник маленькой, тусклой жизни серого захолустья. Стекла маленьких окон были от этого дождика слезливо мокры, и жидкая, липкая, черная грязь лежала на улицах, а на мостках, гнилых и грязных, пухли и зябли рябые лужицы, и мокры были давно уже голые ветки берез и осин в садах и огородах за серыми заборами.

Ветер проносился порывами, воя злобно и жалобно, сырой и холодный, и с мелкою яростью трепал эти голые ветки мокрых, растрепанных деревьев. И в тонких визгах ветра все та же слышалась безумная тоска.

По улице медленно тащилась телега с какими-то серыми кулями, колесами увязая в грязи. Пегая лошаденка тяжело ступала, звучно хлюпая в грязи ногами и тяжело дыша, вся мокрая, понурая, жалкая. И была она такая же тихая, с плачущими глазами, с растрепанными ветром мокрыми космами седой гривы и жалкая такая же, как бредущий по грязи рядом с телегою мокрый мужик в каком-то сером, заскорузлом кожане.

Через улицу медленно и лениво зачем-то перебирался босоногий мальчишка, высоко засучив ветхие штанишки и утопая в жидкой грязи до покрасневших голых коленок. На нем был надет рваный кафтанишко; его трепаные светлые волосенки прикрывала помятая шапка с расколотым козырьком; шею обматывал пухлый, грязно-красного цвета платок; голые худые ножонки были сини от холода и грязи. Остановившись посредине улицы, мальчишка засунул грязные пальцы в рот и пронзительно засвистал, посматривая направо и налево по улице, словно поджидая кого-то. Но никого не было, и мальчишка побрел себе дальше, по-видимому, наслаждаясь этим купаньем в грязи под дождиком.

Ворона одним глазом смотрела на него, усевшись на высоком заборе, и пронзительно каркала.

Николай Алексеевич вышел по шатким ступенькам крыльца на двор, чтобы помочь Иринушке донести ведра с водою. Брызги холодного дождя настойчиво бились в его лицо, и сырой ветер тяжело колыхал на его лбу прядку отбившихся волос.

Под мелким дождиком, по узким, брошенным через грязь на дворе дощечкам, осторожно переступая мокрыми босыми ногами, тихо шла от огорода Иринушка, через огород на речку за водою ходила. Тяжелое коромысло грузно лежало на Иринушкииом плече. Два ведра с легким скрипом колыхались, плеща порою воду на покрасневшие от холода стопы Иринушкиных легких ног. Ветер трепал подол ее подобранной высоко синей юбки.

Иринушка, придерживая обеими маленькими, покрасневшими, мокрыми от дождя руками коромысло, гнулась под его тяжестью. Горячо рдели ее щеки, и выражение усилия было на ее лице. Темные, густые Иринушкины брови слегка хмурились, а ее нежные, алые губы весело улыбались ему, вышедшему ей помочь.

Помнишь, милая, не забудешь? Иринушка, помнишь?

Старое, рваное платьишко, похолодевшие маленькие руки, и эта кроткая улыбка, и покрасневшие от холода, глиною запачканные ноги.

Николай Алексеевич снял с коромысла ведра, внес их в сени, ласково Иринушку стал упрекать.

— Иринушка, Иринушка, разве же так можно! На дворе так холодно, а ты ножек не обула. Иринушка улыбается и оправдывается:

— Такая глина липкая и вязкая, так башмаки пачкает, потом бьешься, бьешься, не отчистить. А ноги в воду опущу, сойдет глина.

— Так ведь холодно! — говорит Николай Алексеевич.

— Так что ж, что холодно! — весело отвечает Иринушка, смеется и, легкая, взбегает по шатким ступеням, нарочно громко стуча по ним ногами, чтобы согреться поскорее, — Согреюсь, — говорит она весело.

Помнишь, милая, не забудешь? Эту тесную, угрюмую квартирку, Иринушка милая, не забудешь?

Как забыть! Не забудешь. И хочешь забыть, да не забудешь.

Полусгнившее крыльцо гнулось набок. Балясины перил пообломались, упали иные, кто-то сжег их в печке.

Старая крыша дала течь. Подстилали на чердак тряпки какие-то, корыто ставили, а все же иногда и в комнате капало с потолка.

Доски пола шатались под ногами и скрипели жалобно и противно. От окон дуло. В одном из окон разбитое пополам стекло было склеено замазкою, чтобы не вставлять нового.

— Некрасиво, Иринушка, — говорил Николай Алексеевич. — Купим новое.

— Некрасиво, да спасибо, — отвечала Иринушка.

И смеялась.

Милая Иринушка! Хоть бы раз ты его упрекнула! Хоть бы словечко укора ему или судьбе промолвила когда-нибудь! Хоть бы заплакала когда, хоть бы, плача, пожаловалась, поропатала бы хоть немножко!

Никогда, ни разу не видел Николай Алексеевич Иринушкиных слез, не слышал ее жалоб и ропота, никогда!

VI

Был вечер. Усталые оба, они сидели у стола, при свете керосиновой лампы, прикрытой зеленым стеклянным абажуром. На вязаной белой скатерти лежала раскрытая книга. Иринушка читала вслух, Николай Алексеевич слушал.

Он смотрел на склонившуюся над книгою голову, на ровный пробор в темно-русых волосах, слушал Иринушкин ровный голос, так отчетливо произносивший слова рассказа о далеком, о чужом. Потом Николай Алексеевич переводил глаза на зеленый узор обоев, на стул с прямою спинкою, стоявший у стены, на темную этажерку в углу близ окна, на железную печь в другом углу. Бедные предметы скучного обихода с докучною ясностью метались в глаза. Николаю Алексеевичу было грустно.

Иринушка кончила читать, закрыла книгу, сказала:

— Будет на сегодня. Завтра дочитаем. Посмотрела на Николая Алексеевича, улыбнулась и спросила:

— Коля, что ты невесел, голову повесил? Улыбалась, и Николай Алексеевич улыбался ей в ответ, но улыбкою тоскливою, как дождь осенний за коленкоровою шторою, за мокрым окном, на улице, где темно и уныло.

Спрашивала Иринушка:

— Хочешь, Коля, я для тебя буду танцевать? Хочешь? И танцевала, тоненькая, легонькая, едва касаясь жестких досок пола розовыми пальчиками легких босых ног, красивым жестом маленьких рук приподнимая юбочку свою синюю.

Николай Алексеевич улыбался невесело и говорил:

— Милая Иринушка, отчего ты меня никогда не упрекаешь?

Иринушка поднимала брови милым движением удивленной маленькой женщины и спрашивала:

— Коля, да за что мне тебя упрекать? Что же ты мне сделал худого?

И говорила:

— Я с тобою счастлива, милый мой Коля, милый! И, присев к нему на колени, обнимала его жаркими тонкими руками и целовала его нежно и долго. Николай Алексеевич говорил:

— Милая Иринушка, не на радость ты меня полюбила. Я так беден, и тебе со мною так трудно.

— О, бедность! — беспечно говорила Иринушка. — Да разве это такая большая беда? Разве надо жить в роскошных палатах? Только надо быть веселым и сильным и хотеть счастия.

И спрашивала Иринушка Николая Алексеевича, обвив руками его шею и заглядывая в его грустные глаза своими синими счастливыми глазами:

— Ты хочешь со мною счастия, Коля? Хочешь? Николай Алексеевич говорил, невесело улыбаясь:

— Кто же, Иринушка, не хочет счастия! Все его хотят. Иринушка весело говорила:

— Ну вот, и я хочу, — и уже я счастлива. Я с тобою, Коля милый, больше мне ничего и не надо.

Потом Иринушка задумывалась ненадолго и говорила:

Надо сохранить в себе волю к жизни, — вот только это надо. Все остальное дастся.

Николай Алексеевич спрашивал:

— А ты знаешь, Иринушка, как сохранить эту волю? Иринушка улыбалась уверенно, как озаренная высокою мудростью, и говорила:

— Знаю. Чтобы сохранить волю к жизни, надо питать ее жаждою счастия. Тогда и жизнь, и счастие будут наши.

Опять смеялась Иринушка радостно и громко, и плясала по тесной комнате, и был весел на шатких досках пола легкий плеск ее быстро мелькающих из-под синей юбочки ног. И казалась она тогда легкою девою высот, сошедшею на землю, чтобы утешить тоскующего в долине бед человека.

Николай Алексеевич был утешен и силы вновь чувствовал в себе великие на труд, на достижения.

VII

Вот и прошли они, эти тяжелые годы.

Иринушка, милая, ты помнишь их? Ты их не забудешь?

Иринушка милая, где ты?

Прошли тяжелые годы. Успокоенная жизнь катится легко и мирно. У Николая Алексеевича жена и дети, и весь удобный, обеспеченный обиход.

И жену Николай Алексеевич любит, и жена его любит. Ему кажется иногда, что он любит жену за пережитые Иринушкою тяжелые годы. И когда он думает об этом, он сам дивится, дивится тому, что он любит эту, вторую, за Иринушкин труд жизни, сохраненный жаждою счастия. Счастия, которое не Иринушке улыбнулось.

Не странно ли это! Правда ли, что за одну любит Николай Алексеевич" другую?

Да и как же иначе? "Нельзя любить два раза, — думает иногда Николай Алексеевич. — Кого полюбил однажды, того полюбил навеки".

Но навеки полюбил он Иринушку.

Милая Иринушка, где ты?

Там, в городе постылом и ненавистном, на далеком кладбище, в тесной и темной могиле истлевая, спит Иринушка.

Руки на груди сложила, синие глаза плотно сомкнула, успокоилась рано.

В первое время после Иринушкиной смерти был неутешен Николай Алексеевич. Но забудется всякое на земле горе, и всякая скорбь земная смирится.

Любит Николай Алексеевич свою вторую жену, любит нежно, и дети от нее милы ему. Но порою, в последнее время все чаще, Иринушка ему вспомнится, и тогда эта, вторая, чужою кажется ему и далекою. И тогда вдруг все, что вокруг, становится для Николая Алексеевича чужим и ненужным. И только одного хочет сердце — хочет невозможного, хочет вернуть невозвратное. Иринушка, Иринушка, где ты?

Вот, кажется, подходит она тихо к его ложу, и в глазах ее кроткий упрек, в глазах Иринушкиных, синих, как ночное небо. Покачивает головою, сказать что-то хочет, и не может.

VIII

Вот и вернулись. Из церкви. В передней голоса и шум, веселые голоса, легкий шум. За дверью быстрые шаги, легкий стук, милый голос второй жены:

— Коля, ты спишь? Мы уж вернулись. К тебе можно?

Николай Алексеевич тихо отвечает:

— Войди.

А встать ему не хочется, и не хочется видеть людей, и пасмурное лицо повернуто к спинке дивана.

Шелест нарядного платья слышится, и приближаются легкие по сукну шаги и тихий голос, говорящий веселое что-то.

Присела на диван к Николаю Алексеевичу, к его груди приникла, веселая, радостная, все еще такая молодая, милая, вторая жена, не Иринушка.

Иринушка, милая Иринушка, где же ты?

Милая Иринушка, помнишь, не забудешь?

Где же ты? Душа моя тебя жаждет!

Тихие слышны слова, ответом на страстные зовы:

— Христос воскрес.

И так же тихо ответил Николай Алексеевич:

— Воистину воскрес.

Он повернулся, протянул руки, обнял милую, целует. И близко, близко в его глаза глядят глаза иные, милые глаза.

Кто же это? Неужели чужая?

Иринушка, это ты?

Тихо отвечает она, прильнувшая к его груди, отдавшаяся его объятиям:

— Это — я. Разве ты не узнал меня, приходящую тайно в полуночи? Ты зовешь меня второю женою, ты любишь меня, не зная, кто я, ты называешь меня, как называли меня дома, бедным, чужим именем, Наташею. Но узнай, узнай в эту святую ночь, что я — я, что я — твоя, что я — та, которую ты не забыл, которую ты зовешь, Ирина твоя, вечная твоя спутница, вечно с тобою. Похоронил ты бедное тело маленькой твоей Иринушки, но любовь ее сильнее смерти, и душа ее жаждет счастия, и жизни хочет, и расторгает оковы тления, и во мне живет. Узнай меня, целуй меня, люби меня.

Радостно обнял Николай Алексеевич свою вторую жену, и смотрел в ее глаза, и узнавал в них Иринушкин привет, и лобзал ее губы, и узнавал в них ласку, негу и зной Иринушкиных уст, жаждущих счастия, жизни и любви.

Николай Алексеевич повторял, плача от счастия, сладчайшего всех земных утех:

— Милая, ты помнишь? Ты не забудешь, милая? А она ему отвечала:

— Коля, милый, у тебя совсем расстроены нервы. Я же тебе говорила, что не надо так много работать. Прими брому.

Царица поцелуев

Сколь неразумны бывают и легкомысленны женские лукавые желания и к каким приводят они страшным и соблазнительным последствиям, тому примером да послужит предлагаемый рассказ, очень назидательный и совершенно достоверный, о некоторой прекрасной даме, которая пожелала быть царицею поцелуев, и о том, что из этого произошло.

В одном славном и древнем городе жил богатый и старый купец, по имени Бальтасар. Он женился на прекрасной юной девице, — ибо бес, сильный и над молодыми и над старыми, представил ему прелести этой Девицы в столь очаровательном свете, что старик не мог воспротивиться их обаянию.

Женившись, Бальтасар раскаивался не мало, — преклонный возраст не давал ему в полной мере упиться сладостями брачных ночей, а ревность скоро начала мучить его. И не без основания: молодая госпожа Мафальда, — так звали его жену, — скучая скудными ласками престарелого супруга, с вожделением смотрела на юных и красивых. Бальтасару же, по его делам, приходилось отлучаться из дому на целые дни, и только в праздники мог он неотлучно быть с Мафальдою. И потому Бальтасар приставил к ней верную старую женщину Барбару, которая должна была неотступно следовать всегда за его женою.

Скучна стала жизнь молодой и страстной Мафальды: уже не только нельзя было ей поцеловать какого-нибудь красивого юношу, но и украдкою брошенный на кого-нибудь умильный взгляд навлекал на нее суровые укоры и беспощадные наказания от ее мужа: ему обо всем доносила сварливая, злая Барбара.

Однажды в знойный летний день, когда было так жарко, что даже солнце тяжело задремало в небе и не знало потом, куда ему надобно идти, направо или налево, заснула старая Барбара. Молодая Мафальда, сняв с себя лишнюю одежду и оставив себе только то, что совершенно необходимо было бы даже и в раю, села на пороге своей комнаты печальными глазами смотрела на тенистый сад, высокими окруженный стенами.

Конечно, никого чужого не было в этом саду, да и не могло быть, так как единственная калитка в заборе давно уже была наглухо заколочена и попасть в сад можно было только через дом, — а в дом никого не впускали крепко запертые наружные двери. Никого не видели печальные очи пленной молодой госпожи. Только резкие тени неподвижно лежали на песке расчищенных дорожек, да деревья с блеклою от зноя листвою изнывали в неподвижном безмолвии завороженной своей жизни, да цветы благоухали пряным и раздражающим ароматом.

И вдруг кто-то тихим, но внятным голосом окликнул Мафальду:

— Мафальда, чего же ты хочешь?

Промолчать бы ей, уйти бы ей в комнаты, закреститься бы ей от нечистого наваждения, — нет, Мафальда осталась. Мафальда встрепенулась. Мафальда с любопытством огляделась кругом. Мафальда лукаво усмехнулась и шепотом спросила:

— Кто там?

И недалеко от нее, в розовых кустах, откуда пахло так томно и нежно, засмеялся кто-то тихо, но таким звонким и сладким смехом, что от непонятной радости замерло сердце Мафальды. Вот, только пошепталась она с лукавым искусителем, и уже подпала под власть его поганых чар.

И опять заговорил неведомый гость, и ароматом повеяли его обольстительные слова:

— Госпожа Мафальда, что тебе в моем имени? И показаться я тебе не могу. Ты же поспеши сказать мне, чего ты желаешь и о чем ты томишься, и я все исполню для тебя, прелестная дама.

— Почему не хочешь ты показаться мне? — спросила любопытная Мафальда.

— Госпожа, ты так легко одета, — отвечал Мафальде неведомый посетитель, — длинны и густы твои черные косы, но все-таки они не закрывают совсем твоих восхитительных ног, и если я выйду сейчас, то тебе, госпожа, будет стыдно.

— Ничего, никто нас не увидит, Барбара спит, — сказала Мафальда.

Но чуток сон злых старух, стерегущих молодых красавиц. Барбара услышала свое имя и проснулась. Стала на пороге рядом с госпожою, подозрительно осмотрелась и спросила:

— Госпожа Мафальда, с кем ты разговаривала сейчас? Кто был у тебя в этом саду?

— С кем говорить мне! — досадливо ответила Мафальда, — здесь никого не было, да и кто мог бы попасть в этот сад? Разве только нечистый, а что мне с ним разговаривать? Не большая услада!

Но старуха недоверчиво покачивала головой и бормотала:

— Хитры молодые жены старых мужей. Я чую, что здесь

был кто-то: не чертом пахнет здесь, а молодым кавалером в бархатном берете и красном плаще. Крутя одной рукою черный ус и другою рукою опираясь в бок около рукоятки своей острой шпаги, он стоял там, за розовым кустом, и говорил тебе слова, за которые твой муж заплатит тебе ужо звонкою монетою.

Настала ночь, но не стало прохладно. Такая же душная, такая же томная, как день, была и черная ночь.

Жестоко высеченная мужем по доносу злой Барбары, долго плакала Мафальда и не хотела заснуть. Рядом с нею на супружеском ложе тихо похрапывал почтенный купец Бальтасар, насладившийся в меру своих старческих сил вынужденными ласками наказанной жены.

И вдруг опять услышала Мафальда над собою тот же искусительный сладкий голос:

— Мафальда, говори скорее, чего же ты хочешь? Говори скорее, пока не проснулся муж, пока никто не знает, что я здесь.

И уже не медлила Мафальда ни минуты и сказала, приподнявшись на подушках и в темноту ночную обратив вожделеющий взор:

— Хочу быть царицею поцелуев.

Засмеялся неведомый посетитель, и опять все стало тихо. Но в себе почувствовала Мафальда какую-то перемену. Еще не знала она, в чем состоит эта перемена, но уже радостно ей было.

Она заснула сладко и крепко и видела радостные и страстные сны. Многие прекрасные юноши приходили к ней и осыпали ее такими пламенными поцелуями, каких, казалось, никто еще не ведал ни на земле, ни на небе. И снилось Мафальде, что сила ее нескончаема и что она может перецеловать всех юношей того города и многих других городов и всех их одарить пламенными ласками до утомления, до смерти.

И утро настало, и загорелась великая в теле Мафальды жажда поцелуев. Едва только ушел на свою торговлю ее муж, Мафальда сбросила с себя все одежды и вознамерилась выйти на улицу.

Барбара закричала неистовым голосом, призывая слуг, и хотела силою удержать в доме госпожу. Но Мафальда быстрым ударом повергла на пол злую приставницу свою, локтями и кулаками растолкала всех слуг и служанок и выбежала на улицу нагая, громко вопия:

— Прекрасные юноши, вот иду я на перекрестки ваших улиц, нагая и прекрасная, жаждущая объятий и пламенных ласк, я, великая царица поцелуев. Вы все, смелые и юные, придите ко мне, насладитесь красотою и буйным дерзновением моим, в моих объятиях испейте напиток любви, радостной до смерти любви, более могущественной, чем и самая смерть. Придите ко мне, ко мне, к царице поцелуев.

Заслышав пронзительно-звонкий зов Мафальды, отовсюду поспешно сбежались юноши того города.

Красота юной Мафальды и еще более, чем эта красота, бесовское обаяние, разлитое в ее бесстрашно и дерзко обнаженном предо всеми теле, распалили желания сбежавшихся юношей.

Первому же из них открыла юная Мафальда свои страстные объятия и упоила его блаженством сладостных поцелуев и страстных ласк. Отдала она его желаниям свое прекрасное тело, простертое здесь же, на улице, на поспешно разостланном широком плаще ее любовника. И пред очами вожделеющей толпы юношей, испускающих вопли страсти и ревности, быстро насладились они горячими ласками.

Едва разомкнулись объятия первого любовника, едва склонился он к ногам прекрасной Мафальды в страстной истоме, желая кратким отдыхом восстановить любовный неистовый пыл, оттащили его от Мафальды. И второй юноша завладел телом и жаркими ласками Мафальды.

Густая толпа вожделеющих юношей теснилась над ласкающимися на жестких камнях улицы.

— Им жестко, — сказал кто-то благоразумный и добрый, — подложим им свои плащи, чтобы и для себя приготовить пышное ложе, когда придет наш черед возлечь с царицею поцелуев.

И в миг гора плащей воздвиглась среди улицы.

Один за другим бросались юноши в бездонные объятия Мафальды. И отходили в изнеможении один за другим, а прекрасная Мафальда лежала на мягком ложе из плащей всех цветов, от ярко-красного до самого черного, и обнимала, и целовала, и стонала от беспредельной страсти, от не утоляемой ничем жажды поцелуев. И свирельным голосом, и далече окрест был слышен голос ее, взывающий так:

— Юноши этого города и других городов и селений, ближайших и дальних, придите все в объятия мои, насладитесь любовью моею, потому что я — царица поцелуев, и ласкания мои неистощимы, и любовь моя безмерна и неутомима даже до смерти.

Разнеслась по городу быстрокрылая молва о неистовой Мафальде, которая лежит обнаженная на перекрестке улиц и предает свое прекрасное тело ласканиям юношей. И пришли на перекресток мужи и жены, старцы и почтенные госпожи и дети и широким кругом обступили тесно сплотившуюся толпу неистовых. И подняли громкий крик, укоряли бесстыдных и повелевали им разойтись, угрожая всею силою родительской власти, и гневом Божиим, и строгою карою от городских властей. Но только воплями распаленной страсти отвечали им юноши.

И Бальтасар пришел и рвался к жене, яростно вопия, расточая удары и кусаясь. Но не пустили его юноши к Мафальде. Обессилел старик, и стоя поодаль, рвал на себе одежду и седые волосы.

Пришли городские старейшины и повелели бесстыдному сборищу разойтись. Но не послушались юноши и продолжали толпиться вокруг прекрасной обнаженной Мафальды. И уговоры патеров не подействовали на них. И уже долго длилось позорище, и уже клонился к вечеру день.

Позвали тогда стражу. Воины набросились на юношей, избили многих, других кое-как разогнали. Но вот увидели они обольстительное, хотя уже измятое многими ласками тело Мафальды и услышали ее свирельно-звонкий вопль:

— Я — царица поцелуев. Придите ко мне все, жаждущие сладостных утешений любви.

Забыли воины свой долг. И тщетно восклицали старейшины:

— Возьмите безумную Мафальду и отнесите ее в дом к ее супругу, почтенному Бальтасару.

Воины, как перед тем юноши, обступили Мафальду и жаждали ее объятий. Но так как они были грубые люди и не могли соблюдать очередь, как делали это учтивые и скромные юноши того города, хорошо воспитанные их благочестивыми родителями, то они разодрались, и пока один из них обнимал Мафальду, другие пускали в ход оружие, чтобы решить силой меча, кто должен насладиться несравненными прелестями Мафальды. И многие были ранены и убиты.

Не знали старейшины, что делать. Совещались на улице близ того места, где неистовая Мафальда вопила в объятиях солдат и осыпала их неутомимыми ласками.

Случай, который при всяких других обстоятельствах следовало бы признать ужасным, пришел на помощь сгорающим от бессильного гнева и стыда старейшинам города. Один из солдат, юный и сравнительно с другими слабый, но страстный не менее остальных, не мог дождаться возможности приблизиться к обольстительному телу Мафальды. Он ходил вокруг места, где сладостные звучали поцелуи, где неистощимая любовь дарила в не сравнимые ни с чем наслаждения его товарищам, — и отталкивали его от этого милого места товарищи его и грубо смеялись над ним. Он лег на камни мостовой, жесткие, холодные, — ибо уже целый день прошел и ночная тьма спустилась над городом, — лег на камни, закрыл голову плащом и завыл жалобно от обиды, стыда и бессильного желания. Сжигаемый злобою, украдкою схватился он за свой кинжал и тихо, тихо, как в траве крадущаяся змея, пополз между ногами толпившихся солдат. И приблизился к Мафальде. Ощупал горячими руками ее похолодевшие ноги и в трепещущий бок ее вонзил быстрый кинжал.

Громкий визг раздался и прерывистый вой. В руках ласкавшего ее солдата умирала Мафальда и стонала все тише. Захрипела. Умерла.

Обрызганный ее кровью, поднялся солдат.

— Кто-то зарезал царицу поцелуев! — завопил он свирепо. — Кто-то злой помешал нам насладиться ласками, которых еще никто не знал на земле, потому что первый раз к нам сошла царица поцелуев.

Смутились солдаты. И стояли вокруг тела.

Тогда подошли старцы, уже бесстрастные от долготы пережитых ими лет, подняли тело Мафальды, и отнесли его в дом к старому Бальтасару.

В ту же ночь молодой солдат, убивший Мафальду, вошел в ее дом. Как случилось, что его никто не заметил и не остановил, не знаю.

Он приблизился к телу Мафальды, лежащему на кровати, — еще не был сделан гроб для покойницы, — и лег рядом с нею под ее покрывалом. И мертвая, разомкнула для него Мафальда свои холодные руки и обняла его крепко и до утра отвечала его поцелуям холодными и отрадными, как утешающая смерть, и отвечала его ласкам ласками темными и глубокими, как смерть, вечная, как вечная узорешительница смерть.

Когда взошло солнце и знойными лучами пронизало сумрак тихого покоя, в этот страшный и томный, в этот рассветный час в объятиях обнаженной и мертвой Мафальды, царицы поцелуев, под ее красным покрывалом умер молодой воин. Разъединяя свои объятия, в последний раз улыбнулась ему прекрасная Мафальда.

Я знаю, что найдутся неразумные жены и девы, которые назовут сладким и славным удел прекрасной Мафальды, царицы поцелуев, и что найдутся юноши столь безумные, чтобы позавидовать смерти ее последнего и наиболее обласканного ею любовника. Но вы, почтенные, добродетельные дамы, для поцелуев снимающие одни только перчатки, вы, которые так любите прелести семейного очага и благопристойность вашего дома, бойтесь, бойтесь легкомысленного желания, бегите от лукавого соблазнителя.

Дама в узах

Легенда белой ночи

Н. И. Бутковской

У одного московского мецената (говорят, что меценаты водятся теперь только в Москве) есть великолепная картинная галерея, которая после смерти владельца перейдет в собственность города, а пока мало еще кому ведома и трудно доступна. В этой галерее висит превосходно написанная, странная по содержанию картина малопрославленного, хотя и весьма талантливого русского художника. В каталоге картина обозначена названием "Легенда белой ночи". Картина изображает сидящую на скамейке в едва только распускающемся по весне саду молодую даму в изысканно-простом черном платье, в черной широкополой шляпе с белым пером. Лицо дамы прекрасно, и выражение его загадочно. В неверном, очарованном свете белой ночи, который восхитительно передан художником, кажется порою, что улыбка дамы радостна; иногда же кажется эта улыбка бледною гримасою страха и отчаяния.

Рук не видно, — они заложены за спину, и по тому, как дама держит плечи, можно подумать, что руки ее связаны. Стопы ее ног обнажены. Они очень красивы. На них видны золотые браслеты, скованные недлинною золотою цепочкою. Это сочетание черного платья и белых необутых ног красиво, но странно.

Эта картина написана несколько лет тому назад, после странной белой ночи, проведенной ее автором, молодым живописцем Андреем Павловичем Крагаевым, у изображенной на картине дамы, Ирины Владимировны Омежиной, на ее даче близ Петербурга.

Это было в конце мая. День был теплый и очаровательно-ясный. Утром, то есть в ту пору, когда рабочий люд собирается обедать, Крагаева позвали к телефону.

Знакомый голос молодой дамы говорил ему:

— Это — я, Омежина. Андрей Павлович, сегодня ночью вы свободны? Я жду вас к себе на дачу ровно в два часа ночи.

— Да, Ирина Владимировна, благодарю, — начал было Крагаев. Но Омежина перебила его:

— Итак, я вас жду. Ровно в два часа.

И тотчас же повесила трубку. Голос Омежиной был

89

необычайно холоден и ровен, каким бывает голос человека, готовящегося к чему-то значительному. Это, а также и краткость разговора немало удивили Крагаева. Он уже привык к тому, что разговор по телефону, и особенно с дамою, бывает всегда продолжительным. Ирина Владимировна, конечно, не составляла в этом отношении исключения. Сказать несколько слов, и повесить трубку — это было неожиданно и ново, и возбуждало любопытство.

Крагаев решился быть аккуратным и не опаздывать. Он заблаговременно заказал автомобиль, — своего еще не было.

Крагаев был довольно хорошо, хотя и не особенно близко, знаком с Омежиной. Она была вдова богатого помещика, умершего внезапно за несколько лет до этой весны. Она и сама имела независимое состояние. Дача, куда она приглашала Крагаева, была ее собственная.

О ее жизни с мужем ходили в свое время странные слухи. Говорили, что он часто и жестоко бьет ее. Дивились тому, что она, женщина состоятельная, терпит это, и не оставляет его.

Детей у них не было. Говорили, что Омежин и неспособен иметь детей. И это еще более казалось всем странным, — зачем же она с ним живет?

Часы Крагаева показывали ровно два часа, и уже становилось совсем светло, когда его автомобиль, замедляя ход, приближался к ограде загородного дома Омежиной, где ему приходилось бывать несколько раз прошлым летом.

Крагаев чувствовал странное волнение.

"Будет еще кто-нибудь, или только я один зван? — думал он. — Приятнее быть наедине с милою дамою в эту очаровательную ночь. Разве и зимою не надоели достаточно все эти люди!"

У ворот не видно было ни одного экипажа. Было совсем тихо в темном саду. Окна в доме были не освещены.

— Ждать? — спросил шофер.

— Не надо, — решительно сказал Крагаев, и расплатился.

Калитка у темных ворот была немного приоткрыта. Крагаев вошел и закрыл за собою калитку. Оглянулся почему-то — увидел в калитке ключ и, повинуясь какому-то неясному предчувствию, замкнул калитку.

Тихо шел он по песочным дорожкам к дому. От реки тянуло прохладою, кое-где в кустах слабо и неуверенно чирикали первые, ранние птички.

Вдруг знакомый голос, опять, как утром, странно-ровный и холодный, окликнул его.

— Я здесь, Андрей Павлович, — говорила Омежина.

Крагаев повернул в ту сторону, откуда слышался голос, и на скамейке перед куртиною увидел хозяйку.

Она сидела и улыбалась, глядя на него. Одета она была точь-в-точь так, как он потом изобразил ее на картине: то же черное платье, изысканно простое покроем, никаких украшений; та же черная шляпа с широкими полями и с белым пером; так же руки заложены были за спину, и казались связанными; так же, спокойные на желтом сыроватом песке дорожки, видны были белые ноги, и на них, охватывая тонкие щиколотки, слабо поблескивало золото двух скованных золотою цепью браслетов.

Омежина улыбалась тою же неопределенною улыбкою, которую потом Крагаев перенес на портрет, и говорила ему:

— Здравствуйте, Андрей Павлович. Я почему-то была уверена, что вы непременно придете в назначенный час. Простите, я не могу подать вам руки, — мои руки крепко связаны.

Заметив движение Крагаева, она засмеялась невесело, и сказала:

— Нет, не беспокойтесь, — не надо развязывать. Так надо. Так он хочет. Нынче опять его ночь. Сядьте здесь, рядом со мною.

— Кто он, Ирина Владимировна? — с удивлением, но осторожно спросил Крагаев, садясь рядом с Омежиною.

— Он, мой муж, — спокойно отвечала она. — Сегодня годовщина его смерти. В этот самый час он умер, — и каждый год в эту ночь и в этот час я опять отдаю себя в его власть. Каждый год он выбирает того, в кого входит его душа. Он приходит ко мне, и мучит меня несколько часов. Пока не устанет. Потом уходит, — и я свободна до будущего года. На этот год он избрал вас. Я вижу, вы удивлены. Вы готовы думать, что я — сумасшедшая.

— Помилуйте, Ирина Владимировна, — начал было Крагаев. Омежина остановила его легким движением головы, и сказала:

— Нет, это — не безумие. Послушайте, я вам все расскажу и вы меня поймете. Не может быть, чтобы вы, такой чуткий и отзывчивый человек, такой прекрасный и тонкий художник, не поняли меня.

Когда человеку говорят, что он — тонкий и чуткий человек, то он, конечно, готов понять все, что угодно. И Крагаев почувствовал себя начинающим понимать душевное состояние молодой женщины. Следовало бы поцеловать, в знак сочувствия, ее руки, и Крагаев с удовольствием поднес бы к своим губам тонкую, маленькую ручку Омежиной. Но так как сделать это было неудобно, то он ограничился тем, что пожал локоть ее руки.

Омежина ответила ему благодарным наклонением головы. Улыбаясь странно и неверно, так что нельзя было понять, весело ли ей очень, или хочется плакать, она говорила:

— Мой муж был слабый, злой человек. Не понимаю теперь, почему, за что я его любила, почему не уходила от него. Сначала робко, потом все откровеннее и злее с каждым годом он мучил меня. Все виды мучений он разнообразил, чтобы терзать меня, но скоро он остановился на одной, самой простой и обыкновенной муке. Не понимаю, почему я все это терпела. И тогда не понимала, и теперь не понимаю. Может быть, ждала чего-то. Как бы то ни было, я была перед ним слабым и злым, как покорная раба.

И Омежина спокойно и подробно стала рассказывать Крагаеву, как мучил ее мух. Говорила, как о ком-то чужом, словно не она претерпела все эти мучительства и издевательства.

С жалостью и негодованием слушал ее Крагаев, но так тих и ровен был ее голос, и такая злая зараза дышала в нем, что вдруг Крагаев почувствовал в себе дикое желание повергнуть ее на землю и бить ее, как бил ее муж. Чем дольше она говорила, чем больше узнавал он подробностей этого злого мучительства, тем яснее он чувствовал и в себе это возрастающее злое желание. Сначала ему казалось, что говорит в нем досада на ту бесстыдную откровенность, с которою она передавала ему свою мучительную повесть, — что это ее тихий, почти невинный цинизм вызывает в нем дикое желание. Но скоро он понял, что это злобное чувство имеет более глубокую причину.

Или уже и в самом деле не душа ли покойного воплощалась в нем, изуродованная душа злого, слабого мучителя? Он ужаснулся, но скоро почувствовал, как в душе его умирает этот мгновенно-острый ужас, как все повелительнее разгорается в душе похоть к мучительству, злая и мелкая отрава.

Омежина говорила:

— Все это я терпела. И ни разу никому не пожаловалась. И даже в душе не роптала. Но был день весною, когда я была так же слаба, как и он. В душу мою вошло желание его смерти. Были ли очень мучительны те побои, которые он мне тогда наносил, весна ли с этими призрачными белыми ночами так на меня действовала — не знаю, откуда в меня вошло это желание. Так странно! Я никогда не была ни злою, ни слабою. Несколько дней я томилась этим подлым желанием. Я ночью садилась у окна, смотрела в тихий, неясный свет городской северной ночи, с тоскою я со злостью сжимала свои руки, и думала настойчиво и зло: "Умри, проклятый, умри!" И случилось так, что он вдруг умер, вот в этот самый день, ровно в два часа ночи. Но я не убила его. О, не думайте, что я убила его!

— Помилуйте, я не думаю этого, — сказал Крагаев, но голос его звучал почти сердито.

— Он умер сам, — продолжала Омежина. — Или, может быть, силою моего злого желания я свела его в могилу? Может быть, так могущественна бывает иногда воля человека? Не знаю. Но я не чувствовала раскаяния. Совесть моя была совершенно спокойна. И так продолжалось до следующей весны. Весною, чем яснее становились ночи, тем хуже было мне. Тоска томила меня все сильнее и сильнее. Наконец, в ночь его смерти он пришел ко мне и мучил меня долго.

— А, пришел! — с внезапным злорадством сказал Крагаев.

— Вы, конечно, понимаете, — говорила Омежина, — что это был не покойник, пришедший с кладбища. Для таких проделок он был все ж-таки слишком благовоспитанный и городской человек. Он сумел устроиться иначе. Он овладел волею и душою того, кто, как вы теперь, пришел ко мне в эту ночь, кто мучил меня жестоко и долго. Когда он ушел и оставил меня изнемогшею от мук, я плакала, как избитая девчонка. Но душа моя была спокойна, и я опять не думала о нем до следующей весны. И вот каждый год, когда наступают белые ночи, тоска начинает томить меня, а в ночь его смерти приходит ко мне мучитель мой.

— Каждый год? — задыхающимся от злости или от волнения голосом спросил Крагаев.

— Каждый год, — говорила Омежина, — бывает кто-нибудь, кто приходит ко мне в этот час, и каждый раз словно душа моего мужа вселяется в моего случайного мучителя. Потом, после мучительной ночи, тоска моя проходит, и я возвращаюсь в мир живых. Так было каждый год. В этот год он захотел, чтобы это были вы. Он захотел, чтобы я ждала вас здесь, в этом саду, в этой одежде, со связанными руками, босая. И вот я послушна его воле. Я сижу и жду.

Она смотрела на Крагаева, и на лице ее было то сложное выражение, которое он потом с таким искусством перенес на свою картину.

Крагаев как-то слишком поспешно встал. Лицо его стало очень бледным. Чувствуя в себе страшную злобу, он схватил

Омежину за плечо, и диким, хриплым голосом, сам не узнавая его звука, крикнул:

— Так было каждый год, и нынче с тобою будет не иначе. Иди! Омежина встала и заплакала. Крагаев, сжимая ее плечо, повлек ее к дому. Она покорно шла за ним, дрожа от холода и от сырости песчинок под нагими стопами, торопясь и спотыкаясь, больно на каждом шагу ощущая подергивание золотой цепи и толчки золотых браслетов. И так вошли они в дом.

Мудрые девы

В украшенном цветами и светлыми тканями покое Девы ждали Жениха. Их было десять, они были юны и прекрасны, и были среди них Мудрые девы, и были Неразумные.

Вечер отгорел и погас, как погасает в небе каждый вечер. Дыхание темно-синего холода простерлось над землей, и далекие, вечные звезды начали свой медленный хоровод. Девы приготовили все, что надо было для брачного пира, и сели за стол. Одно место среди них было пусто, — то было место для Жениха, которого ждали, но которого еще не было здесь.

Десять светильников горели перед Девами. На белой скатерти стола стояли сосуды с вином и хлебы.

Тихие голоса беседующих Дев. Черная ночь молчала в саду за окнами украшенного брачного чертога, — а издали доносились откуда-то веселые песни, смех, музыка, шумные восклицания. Там, недалеко от дома, где ждали Девы Жениха, веселились и пировали Девушки, юные Женщины и праздные Молодые люди, — и всем им не было никакого дела ни до Жениха, приходящего во тьме и тайне, ни до невесты, таинственно зажигающей высокий свой светоч. Они, беспечные, плясали, и пели, и смеялись, и славили сладостные очарования буйной жизни. В их песнях говорилось о том, что жизнь дается каждому только один раз, что юность пролетает быстро и что надо торопиться вкусить ее восторги и услады, пока еще кровь горит избытком стремительных сил. Тихо беседовали Девы:

— Теперь уже скоро придет Жених.

— Да, мы скоро дождемся его.

— Как они там шумят!

— Как безумны их песни!

— Как грубо звучит в ночной тишине их хохот!

— Жениху будет неприятен этот шум.

— Жених добрый, — он не осудит.

— Он уже скоро придет.

— Не он ли это вошел в сад?

— Не он ли стоит у порога?

— Не он ли заглянул к нам в окно?

— Не пойти ли нам к нему навстречу?

— Нет, в саду пусто и тихо.

— У дверей нет никого.

— Только черная ночь смотрит к нам в окна.

Длилась ночь. Ждали Девы.

Беседовали тихо. Все громче и веселей становились голоса пирующих. Жених не приходил.

— Его все еще нет, — говорили опечаленные Девы. — Он придет в полночь, — говорили они, утешая себя.

— Будем ждать.

— Как долго!

— Как скучно!

— Не надо роптать на Жениха.

— Он придет.

— Надо ждать, — он утешит нас.

— Как долго ждать! Уже и полночь прошла.

Стали роптать Неразумные девы. Они говорили:

— Мы здесь сидим и ждем, а он забыл о нас.

— Может быть, и не придет.

— Может быть, он пирует с другими.

— Зачем же мы ждем его, глупые?

— Как весело там!

— Не смешно ли, что мы сидим здесь, за накрытым столом, а сами не пьем и не едим, и не радуемся и ждем Жениха, который не приходит, хотя уже прошли назначенные сроки!

— Не пойти ли нам туда, где так весело?

— Подождите, — говорили Мудрые девы. — Жених придет.

— Он стукнет в дверь, станет на пороге, посмотрит на нас благостными очами, — и тогда начнется у нас веселье, более светлое и радостное, чем то, которому вы завидуете.

Но уже не захотели Неразумные девы ждать дальше. Они говорили:

— Мы пойдем туда, где весело. Идите и вы с нами. Если Жених не пришел вовремя, то он может сходить за нами и туда, где мы будем. Можно оставить ему на столе записку.

И взяли Неразумные девы свои светильники и ушли, — шесть Неразумных дев.

Остались четыре Мудрые девы. Они сели близко одна к другой и тихо беседовали о Женихе и о тайне, и ждали.

Но Жених не пришел. Тишина и печаль томились и вздыхали в украшенном брачном покое, где Мудрые девы проливали тихие слезы, сидя за столом, перед догорающими светильниками, перед нетронутым вином и неначатым хлебом. Дремотные смежались порой очи, и грезился Мудрым девам Жених, стоящий на пороге. Радостные вставали они со своих мест и простирали руки — но не было Жениха с ними, и никто не стоял на пороге.

Догорели светильники, побелели окна, птичьими

щебетаниями засмеялся утренний сад, — и поняли Мудрые девы, что Жених не придет. Они склонились над столом и плакали долго. Чем ярче пылала заря, тем бледнее становились их щеки.

Тогда сказала мудрейшая из Дев:

— Сестры, сестры! Вот уйдем мы домой и потом станем вспоминать эту ночь. И что же мы вспомним? Мы ждали долго, — и Жених не пришел. Но сестры и Неразумные девы, если бы они были с нами в эту ночь, не то ли же самое сохранили бы воспоминание? На что же нам мудрость наша? Неужели мудрость наша над морем случайного бывания не может восславить светлого мира, созданного дерзающей волей нашей? Жениха нет ныне с нами, — потому ли, что он не приходил к нам, потому ли, что, побыв с нами довольно, он ушел от нас?

Радостны стали Мудрые девы и перестали плакать. Они налили вино в свои чаши, и разломили хлеб, и ели, и пили, и веселились.

— Жених ушел от нас рано.

— Краткое время побыл с нами Жених, — но сердца наши утешены и кратким его пребыванием с нами.

— Жених ушел, но он — наш возлюбленный Жених.

— Он любит нас.

— Он оставил нам золотые венцы на головах наших.

Окончив свою радостную трапезу, встали Мудрые девы из-за стола. На пороге брачного чертога остановились они все четыре, обнимая одна другую, ипростерли с прощальным приветом свои руки вслед уходящему Жениху. Глаза их были полны слез, и лица их были бледны, и губы их улыбались печально.

В это время окончился шумный пир, и шесть Неразумных дев возвращались домой. Остановясь у порога, где стояли Мудрые девы, Неразумные смеялись, дразнили Мудрых и спрашивали:

— Дождались Жениха?

— Весел был ваш пир с Женихом?

— Что же вы одни и Жениха не видно с вами?

Мудрые девы ответили им кротко:

— Жених ушел.

— Мы его провожали.

— Вот уже белый хитон его мелькнул в последний раз из-за деревьев и не виден больше.

— В ту сторону, где восходит солнце, ушел Жених.

Не верили им Неразумные девы, громко смеялись и говорили:

— Вам стыдно сознаться, что Жених не пришел к вам.

— Чем вы докажете, что он был с вами?

— Покажите нам его подарки. Мудрые девы отвечали:

— Он подарил нам золотые венцы.

— Он сам надел их на наши головы.

— Разве вы не видите золото наших венцов над нашими головами?

Неразумные девы, — пять из них, — смеялись и говорили:

— Никаких нет венцов на ваших головах.

— Вы сами себя уличаете вашей выдумкой.

— Должно быть, во сне видели вы, как приходил к вам Жених.

— Напрасно вы проскучали всю долгую ночь, — идти бы вам лучше было за нами.

И ушли от порога пять Неразумных дев, издеваясь над Мудрыми девами и всячески понося их. Одна же из них осталась у порога. Она упала к ногам Мудрых дев, покрытым холодной утренней росой, и целовала ноги Мудрых дев, и плакала горько, и говорила:

— Счастливые, счастливые Мудрые девы! Как завиден ваш высокий удел! С вами пировал Жених, которого не увидели мои очи и очи моих безумных подруг.

На ваши мудрые головы он своими руками надел золотые венцы, светло сияющие, как четыре великие солнца. На ваших руках — святыня его прикосновений, на ваших губах — благоухание его поцелуев. О я, Неразумная! О я, несчастная!

Умереть бы мне у ваших ног, лобзая ступени, по которым к вам восходил Жених.

Мудрые девы подняли свою прозревшую в этот ранний час сестру и целовали ее, и утешали нежно. Они говорили ей:

— Милая сестра, ты увидела на головах наших венцы, которых не могли увидеть Неразумные девы.

— Мудростью и ведением тайны наделил тебя Жених.

— Венец, который был на голове Жениха, он оставил нам для той, которая придет от неразумия к мудрости.

Коснулись Мудрые девы нежными пальцами ее головы и сняли с нее поблекшие цветы буйного веселья. Говорили:

— Вот мы надели на тебя, милая сестра, золотой венец.

— Как ярко сверкает твой венец в лучах восходящего солнца.

— Возлюбленный Жених, подаривший тебе этот блистающий венец, и сам придет к тебе, когда настанет время.

Одна за другой, по высокой лестнице брачного чертога и по дорогам сада, ступая на те места, которых касались ноги Жениха, шли пять Мудрых дев, увенчанные золотыми венцами, сияющими, как великие светила. С глазами, полными слез, и с сердцами, объятыми пламенем печали и восторга, шли они возвестить миру мудрость и тайну.

Тени

I

ХУДОЩАВЫЙ, БЛЕДНЫЙ МАЛЬЧИК лет двенадцати, Володя Ловлев только что вернулся из гимназии и ждал обеда. Он стоял в гостиной у рояля и рассматривал последний номер "Нивы", который принесли с почты сегодня утром.

Из газеты, которая лежала тут же, прикрывая один лист "Нивы", выпала маленькая книжечка, напечатанная на тонкой серой бумаге, — объявление иллюстрированного журнала. В этой книжечке издатель перечислял будущих сотрудников, — полсотни известных литературных имен, — многословно хвалил журнал весь в целом и по отделам, весьма разнообразным, и давал образчики иллюстраций.

Володя начал рассеянно перелистывать серенькую книжку, рассматривая крохотные картинки. Его большие глаза на бледном лице глядели устало.

Одна страничка вдруг заинтересовала мальчика и заставила его широкие глаза раскрыться еще шире. Сверху вниз вдоль странички было напечатано шесть рисунков, изображавших сложенные разными способами руки, тени которых, отброшенные на белую стену, образовали темные силуэты: головку барышни в какой-то смешной рогатой шляпке, голову осла, быка, сидячую фигуру белки и еще что-то в этом же роде.

Володя, улыбаясь, углубился в рассматривание рисунков. Ему знакома была эта забава: он сам мог сложить пальцы одной руки так, чтобы на стене появилась заячья головка. Но здесь было кое-что, чего Володя еще не видывал; и, — самое главное, — здесь все были фигуры довольно сложные, для двух рук.

Володе захотелось воспроизвести эти тени. Но теперь, при рассеянном свете догоравшего осеннего дня, конечно, ничего хорошего не выйдет.

Надо взять книжку к себе, сообразил он, — ведь она же не нужна.

В это время услышал он в соседней комнате приближающиеся шаги и голос матери. Покраснев отчего-то, он быстро сунул книжку в карман и отошел от рояля, навстречу своей маме. Она подходила к нему, ласково улыбаясь, такая похожая на него, с такими же широкими глазами на бледном прекрасном лице.

Мама спросила, по обыкновению:

— Что у вас сегодня новенького?

— Да ничего нового, — хмуро сказал Володя.

Но ему сейчас же показалось, что он говорит с мамою грубо, и стало от этого стыдно. Он ласково улыбнулся и стал припоминать, что было в гимназии, — но при этом еще яснее почувствовал досаду.

— У нас Пружинин опять отличился, — начал он рассказывать об учителе, нелюбимом гимназистами за грубость. — Ему наш Леонтьев отвечал урок и напутал, а он и говорит ему: "Ну, довольно, говорит, садитесь, — вались дерево на дерево!"

— А вы все сейчас и заметите, — сказала мама, улыбаясь.

— Вообще, он ужасно грубый.

Володя помолчал немного, вздохнул и заговорил жалующимся голосом:

— И все-то они торопятся.

— Кто? — спросила мама.

— Да учителя. Каждый хочет поскорее курс пройти, да повторить хорошенько к экзаменам. Если о чем спросишь, так уж наверное подумают, что это гимназист зубы заговаривает, чтобы до звонка протянуть, чтоб не спросили.

— А вы после уроков разговаривайте.

— Ну да,— после уроков тоже торопятся, домой или в женскую гимназию на уроки. И все так скоро, — сейчас геометрия, а сейчас и греческий.

— Не зевай!

— Да, не зевай! Как белка в колесе. Право, это меня раздражает.

Мама легонько усмехнулась.

II

После обеда Володя отправился в свою комнату приготовлять уроки. Мама заботится, чтобы Володе было удобно, — и здесь есть все, чему надлежит быть в такой комнате. Володе здесь никто не помешает, даже мама не приходит к нему в это время. Она придет попозже, помочь Володе, если это будет нужно.

Володя был мальчик прилежный и, как говорится, способный. Но сегодня ему трудно было заниматься. За какой бы урок он ни взялся, вспоминалось что-нибудь неприятное, — вспомнился учитель того предмета, его язвительная или грубая фраза, брошенная мимоходом и запавшая в глубину души впечатлительного мальчика. Случилось почему-то, что многие из последних уроков сошли неудачно: учителя являлись недовольные, и дело у них не клеилось. Дурное настроение их сообщалось Володе, и теперь веяло на него со страниц книг и тетрадей хмурое и смутное беспокойство.

От одного урока он торопливо переходил к другому, третьему, — и это мелькание маленьких дел, которые надо поскорее исполнить, чтобы не оказаться завтра "деревом на дереве" своей скамьи, бестолковое и ненужное мелькание раздражало его. Он начал даже зевать от скуки и досады и нетерпеливо болтать ногами, тревожно двигаясь на стуле.

Но Володя твердо знал, что все эти уроки надо непременно выучить, что это очень важно, что от этого зависит вся его судьба, — и он добросовестно делал скучное для него дело.

Володя сделал на тетрадке маленькое пятнышко и отложил перо. Вглядевшись внимательно, он решил, что можно стереть перочинным ножом. Володя был рад развлечению. На столе ножа не было. Володя сунул руку в карман и порылся там. Среди всякого сора и хлама, по мальчишеской привычке напиханного в карман, нащупал он ножик и потянул его, а с ним заодно и какую-то книжку.

Володя еще не знал, что это за бумага в его руке, но, уже вытаскивая ее, вдруг вспомнил, что эта книжка с тенями, — и внезапно обрадовался и оживился.

Так и есть, это — она, та самая книжка, о которой он уже и забыл, занявшись уроками.

Он проворно вскочил со стула, подвинул лампу поближе к стене, опасливо покосился на притворенную дверь, — не вошел бы кто-нибудь, — и, развернув книжку на знакомой странице, принялся внимательно разглядывать первый рисунок и складывать по этому рисунку пальцы. Тень выходила сначала нескладная, не такая, как надо, — Володя передвигал лампу и так и этак, сгибал и вытягивал пальцы, — и наконец получил на белых обоях своей комнаты женскую головку в рогатом уборе.

Володе стало весело. Он наклонял руки и слегка шевелил пальцами, — головка кланялась, улыбалась, делала смешные гримасы. Володя перешел ко второй фигуре, потом к следующим. Все они сначала не давались, но Володя кой-как справился с ними.

В таких занятиях провел он с полчаса и забыл об уроках, о гимназии, о всем в мире.

Вдруг за дверью послышались знакомые шаги. Володя вспыхнул, сунул книжку в карман, быстро подвинул лампу на место, причем едва не опрокинул ее, — и уселся, сгибаясь над тетрадкою. Вошла мама.

— Пойдем чай пить, Володенька, — сказала она.

Володя притворился, что смотрит на пятно и собирается открыть ножик. Мама нежно положила руки на его голову, — Володя бросил ножик и прижался к маме раскрасневшимся лицом. Очевидно, мама ничего не заметила, и Володя был рад этому. Но ему все-таки было стыдно, словно его поймали в глупой шалости.

III

На круглом столе посреди столовой самовар тихо напевал свою воркующую песенку. Висячая лампа разливала по белой скатерти и темным обоям дремотное настроение.

Мама задумалась о чем-то, наклоняя над столом прекрасное бледное лицо. Володя положил руку на стол и помешивал ложкою в стакане. Сладкие струйки пробегали в чае, тонкие пузырьки подымались на его поверхность. Серебряная ложка тихонько бренчала.

Кипяток, плеща, падал из крана в мамину чашку.

От ложечки на блюдце и на скатерть бежала легкая, растворившаяся в чае тень. Володя всматривался в нее: среди теней, бросаемых сладкими струйками и легкими пузырьками воздуха, она напоминала что-то, — что именно, Володя не мог решить. Он наклонял и вертел ложечку, перебирал по ней пальцами, — ничего не выходило.

"А все-таки, — упрямо подумал он, — не из одних же пальцев можно складывать, тени. Из всего можно, только надо приноровиться".

И Володя стал всматриваться в тени самовара, стульев, маминой головы, в тени, отбрасываемые на столе посудой, — и во всех этих тенях старался уловить сходство с чем-нибудь. Мама говорила что-то, — Володя слушал невнимательно.

— Как теперь Леша Ситников учится? — спросила мама.

Володя в это время рассматривал тень молочника. Он встрепенулся и торопливо ответил:

— На кота.

— Володя, ты совсем спишь, — с удивлением сказала мама. — Какой кот?

Володя покраснел.

— Не знаю, с чего мне пришло, — сказал он. — Извини, мамочка, я не расслышал.

IV

На другой вечер перед чаем Володя опять вспомнил о тенях и опять занялся ими. Одна тень у него все плохо выходила, как он ни вытягивал и ни сгибал пальцы.

Володя так увлекся, что не заметил, как подошла мама. Заслышав скрип отворяющейся двери, он сунул книжку в карман и смущенно отвернулся от стены. Но мама уже смотрела на его руки, и боязливая тревога мелькнула в ее широких глазах.

— Что ты делаешь, Володя? Что ты спрятал?

— Нет, ничего, так, — бормотал Володя, краснея и неловко переминаясь.

Маме представилось почему-то, что Володя хотел курить и спрятал папиросу.

— Володя, покажи сейчас, что ты спрятал, — говорила она испуганным голосом.

— Право же, мама...

Мама взяла Володю за локоть.

— Что ж, мне самой к тебе в карман лезть?

Володя еще сильнее покраснел и вытащил из кармана книжку.

— Вот, — сказал он, протягивая ее маме.

— Что ж это?

— Ну вот, — объяснил Володя, — тут рисуночки есть, — вот видишь, тени. Ну, я и показывал их на стене, да у меня плохо выходило.

— Ну, что ж тут прятать! — сказала мама, успокоившись. — Какие ж это тени, покажи мне.

Володя застыдился, но послушно стал показывать маме тени.

— Вот это — голова лысого господина. А это — заячья голова.

— Ах ты! — сказала мама. — Вот ты как уроки готовишь!

104

— Я, мама, немножко.

— То-то, немножко! Чего ж ты краснеешь, милый мой? Ну полно, ведь я знаю, ты все сделаешь, что надо.

Мама взъерошила Володины коротенькие волосы. Володя засмеялся и спрятал пылающее лицо под мамиными локтями.

Мама ушла, а Володя все еще чувствовал неловкость и стыд. Мама застала его за таким занятием, над которым он сам посмеялся бы, если бы застал за ним товарища. Володя знал, что он — мальчик умный, и считал себя серьезным, а ведь это все-таки — забава, годная разве только для девочек, когда они соберутся.

Он сунул книжку с тенями подальше в ящик своего стола и не вынимал ее оттуда больше недели, да и о тенях всю эту неделю мало вспоминал. Разве только иногда вечером, переходя от предмета к другому, улыбнется он, вспомнив рогатую головку барышни, — иногда даже сунется в ящик за книжкою, да вспомнит сейчас же, как мама застала его, застыдится и скорее за дело.

V

Володя и его мама, Евгения Степановна, жили на окраине губернского города, в собственном мамином доме. Евгения Степановна вдовела уже девять лет. Теперь ей было тридцать пять лет, она была еще молода и прекрасна, и Володя любил ее нежно. Она вся жила для сына, училась для него древним языкам и болела всеми его школьными тревогами. Тихая, ласковая, она несколько боязливо смотрела на мир широкими глазами, кротко мерцавшими на бледном лице.

Они жили с одною прислугою. Прасковья, угрюмая вдова, мещанка, была баба сильная, крепкая; ей было лет сорок пять, но по строгой молчаливости своей она была похожа на столетнюю старуху. Когда Володя смотрел на ее мрачное, словно каменное лицо, ему часто хотелось узнать, что думает она длинными зимними вечерами на своей кухне, когда холодные спицы, позванивая, мерно шевелятся в ее костлявых руках и сухие губы ведут беззвучный счет. Вспоминает ли она пьяницу мужа? Или рано умерших детей? Или мерещится ей одинокая и бесприютная старость?

Безнадежно уныло и строго ее окаменелое лицо.

VI

Долгий осенний вечер. За стеною и дождь и ветер.

Как надоедливо, как равнодушно горит лампа!

Володя оперся на локоть, весь наклоняясь над столом на левый бок, и смотрел на белую стену комнаты, на белую штору окна.

Не видны бледные цветы на обоях... Скучный белый цвет...

Белый абажур задерживает отчасти лучи лампы. Вся верхняя половина комнаты в полусвете.

Володя протянул вверх правую руку. По затененной абажуром стене потянулась длинная тень, слабо очерченная, смутная...

Тень ангела, улетающего в небеса от порочного и скорбного мира, прозрачная тень с широкими крыльями, с головой, грустно склоненной на высокую грудь.

Не уносится ли из мира нежными руками ангела что-то значительное и пренебреженное?..

Володя тяжело перевел дыхание. Рука его лениво опустилась. Он склонил скучающие глаза на свои книги.

Долгий осенний вечер... Скучный белый цвет... За стеною плачет и лепечет...

VII

Мама второй раз застала Володю за тенями.

На этот раз бычачья голова очень удалась ему, и он любовался ею и заставлял быка вытягивать шею и мычать.

Но мама была недовольна.

— Вот как ты занимаешься! — укоризненно сказала она.

— Я ведь немножко, мама, — застенчиво прошептал Володя.

— Можно бы этим и в свободное время заняться, — продолжала мама. — Ведь ты не маленький, — как тебе не стыдно тратить время на такие пустяки!

— Мамочка, я больше не буду.

Но Володе трудно было исполнить обещание. Ему очень нравилось делать тени, и желание заняться этим частенько стало приходить ему среди какого-нибудь интересного урока.

Эта шалость иной вечер отнимала у него много времени и

мешала хорошенько приготовить уроки. Приходилось наверстывать потом и недосыпать. А как бросить забаву?

Володе удалось изобрести несколько новых фигур, и не только при помощи пальцев. И эти фигуры жили на стене и, казалось иногда Володе, вели с ним занятные беседы.

Впрочем, он и раньше был большой мечтатель.

VIII

Ночь. В Володиной комнате темно. Володя улегся в свою постель, но ему не спится. Он лежит на спине и смотрит на потолок.

По улице идет кто-то с фонарем. Вот по потолку пробегает его тень среди красных световых пятен от фонаря. Видно, что фонарь качается в руках прохожего, — тень колышется неровно и трепетно.

Володе становится почему-то жутко и страшно. Он быстро натягивает одеяло на голову, и, весь содрогаясь от торопливости, ложится поскорее на правый бок, и принимается мечтать.

Ему становится тепло и нежно. В голове его складываются милые, наивные мечты, те мечты, которые посещают его перед сном.

Часто, когда он ляжет спать, ему делается вдруг страшно, он словно становится меньше и слабее, — и прячется в подушки, забывает мальчишеские ухватки, делается нежным, ласковым, и ему хочется обнять и зацеловать маму.

IX

Сгущались серые сумерки. Тени сливались. Володе было грустно. Но вот и лампа. Свет пролился на зеленое сукно стола, по стене прошмыгнули неопределенные милые тени.

Володя почувствовал прилив радости и одушевления и заторопился вынуть серенькую книжку.

Бык мычит... Барышня звонко хохочет... Какие злые, круглые глаза делает этот лысый господин!

Теперь свое.

Степь. Странник с котомкой. Кажется, слышна печальная, тягучая дорожная песня...

Володе радостно и грустно.

X

— Володя, я уж третий раз вижу у тебя эту книжку. Что ж, ты целыми вечерами на свои пальцы любуешься?

Володя неловко стоял у стола, как пойманный шалун, и вертел книжку в горячих пальцах.

— Дай мне ее сюда! — сказала мама.

Володя сконфуженно протянул ей книжку. Мама взяла ее и молча ушла, а Володя уселся за тетрадки.

Ему было стыдно, что он своим упрямством огорчил маму, и досадно, что она отняла от него книжку, и еще стыдно, что он довел себя до этого. Он чувствовал себя очень неловко, и досада на маму терзала его: ему совестно было сердиться на маму, но он не мог не сердиться. И оттого, что сердиться было совестно, он еще более сердился.

"Ну, пусть отняла, — подумал он, наконец, — а я и так обойдусь".

И в самом деле, Володя уже знал фигуры на память и пользовался книжкой только так, для верности.

XI

Мама принесла к себе книжку с рисунками теней, раскрыла их, — и задумалась.

"Что же в них заманчивого? — думала она. — Ведь он — умный, хороший мальчик, — и вдруг увлекается такими пустяками!"

"Нет, уж это, значит, не пустяки!.."

"Что же, что тут?" — настойчиво спрашивала она себя.

Странная боязнь зарождалась в ней, — какое-то неприязненное, робкое чувство к этим черным рисункам.

Она встала и зажгла свечу. С серенькой книжкой в руках подошла она к стене и приостановилась в боязливой тоске.

"Да, надо же наконец узнать, в чем здесь дело", — решила она и принялась делать тени, от первой до последней.

108

Она настойчиво, внимательно складывала пальцы и сгибала руки, пока не получала той фигуры, какая была ей нужна. Смутное, боязливое чувство шевелилось в ней. Она старалась его преодолеть. Но боязнь росла и чаровала ее. Руки ее дрожали, а мысль, запуганная сумерками жизни, бежала навстречу грозящим печалям.

Вдруг услышала она шаги сына. Она вздрогнула, спрятала книжку и погасила свечу.

Володя вошел и остановился у порога, смущенный тем, что мама строго смотрит на него и стоит у стены в неловком, странном положении.

— Что тебе? — спросила мама суровым, неровным голосом.

Смутная догадка пробежала в Володиной голове, но Володя поторопился ее отогнать и заговорил с мамой.

XII

Володя ушел.

Мама прошлась несколько раз по комнате. Она заметила, что за нею на полу движется ее тень, и — странное дело! — первый раз в жизни ей сделалось неловко от этой тени. Мысль о том, что есть тень, беспрестанно приходила ей в голову, — но Евгения Степановна почему-то боялась этой мысли и даже старалась не глядеть на тень.

А тень ползла за нею и дразнила ее. Евгения Степановна пыталась думать о другом, — напрасно.

Она внезапно остановилась, бледная, взволнованная.

— Ну, тень, тень! — воскликнула она вслух, со странным раздражением топая ногами, — ну что же из того? что же?

И вдруг сразу сообразила, что глупо так кричать и топать ногами, и притихла.

Она подошла к зеркалу. Ее лицо было бледнее обыкновенного, и губы ее дрожали испуганной злобой.

"Нервы, — подумала она, — надо взять себя в руки".

XIII

Ложились сумерки. Володя размечтался.

— Пойдем, погуляем, Володя, — сказала мама.

Но и на улице были повсюду тени, вечерние, таинственные, неуловимые, — и они шептали Володе что-то родное и бесконечно печальное.

В туманном небе проглянули две-три звезды, такие далекие и чужие и Володе и обступившим его теням. Но Володя, чтоб сделать приятное маме, стал думать об этих звездах: только они одни были чужды теням.

— Мама, — сказал он, не замечая, что перебил маму, которая говорила ему о чем-то, — как жаль, что нельзя добраться вот до этих звезд.

Мама взглянула на небо и ответила:

— Да и не надо. Только на земле нам и хорошо, там другое.

— А как они слабо светят! Впрочем, тем и лучше.

— Почему?

— Ведь если бы они посильнее светили, так и от них побежали бы тени.

— Ах, Володя, зачем ты все только о тенях и думаешь?

— Я, мама, нечаянно, — сказал Володя раскаивающимся голосом.

XIV

Володя все еще старался приготовлять уроки получше, — он боялся огорчить маму леностью. Но всю силу своей фантазии он употреблял на то, чтобы вечером уставить на своем столе груду предметов, которая отбросила бы новую, причудливую тень. Он раскладывал так и этак все, что было у него под руками, и радовался, когда на белой стене появлялись очертания, которые можно было осмыслить. Эти теневые очертания становились близки ему и дороги. Они не были немы, они говорили, — и Володя понимал их лепечущий язык.

Он понимал, на что ропщет этот унылый пешеход, бредущий по большой дороге в осеннюю слякоть, с клюкою в дрожащих руках, с котомкой на понурой спине.

Он понимал, на что жалуется морозным треском сучьев занесенный снегом лес, тоскующий в зимнем затишье, и про что каркает медленный ворон на поседелом дубе, и о чем грустит суетливая белка над опустелым дуплом.

Он понимал, о чем на тоскливом осеннем ветре плачут нищие старухи, дряхлые, бесприютные, которые в ветхих лохмотьях дрожат на тесном кладбище, среди шатких крестов и безнадежно черных могил.

Самозабвение и томительная грусть!

XV

Мама замечала, что Володя продолжает шалить. За обедом она сказала:

— Хоть бы ты, Володя, другим чем заинтересовался.

— Да чем?

— Почитал бы.

— Да, начнешь читать, а самого так и тянет делать тени.

— Забаву бы придумал другую, — хоть мыльные пузыри.

Володя грустно улыбнулся.

— Да, пузыри полетят, а за ними тени по стене.

— Володя, ведь ты этак вконец расстроишь себе нервы. Ведь я вижу, — ты даже похудел из-за этого.

— Мама, ты преувеличиваешь!

— Пожалуйста! Ведь я знаю, — ты по ночам стал плохо спать и бредишь иногда. Ну, представь, если ты захвораешь!

— Вот еще!

— Не дай бог, сойдешь с ума или умрешь, — какое мне горе будет!

Володя засмеялся и кинулся на шею к маме.

— Мамочка, я не умру. Я больше не буду.

Мама заметила, что Володя уже плачет.

— Ну, полно, — сказала она, — бог милостив. Вот видишь, какой ты стал нервный, — и смеешься, и плачешь.

XVI

Мама пристально, боязливо всматривалась в Володю. Всякие мелочи теперь волновали ее.

Она заметила, что Володина голова слегка несимметрична: одно ухо было выше другого, подбородок немного отклонен в сторону. Мама смотрела в зеркало и замечала, что Володя и в этом похож на нее.

"Может быть, — думала она, — это — один из признаков дурной наследственности, вырождения? И в ком тогда корень зла? Я ли — такая неуравновешенная? Или отец?"

Евгения Степановна вспомнила покойного мужа. Это был

добрейший и милейший человек, слабовольный, с бессмысленными порываниями куда-то, то восторженно, то мистически настроенный, грезивший о лучшем общественном устройстве, ходивший в народ, — и пивший запоем в последние годы жизни. Он был молод, когда умер, — ему было тогда всего тридцать пять лет.

Мама даже свела Володю к врачу и описала его болезнь. Врач, жизнерадостный молодой человек, выслушал ее, посмеиваясь, дал кой-какие советы относительно диеты и образа жизни, сопровождая их шутливыми прибаутками, весело настрочил "рецептик микстурки" и игриво прибавил, похлопывая Володю по спине:

— А самое лучшее лекарство — посечь бы.

Мама жестоко обиделась за Володю, но все остальные предписания выполнила в точности.

XVII

Володя сидел в классе. Ему было скучно. Он слушал невнимательно.

Он поднял глаза. На потолке к передней стене класса двигалась тень. Володя заметил, что она падает из первого окна. Сначала она легла от окна к середине класса, а потом быстро прошмыгнула от Володи вперед, — очевидно, на улице под окном шел кто-то. Когда еще эта тень двигалась, от второго окна упала другая тень, тоже сначала к задней стене, потом начала быстро поворачиваться к передней. То же повторилось в третьем и четвертом окне, — тени падали в класс, на потолок, и по мере того, как прохожий подвигался вперед, они тянулись назад.

"Да, — подумал Володя, — это не так, как в открытом месте, где тень тянется за человеком; здесь, когда человек идет вперед, тень скользит назад, и другие тени уже опять встречают его впереди".

Володя перевел глаза на сухую фигуру учителя. Холодное, желтое лицо учителя раздражает Володю. Володя ищет его тень и находит ее на стене, за учительским стулом. Тень уродливо перегибается и колышется, — но у нее нет желтого лица и язвительной усмешки, и Володе приятно смотреть на нее. Мысли его убегают куда-то далеко, — и он уже совсем ничего не слышит.

— Ловлев! — называет его учитель.

Володя по привычке подымается и стоит, тупо глядя на учителя. У него такой нездешний вид, что товарищи смеются, а учитель делает укоризненное лицо. Потом Володя слышит, что учитель издевается над ним вежливо и зло. Володя дрожит от обиды и от бессилия. Потом учитель объявляет ему, что ставит ему единицу за незнание и невнимательность, и приглашает его садиться.

Володя глупо улыбается и принимается соображать, что с ним случилось.

XVIII

Единица, первая в Володиной жизни!

Как это было странно для Володи!

— Ловлев! — дразнят его товарищи, смеясь и толкаясь. — Схватил кол! С праздником!

Володе неловко. Он еще не знает, как следует вести себя в таких случаях.

— Ну, схватил, — досадливо говорит он, — тебе-то что за дело!

— Ловлев! — кричит ему ленивый Снегирев. — Нашего полку прибыло!

Первая единица! И ее надо было показать маме. Это было стыдно и унизительно. Володя чувствовал на своей спине в ранце странную тяжесть и неловкость, — этот "кол" пренеудобно торчал в его сознании и никак не вязался ни с чем в его уме.

— Единица!

Он не мог привыкнуть к мысли об единице и не мог думать ни о чем другом. Когда городовой близ гимназии посмотрел на него, по обычаю своему, строго, Володя почему-то подумал:

"А вот если бы ты знал, что у меня единица!"

Это было совсем неловко и непривычно, — Володя не знал, как ему держать голову и куда девать руки, — во всем теле была неловкость.

И еще было надо принимать перед товарищами беззаботный вид и говорить о другом!

Товарищи! Володя был уверен, что все они ужасно рады его единице.

XIX

Мама посмотрела на единицу, перевела непонимающие глаза на Володю, опять взглянула на отметку и тихо воскликнула:

— Володя!

Володя стоял перед нею и уничтожался. Он смотрел на складки мамина платья, на мамины бледные руки и чувствовал на своих трепетных веках ее испуганные взгляды.

— Что это? — спросила мама.

— Ну что ж, мама, — вдруг заговорил Володя, — ведь это ж первая!

— Первая!

— Ну, ведь это со всяким может быть. И право, это нечаянно.

— Ах, Володя, Володя!

Володя заплакал, по-ребячьи размазывая слезы ладонью по щекам.

— Мамочка, не сердись, — зашептал он.

— Вот твои тени! — сказала мама.

В ее голосе Володе послышались слезы. Сердце его сжалось. Он взглянул на маму. Она плакала. Он бросился к ней.

— Мама, мама, — повторял он, целуя ее руки, — я брошу, право, брошу всякие тени.

XX

Володя сделал громадное усилие воли, — и не занимался тенями, как его ни тянуло к ним. Он старался наверстать пропущенное из уроков.

Но тени настойчиво мерещились ему. Пусть он вызывал их, складывая пальцы, пусть он не громоздил предмет на предмет, чтоб они отбросили тень на стене, — тени сами обступали его, назойливые, неотвязные. Володе уже незанимательны стали предметы, он их почти и не видел, — все его внимание уходило на их тени.

Когда он шел домой и солнце, бывало, проглянет из осенних туч хоть в дымчатой ризке, — он радовался, что повсюду побежали тени. Тени от лампы стояли около него, когда он вечером был дома.

Тени везде, вокруг, — резкие тени от огней, смутные от

114

рассеянного дневного света, — все они теснились к Володе, скрещивались, обволакивали его неразрывной сетью. Некоторые из них были непонятны, загадочны, другие напоминали что-то, на что-то намекали, — но были и милые тени, близкие, знакомые, — вот их-то и сам Володя, хотя и мимовольно, искал и ловил повсюду в беспорядочном мелькании чуждых теней. Но грустны были эти милые и знакомые тени.

Когда же замечал Володя, что сам он ищет этих теней, он терзался совестью и шел каяться к маме.

Случилось однажды, что Володя не одолел соблазна, пристроился к стене и начал показывать себе бычка. Мама застала его.

— Опять! — сердито воскликнула она. — Нет, я наконец попрошу директора, чтобы тебя сажали в карцер.

Володя досадливо покраснел и угрюмо ответил:

— И там есть стена. Везде стена.

— Володя! — горестно воскликнула мама. — Что ты говоришь!

Но Володя уже кается в своей грубости и плачет.

— Мама, я сам не знаю, что со мною делается.

XXI

А мама все не может одолеть своего суеверного страха теней. Ей все чаще думается, что она, как Володя, погрузится в созерцание теней, но она старается утешить себя.

— Какие глупые мысли! — говорит она себе. — Все обойдется, даст бог, благополучно: нашалится и перестанет.

А сердце замирает от тайного ужаса, и настойчиво забегает ее мысль, пугливая перед жизнью, навстречу будущим печалям.

В тоскливые минуты утра она поверяет свою душу, вспоминает свою жизнь, — и видит ее пустоту, ненужность, бесцельность. Одно только бессмысленное мелькание теней, сливающихся в густеющих сумерках.

"Зачем я жила? — спрашивает она себя. — Для сына? Но для чего? Чтобы и он стал добычею теней, маниаком с узким горизонтом, — прикованный к иллюзиям, к бессмысленным отражениям на безжизненной стене?"

"И он тоже войдет в жизнь и даст жизнь ряду существований, призрачных и ненужных, как сон".

Она садится в кресло у окна и думает, думает.

Она заламывает в тоске прекрасные белые руки. Мысли ее разбегаются. Она смотрит на свои заломленные руки и начинает соображать, какие из этого могли бы выйти фигуры на тени. Она ловит себя на этом и в испуге вскакивает.

— Боже мой! — восклицает она. — Да ведь это — безумие.

XXII

За обедом мама смотрит на Володю.

"Он побледнел и похудел с тех пор, как ему попалась эта несчастная книжка. И весь он переменился, — характером и всем. Говорят, характер перед смертью меняется. Что, если он умрет?"

"Ах, нет, нет, не дай, господи!"

Ложка задрожала в ее руке. Она подняла к образу боязливые глаза.

— Володя, да отчего ж ты не доел супа? — испуганно спрашивает она.

— Не хочется, мама.

— Володя, не капризничай, голубчик, — ведь это же вредно — не есть супу.

Володя лениво улыбается и медленно кончает суп. Мама налила ему слишком полную тарелку. Он откидывается на спинку стула и хочет сказать с досады, что суп был невкусен. Но у мамы такое обеспокоенное лицо, что Володя не смеет говорить об этом и бледно улыбается.

— Теперь я сыт, — говорит он.

— Ах, нет, Володя, сегодня все твое любимое.

Володя печально вздыхает: он уже знает, что если мама говорит о его любимых блюдах, то это значит: будет его пичкать. Он догадывается, что и за чаем мама заставит его, как и вчера, есть мясо.

XXIII

Вечером мама говорит Володе:

— Володя, милый мой, ты опять увлечешься, — уж лучше ты не затворяй дверей!

Володя принимается за уроки. Но ему досадно, что за его спиною открыта дверь и что мама иногда проходит мимо этой двери.

— Я так не могу, — кричит он, шумно отодвигая стул, — я не могу ничем заняться, когда дверь настежь.

— Володя, зачем же ты кричишь? — ласково укоряет мама.

Володя уже раскаивается и плачет. Мама ласкает его и уговаривает:

— Ведь я, Володенька, о тебе забочусь, чтобы помочь тебе справиться с твоим увлечением.

— Мама, посиди здесь, — просит Володя.

Мама берет книгу и садится у Володина стола. Несколько минут Володя работает спокойно. Но фигура мамы начинает понемногу раздражать его.

"Точно над больным!" — злобно думает он.

Его мысли перебиваются, он досадливо двигается и кусает губы. Мама наконец замечает это и уходит из комнаты.

Но Володя не чувствует облегчения. Он терзается раскаянием, что показал свое нетерпение. Он пробует заниматься, — и не может. Наконец он идет за мамой.

— Мама, зачем же ты ушла? — робко спрашивает он.

XXIV

Ночь под праздник. Перед образами теплятся лампады.

Поздно и тихо. Мама не спит. В таинственном сумраке спальни она стоит на коленях, молится и плачет, всхлипывая по-детски.

Ее косы бегут на белое платье; плечи ее вздрагивают. Умоляющим движением подымает она руки к груди и заплаканными глазами смотрит на икону. Лампада на цепях еле заметно зыблется от ее горячего дыхания. Тени колышутся, толпятся в углах, шевелятся за киотом и лепечут что-то тайное. Безнадежная тоска в их лепете, неизъяснимая грусть в их медленно-зыбких колыханиях.

Мать встает, бледная, с широкими, странными глазами, и

колеблется на ослабевших ногах. Тихо идет она к Володе. Тени обступают ее, мягко шуршат за ее спиною, ползут у ее ног, падают, легкие, как паутина, к ней на плечи и, заглядывая в ее широкие глаза, лепечут непонятное.

Она осторожно подходит к кровати сына. В лучах лампады лицо его бледно. На нем лежат резкие, странные тени. Не слышно дыхания, — он спит так тихо, что маме страшно. Она стоит, окруженная смутными тенями, обвеянная смутными страхами.

XXV

Высокие церковные своды темны и таинственны. Вечерние песни подымаются к этим сводам и звучат там торжественной грустью. Таинственно, строго смотрят темные образа, озаренные желтыми огоньками восковых свечей. Теплое дыхание воска и ладана наполняет воздух величавой печалью.

Евгения Степановна поставила свечу перед иконою Богоматери и стала на колени. Но молитва ее рассеянна. Она смотрит на свою свечу. Огонь ее зыблется. Тени от свеч падают на черное платье Евгении Степановны и на пол и отрицательно колышутся.

Тени реют по стенам церкви и утопают вверху, в этих темных сводах, где звучат торжественные, печальные песни.

XXVI

Другая ночь.

Володя проснулся. Темнота обступила его и беззвучно шевелится.

Володя высвободил руки, поднял их и шевелит ими, устремляя на них глаза. В темноте он не видит своих рук, но ему кажется, что темные тени шевелятся перед его глазами...

Черные, таинственные, несущие в себе скорбь и лепет одинокой тоски...

А маме тоже не спится, — тоска томит ее.

Мама зажигает свечу и тихонько идет в комнату сына, взглянуть, как он спит.

Неслышно приотворила она дверь и робко взглянула на Володину кровать.

Луч желтого света дрогнул на стене, пересекая Володино красное одеяло. Мальчик тянется руками к свету и с бьющимся сердцем следит за тенями. У него даже нет вопроса: откуда свет?

Он весь поглощен тенями. Глаза его, прикованные к стене, полны стремительного безумия.

Полоса света ширится, тени бегут, угрюмые, сгорбленные, как бесприютные путницы, торопящиеся донести куда-то ветхий скарб, который бременит их плечи.

Мама подошла к кровати, дрожа от ужаса, и тихо окликнула сына:

— Володя!

Володя очнулся. С полминуты глядел он на маму широкими глазами, потом весь затрепетал, соскочил с постели и упал к маминым ногам, обнимая ее колени и рыдая.

— Какие сны тебе снятся, Володя! — горестно воскликнула мама.

XXVII

— Володя, — сказала мама за утренним чаем, — так нельзя, голубчик: ты совсем изведешься, если и по ночам будешь ловить тени.

Бледный мальчик грустно опустил голову. Губы его нервно вздрагивали.

— Знаешь, что мы сделаем? — продолжала мама. — Мы лучше каждый вечер вместе понемножку поиграем тенями, а потом и за уроки присядем. Хорошо?

Володя слегка оживился.

— Мамочка, ты — милая! — застенчиво сказал он.

XXVIII

На улице Володя себя чувствовал сонно и пугливо. Расстилался туман, было холодно, грустно. Очерки домов в тумане были странны. Угрюмые фигуры людей двигались под туманной дымкой, как зловещие, неприветливые тени. Все было громадно необычайно. Лошадь извозчика, который дремал на перекрестке, казалась из тумана огромным, невиданным зверем.

Городовой посмотрел на Володю враждебно. Ворона на низкой крыше пророчила Володе печаль. Но печаль была уже в его сердце, — ему грустно было видеть, как все враждебно ему.

Собачонка с облезлой шерстью затявкала на него из подворотни, — и Володя почувствовал странную обиду.

И уличные мальчишки, казалось, хотели обидеть и осмеять Володю. В былое время он бы лихо расправился с ними, а теперь боязнь теснилась в его груди и оттягивала вниз обессилевшие руки.

Когда Володя вернулся домой, Прасковья отворила ему дверь и посмотрела на него угрюмо и враждебно. Володе сделалось неловко. Он поскорее ушел в комнаты, не решаясь поднять глаз на унылое Прасковьино лицо.

XXIX

Мама сидела у себя одна. Были сумерки, — и было скучно. Где-то мелькнул свет.

Володя вбежал, оживленный, веселый, с широкими, немного дикими глазами.

— Мама, лампа горит, поиграем немножко.

Мама улыбается и идет за Володей.

— Мама, я придумал новую фигуру, — взволнованно говорит Володя, устанавливая лампу. — Погляди... Вот видишь? Это — степь, покрытая снегом, — и снег идет, метель.

Володя поднимает руки и складывает их. По колени в снегу. Трудно идти. Один. Чистое поле. Деревня далеко. Он устал, ему холодно, страшно. Он весь согнулся, — старый такой.

Мама поправляет Володины пальцы.

— Ах! — в восторге восклицает Володя, — ветер рвет с него шапку, развевает волосы, зарывает его в снег. Сугробы все выше. — Мама, мама, слышишь?

— Вьюга.

— А он?

— Старик?

— Слышишь, стонет?

— Помогите!

120

Оба бледные, смотрят они на стену. Володины руки колеблются, — старик падает.

Мама очнулась первая.

— Пора и за дело, — говорит она.

XXX

Утро. Мама дома одна. Погруженная в бессвязные, тоскливые думы, она ходит из комнаты в комнату.

На белой двери обрисовалась ее тень, смутная в рассеянных лучах затуманенного солнца. Мама остановилась у двери и подняла руку широким, странным движением. Тень на двери заколебалась и зашептала о чем-то знакомом и грустном. Странная отрада разлилась в душе Евгении Степановны, и она двигала обеими руками, стоя перед дверью, улыбалась дикой улыбкой и следила мелькание тени.

Послышались Прасковьины шаги, и Евгения Степановна вспомнила, что она делает нелепое.

Опять ей страшно и тоскливо.

"Надо переменить место, — думает она. — Уехать куда-нибудь подальше, где будет новое".

"Бежать отсюда, бежать!"

И вдруг вспоминаются ей Володины слова:

— И там будет стена. Везде стена.

"Некуда бежать!"

И в отчаянии она ломает бледные, прекрасные руки.

XXXI

Вечер.

В Володиной комнате на полу горит лампа. За нею у стены на полу сидят мама и Володя. Они смотрят на стену и делают руками странные движения.

По стене бегут и зыблются тени.

Володя и мама понимают их. Они улыбаются грустно и говорят друг другу что-то томительное и невозможное. Лица их мирны, и грезы их ясны, — их радость безнадежно печальна, и дико радостна их печаль.

В глазах их светится безумие, блаженное безумие.

Над ними опускается ночь.

Отравленный сад

Природа жаждущих степей
Его в день гнева породила.

А. С. Пушкин

I

Прекрасный Юноша, о чем ты задумался так глубоко? — спросила Старуха, у которой. Юноша снимал комнату.

Она тихо вошла вечером в его полутемную комнату и, еле слышно шелестя по крашенному буро-красною краскою неровному полу мягкими туфлями, приблизилась к Юноше и стала у его плеча. Он вздрогнул от неожиданности — уже с полчаса стоял он у единственного окна своего тесного покойника в верхнем жилье старого дома и, не отрываясь, смотрел на открывающийся перед ним прекрасный Сад, где цвело множество растений, благоухающих нежно, сладко и странно. Отвечая Старухе, Юноша сказал:

— Нет, Старая, я ни о чем не думаю. Я стою, смотрю и жду.

Старуха укоризненно покачала седою головою, и узлы ее темного платка закачались, как два остро поднятые кверху, настороженные уха. Ее морщинистое лицо, более желтое и сухое, чем у других старых женщин, живших на той же улице, на окраине громадного Старого Города, выражало теперь озабоченность и тревогу. Старуха молвила тихо и печально:

— Жаль мне тебя, милый Юноша.

Голос ее, хотя уже и старчески хриплый, звучал такою печалью, таким искренним состраданием, и ее уже бесцветные от старости глаза глядели так скорбно, что Юноше в полумраке его покоя вдруг на одно короткое мгновение показалось, что эти внешние признаки старости — только удачно надетая личина и что за нею скрывается молодая, прекрасная Жена, еще недавно только испытавшая пронзавшую сердце скорбь Матери, оплакавшей погибшего Сына.

Но прошло это странное мгновение, и Юноша улыбнулся своей чудной мечте. Он спросил:

— Почему тебе жаль меня, Старая?

Старуха стала рядом с ним, посмотрела в окно па Сад,

122

прекрасный и цветущий, и весь осиянный лучами заходящего солнца, и сказала:

— Мне жаль тебя, милый Юноша, потому что я знаю, куда ты смотришь и чего ты ждешь. Мне жаль тебя и твоей матери.

Может быть, от этих слов, а может быть, от чего-нибудь иного что-то изменилось в настроении Юноши. Сад, цветущий и благоухающий за высоким забором под его окном, вдруг показался ему почему-то странным, и темное чувство, похожее на внезапный страх, жутким замиранием остановилось у его сердца, точно рожденное пряными и томными ароматами, исходящими от ярких внизу цветов.

"Что же это?" — подумал Юноша в недоумении.

Он не захотел поддаваться томному очарованию вечерней тоски, сделал над собою усилие, улыбнулся, быстрым движением сильной руки откинул с высокого лба прядь черных волос и спросил:

— Что же нехорошего в том, на что я смотрю и чего я жду? И почему ты знаешь, чего я жду?

И в эту минуту оп был веселый, смелый, прекрасный, и черные глаза его пылали, и румяные щеки его рдели, и алые, яркие губы его казались сейчас только поцелованными, и из-за них сверкали крепкие, белые зубы, веселые, злые.

Старуха говорила:

— Милый Юноша, ты смотришь на Сад и не знаешь, что это — злой Сад. Ты ожидаешь Красавицу и не знаешь, что красота ее пагубна. Два года прожил ты в моей комнате и ни разу не засматривался так, как сегодня. Видно, и твой черед настал. Пока еще не поздно, отойди от окна, не дыши дыханием коварных цветов и не жди, чтобы под окно твое пришла чаровать Красавица. Она придет, она зачарует, и ты пойдешь за нею, куда не хочешь.

Говоря так, Старуха зажгла две свечи па столе, где лежали книги, захлопнула окно и задернула у окна занавеску. С легким скрежетом провлеклись по медному пруту кольца, заколыхалось и опять спокойно легло желтое полотно занавески — ив комнате стало весело, уютно и спокойно. И казалось, что нет за окном Сада и нет в мире очарований, и все просто, обычно, установлено раз навсегда.

— А и правда, — сказал Юноша, — я никогда не обращал внимания на этот Сад и сегодня только в первый раз увидел Красавицу.

— Уже увидел, — печально сказала Старуха. — Уже упало в твою душу злое семя очарования.

А Юноша говорил не то Старухе, не то рассуждая сам с собою:

— Да раньше и некогда было. Днем на лекциях в университете, вечером — за книгами или с веселыми товарищами и милыми девушками на вечеринке или в театре, где-нибудь на галерке, а то так и в партере по студенческой контрамарке, когда платной публики мало: антрепренеры нас любят, мы хлопаем усердно и кричим, вызывая актрис, пока не погасят всех огней. Летом уедешь к родителям. Так, только слышал, что рядом великолепный Сад нашего профессора, знаменитого Ботаника.

— Потому и знаменитый, что черту душу продал, — сердито сказала Старуха.

Студент рассмеялся весело.

— А все-таки, — сказал он, — мне странно, что я никогда до сегодняшнего вечера не видал его дочери, хотя и слышал много об ее дивной красоте и о том, что многие знатные юноши Старого Города и из других мест, близких и дальних, добивались ее любви и надеялись, и обманывались, а иные даже и умирали, не стерпев ее холодности.

— Она — коварная, — сказала Старуха. — Она знает цену своим чарам и показывается не всем. Нищему студенту трудно свести с нею знакомство. Отец обучил ее многому, чего и ученые не знают, но на ваши сходки она не ходит. Она больше с богатыми, от которых можно ждать многих подарков.

— Старая, сегодня я хорошо видел ее, и мне кажется, — возражал Юноша, — что девица с таким прекрасным лицом, с такими ясными глазами, с такими грациозными манерами и одетая так красиво не может быть коварною и корыстною и гнаться за подарками. Я твердо решил, что познакомлюсь с нею. Сегодня же пойду к Ботанику.

— Ботаник тебя и на порог не пустит, — говорила Старуха. — Его слуга о тебе и докладывать не пойдет, как увидит твою поношенную одежонку.

— Что ему за дело до моей одежды! — с досадою сказал Юноша.

— Да вот разве если бы ты на крылатом змее приехал, — сказала Старуха, — так, пожалуй, пустили бы и на твои заплаты не поглядели бы.

Юноша засмеялся и воскликнул весело:

— Что ж, Старая, и крылатого змея оседлаю, коли иначе туда не попасть будет!

— Да уж от ваших забастовок добра не ждать, — ворчала старуха. — Учились бы смирно, и все было бы хорошо. И тебе бы не было никакой печали до этой хитрой Красавицы и до ее страшного Сада.

— Что страшного в ее Саду? — спросил Юноша. — А не бастовать нам никак нельзя было: наши права и права университета нарушены — неужели же мы смиренно подчинимся?

— Юноши должны учиться, — ворчала Старуха, — а не права разбирать. А ты, милый Юноша, прежде чем с Красавицей знакомиться, в ее Сад вглядись хорошенько из окошка, завтра утром, при свете солнца, когда все видно ясно и верно. Ты увидишь, что в этом саду нет цветов, которые здесь всем знакомы, а цветов, какие там есть, никто у нас в Городе не знает. Подумай-ка об этом хорошенько — ведь это неспроста. Бес коварен — не его ли это создания на пагубу людям?

— Это — растения чужестранные, — сказал Юноша, — они привезены из жарких стран, где все иначе.

Но уже Старуха не хотела больше разговаривать. Она досадливо махнула рукою и, шаркая туфлями, сердито и неразборчиво бормоча неласковые слова, вышла из комнаты.

Первым побуждением Юноши было — подойти к окну, отдернуть желтое полотно занавески и опять смотреть в очаровательный сад и ждать. Но помешали: пришел Товарищ, шумный, нескладный молодой человек, и позвал Юношу идти в место, где они часто собирались, чтобы говорить много, спорить, шуметь и смеяться. По дороге Товарищ, смеясь, негодуя, размахивая руками больше, чем бы следовало, рассказал Юноше о том, что происходило сегодня утром в аудиториях и в университетских коридорах, как были сорваны все лекции, как были посрамлены противники забастовки, какие прекрасные слова говорили любимые, хорошие профессоры и как смешно вели себя профессоры нелюбимые и, значит, нехорошие.

Юноша провел интересный вечер. Говорил волнуясь, как все. Слушал искренние, горячие речи. Смотрел на товарищей, лица которых выражали и беззаботную смелость молодости, и ее пламенное негодование. Видел девушек, милых, умных, скромных, и мечтал о том, что из их веселого круга изберет себе подругу. И почти забыл о Красавице в очаровательном Саду.

Вернулся домой поздно и заснул крепко.

125

II

Утром, когда он открыл глаза и когда взор его упал на желтое полотно занавески у окна, показалось ему, что ее желтизна окрашена багрянцем темного желания и что в ней есть какая-то странная, жуткая напряженность. Казалось, что солнце настойчиво и страстно упирает жгучие, горькие лучи в пронизанное золотым светом полотно и зовет, и требует, и волнует. И в ответ удивительной внешней напряженности золота и багрянца огненною живостью наполнились жилы Юноши, упругою силою налились мускулы, и сердце стало, как родник ярых пожаров. Пронизанный сладко миллионами живящих и горящих, и возбуждающих игл, вскочил он с постели и с ребяческим веселым хохотом, не одеваясь, принялся прыгать и плясать по комнате.

Привлеченная необычным шумом, заглянула в дверь Старая хозяйка. Покачала укоризненно головою и ворчливо сказала:

— Милый Юноша, пляшешь и радуешься, и всех беспокоишь, а чему рад, и сам не знаешь, и не ведаешь, кто стоит под твоим окошком и что она тебе готовит.

Юноша смутился и стал тих и скромен, как раньше, что и согласно было с его характером, и соответствовало прекрасному воспитанию, полученному им дома. Он умылся старательнее обычного, оттого, может быть, что пе надо было сегодня спешить на лекции, а может быть, и по иной причине, и с таким же тщанием оделся, причем долго чистил свою изрядно уже поношенную одежду: новой у него не было, так как родители его были не богаты и не могли присылать ему много денег. Потом подошел он к окну. Сердце его забилось тревожно, когда он отдернул желтое полотно занавески. Очаровательное зрелище открылось перед ним — хотя сегодня он сразу заметил, что есть что-то странное во всем виде этого обширного, превосходно расположенного Сада. Что именно его удивляло, еще он сразу не понял, и внимательно стал рассматривать Сад.

Что же было неприятного в его красоте? Отчего так больно замирало сердце Юноши? То ли, что все в очаровательном Саду было слишком правильно? Дорожки разбиты прямо, все одинаковой ширины и однообразно усыпаны ровным слоем желтого песку; растения рассажены с тщательною порядливостью; деревья подрезаны в виде шаров, конусов и

126

цилиндров; цветы подобраны по тонам, так что сочетание их ласкало глаз, но почему-то ранило душу.

Но, рассуждая здраво, что же неприятного в том порядке, который свидетельствует, что кто-то неусыпно заботится о Саде? Нет, не в этом, конечно, была причина странного беспокойства, томившего Юношу. В чем-то другом, еще непонятном Юноше.

Одно было несомненно, что этот Сад не был похож ни на один из тех садов, которые довелось на своем веку повидать Юноше. Он видел здесь цветки громадные и слишком яркой окраски — порою казалось, что разноцветные огни пылали среди буйной зелени, — бурые и черные стебли ползучих растений, толстые, как тропические змеи, листья странной формы и непомерной величины, зелень которых казалась неестественно яркою. Пряные и томные ароматы легкими волнами вливались в открытое окно, вздохи ванили и ладана, и горького миндаля, сладкие и горькие, торжественные и печальные, как ликующая погребальная мистерия.

Юноша чувствовал на своем лице нежные, но бодрящие прикосновения легкого ветра. В саду же, казалось, ветер не имел силы и в изнеможении улегся на спокойно-зеленой траве и в тени под кустами странных насаждений. И оттого, что деревья и травы странного Сада были бездыханно тихи и не слышали тихо вьющего над ними ветра, и ничем не отвечали ему, они казались неживыми. А потому лживыми, злыми, враждебными человеку.

Впрочем, одно из растений шевелилось. Но, вглядевшись, Юноша засмеялся. То, что он принял за безлистый ствол странного растения, был человек небольшого роста, тощий, в черной одежде. Он стоял перед кустом с ярко-пурпурными цветами, потом медленно пошел по дорожке, опираясь на толстую палку и приближаясь к тому окну, из которого глядел Юноша. Не столько по лицу, которое, будучи прикрыто широкими полями черной шляпы, только отчасти было видно сверху, сколько по, манерам и походке Юноша узнал Ботаника. Не желая показаться нескромным, Юноша немного отодвинулся от окна в глубину комнаты. Но вдруг увидел он, что навстречу Ботанику шла Красавица, его юная дочь.

Ее нагие руки были подняты к сложенным на голове черным косам, потому что в это время она вкалывала в волосы ярко-пунцовый цветок. Ее легкая, короткая туника была застегнута на плече золотою пряжкой. Ноги ее, покрытые легким потемневшим загаром, до колен открытые, были стройны, как ноги воскресшей богини. Сердце Юноши забилось, он забыл всякую осторожность и скромность, опять бросился к окну и жадно глядел на милое видение. Красавица кинула в его сторону быстрый, пламенный взгляд, — и синие из-под черных ровных бровей сверкнули очи, — и улыбнулась нежно и лукаво.

Если бывают люди счастливы, если светит им порою безумное солнце радости, сладким кружением восторга унося в запредельные страны, — то где слова, чтобы сказать об этом? И если есть на свете красота для очарований, то как описать ее?

Но вот остановилась Красавица, пристально посмотрела на Юношу и засмеялась радостно и весело — ив несказанном кружении восторга забыл Юноша о всем, что есть на свете, стремительно наклонился из окна и закричал голосом, звонким от волнения:

— Милая! Прекрасная! Божественная! Приди ко мне! Люби меня!

Красавица подошла близко, и Юноша услышал тихо звенящий, ясный голос, каждый звук которого сладкою мукою ранил его сердце:

— Милый Юноша, знаешь ли ты цену моей любви?

— Хотя бы ценою жизни! — восклицал Юноша. — Хотя бы у темных ворот Смерти!

Зарею пылающею и смеющеюся стояла Красавица перед Юношей и простирала к нему стройные, обнаженные руки. И говорила, и веял от ее слов аромат обольстительный, томный, как вздохи нежной туберозы:

— О, милый Юноша, мудрый и страстный, ты знаешь, ты видишь, ты дождешься. Многие любили меня, многие жаждали обладать мною, прекрасные, юные, сильные, многим улыбалась я улыбкою обаятельною, как улыбка последней утешительницы, по никогда никому до тебя не говорила я сладких и страшных слов: люблю тебя. Теперь хочу и жду.

Страстью и желанием звенел ее голос. Она отвязала от пояса шелковый черный шнурок с бронзовым на нем ключей и уже взмахнула рукою, чтобы бросить ключ Юноше, но не успела. Отец уже спешил к ней, заметив еще издали, что она заговорила с незнакомым Юношей. Он грубо схватил ее за руку, отнял от нее ключ и закричал хриплым, старческим голосом, противным, как тяжелое карканье старого ворона на кладбище:

— Безумная, что ты хочешь сделать? Не о чем тебе с ним говорить. Этот Юноша не из рода тех, для кого взрастили мы наш Сад, с, мешав соки этих растений с ядовитою смолою Анчара. Не для таких, как этот голяк, погиб наш предок,

128

елуешь его и дашь ему отравленный цветок по его выбору. н уйдет, полный сладких надежд и трепетных ожиданий, и ть совершится и над ним неизбежное.

Выражение покорности и скуки легло на лицо Красавицы. тец сказал ей:

— Иди.

Наклонился, поцеловал ее в лоб. Красавица прильнула йно-алыми губами к его морщинистой, желтой руке, ижалась к его сухим коленям белою, полуобнаженною удью, вздохнула и встала. И вздох ее был, как свирельный он.

V

Через полчаса Красавица, нежно улыбаясь, говорила олодому, красивому, надменному Графу, стоя перед ним в той е одежде среди Сада, у круглой клумбы с яркими, ромадными цветами, от которых исходил одуряющий аромат:

— Милый Граф, вы хотите очень многого. Желания ваши лишком пылки и слишком нетерпеливы.

Улыбка ее была нежна и лукава, и непорочно-ясные взоры е с ласковым любованием скользили по стройной фигуре молодого Графа и по его богатому наряду, сшитому модно и красиво из самых дорогих тканей и украшенному золотом и самоцветными камнями.

— Милая очаровательница, — говорил Граф, — я знаю, что ты была холодна ко многим, искавшим твоей благосклонности. Но ко мне ты будешь более ласкова. Я сумею добиться твоей любви. Клянусь честью, я заставлю потемнеть от страсти холодную синеву твоих глаз.

— Чем же вы, Граф, стяжаете мою любовь? — спросила Красавица.

Непроницаемо было выражение ее прекрасного лица, и ее голос не обличал того волнения, которое так легко овладевает девами, когда они слышат знойный голос внушенной ими страсти. Но самоуверенный, надменный Граф не смутился. Он говорил:

— От предков моих досталось мне немало сокровищ, и я сам золотом и отвагою приумножил их. Много у меня драгоценных камней, перстней, ожерелий, запястий, восточных тканей и ароматов, арабских коней, шелковых и

надышавшись тлетворным ароматом страшной смолы. Иди, иди домой и не смей говорить с ним.

Старик повлек дочь к дому, видившемуся в глубине Сада. Он крепко сжимал ее руки, обе захватив одною своею рукою. Красавица покорно шла за отцом и смеялась. И был ее смех ясен, звонок и жалил тысячами острых жал пламенеющее сердце Юноши.

Он еще стоял у окна, долго всматривался напряженными глазами в расчисленные и расчищенные дали очарованного Сада. Но уже Красавица больше не показывалась. Все тихо и недвижно было в дивном Саду, и бездыханными казались чудовищно яркие цветы, и от них доходил до Юноши аромат, кружащий голову, жутким томлением сжимающий сердце, аромат, напоминающий темные, стремительные, жадные вздохи ванили, цикламена, датуры и тубероз, злых несчастных цветов, умирающих, умерщвляя, чарующих смертною тайною.

III

Юноша твердо решился проникнуть в дивный Сад, надышаться таинственными ароматами, которыми дышит Красавица, и добиться ее любви, хотя бы ценою за нее была жизнь, хотя бы путем к ней был путь смертный, путь безвозвратный. Но кто бы помог ему проникнуть в дом старого Ботаника?

Юноша ушел из дому. Долго ходил он по Городу и всех, кого знал, расспрашивал о Красавице, дочери Ботаника. Одни не могли, другие не хотели ввести его в дом старого Ботаника, и о Красавице все говорили недоброжелательно.

Товарищ ему сказал:

— Все молодые Оптиматы Города влюбляются в нее и хвалят ее изысканную и утонченную красоту. Нам же, Пролетариям, ее красота ненавистна и не нужна; ее мертвая улыбка нас раздражает, и безумие, затаившееся в синеве ее глаз, нам противно.

Девушка, вторя ему, говорила:

— Ее красота, о которой говорят так много праздные и богатые юноши, вовсе даже не красота, на наш взгляд. Это — мертвая красивость разложения и упадка. Я думаю даже, что она румянится и белится. От нее пахнет, как от ядовитого цветка; даже дыхание у нее ароматно, и это противно.

Популярный Профессор говорил:

— Коллега Ботаник — знаменитый и ученый человек, по он не хочет подчинять свою пауку высоким интересам гуманности. Его дочь, говорят, очаровательна; некоторые говорят об оригинальности ее костюмов и манер; впрочем, я не имел случая беседовать с нею более или менее обстоятельно; притом же в нашем кругу ее редко можно встретить. Думаю, однако, что ее очарования заключают в себе нечто вредное для здоровья, — до меня дошли странные слухи, за достоверность которых, конечно, я не ручаюсь, слухи о том, что процент смертности среди посещающих этот дом молодых аристократов выше среднего.

Аббат, с тонкою улыбкою на бритом бледном лице, сказал:

— Когда Красавица приходит ко мне в церковь, она молится слишком усердно. Можно подумать, что она замаливает тяжелые грехи. Но я надеюсь, что нам не доведется увидеть ее стоящей на паперти в шерстяной сорочке кающейся грешницы.

Мать, выславши из комнаты дочерей, сказала:

— Я не понимаю, что в ней находят привлекательного. На нее разоряются, она кокетничает, разбивает сердца юношей, отнимет женихов от невест, а сама никого не любит. Я не позволяю моим милым дочкам, Миночке, Диночке, Диночке, Ниночке, Риночке, Тиночке и Зиночке, вести с нею знакомство. Они у меня такие скромные, милые, любезные, веселые, приветливые, прилежные, такие хозяйки, такие рукодельницы. И как мне ни жаль расставаться с ними, но, так и быть, старшенькую я выдала бы замуж за такого скромного юношу, как вы.

Юноша ушел поспешно. Семь сестриц улыбались ему из окна, теснясь одна за другую. Это было зрелище милое и приятное, но сердце Юноши полно было сладкими, жуткими мечтами о Красавице.

IV

Старый Ботаник привел свою дочь в дом. Его гнев смягчился, и хотя он до самого порога не выпускал из своей руки с большими костлявыми пальцами сложенных вместе тонких рук весело улыбающейся Красавицы, но уже он не жал их так больно и не толкал ее так грубо. Его лицо было

печально. Он выпустил руки своей дочер[...] послушно вошла за ним в его кабинет — огр[...] комнату, стены которой были загроможде[...] множеством книг, громадных, запыленных.

Ботаник сел в обитое темною кожею к[...] тяжелого дубового стола. Он казался усталым. [...] еще юношески блестящие, пергаментно-желт[...] рукою и укоризненно смотрел из-под руки на д[...] стала на колени у его ног и смотрела снизу в[...] Ботаника, и улыбалась нежно и покорно. Она с[...] опущенными руками, и в позе ее была смиренная [...] в улыбке обольстительных уст было нежное упрям[...] казалось побледневшим, и казалось, что на гу[...] пламенеет безумие смеха и что в синеве ее гл[...] безумие тоски. Молчала и ждала, что скажет отец.

И он сказал медленно, словно с трудом находя [...]

— Милая, что же я слышал? Не ждал я от тебя [...] ты это сделала?

Красавица склонила голову и тихо сказала:

— Отец, рано или поздно это же должно соверш[...]

— Рано пли поздно? — спросил отец как бы с у[...] И продолжал: — Так пусть это лучше совершится п[...] рано.

— Я пламенею, — тихо сказала красавица.

И улыбка на ее устах была как отблеск знойного [...] и в глазах ее затаились синие молнии, и ее обнаженн[...] и руки были, как тонкий алебастровый сосуд, напо[...] расплавленным металлом. Порывисто дышала высок[...] и две белые волны рвались из тесных объятий ее [...] нежный цвет которого напоминал желтоватую р[...] персика. Из-под складок недлинной одежды были [...] трепетно лежащие на темно-зеленом бархате ковра с[...] ноги.

Отец тихо покачал головою и сказал печально и стро[...]

— Ты, милая дочь, столь опытная и столь иску[...] дивном умении чаровать, оставаясь непорочною, должна [...] что еще рано тебе отходить от меня и бросать недоверш[...] мой замысел.

— Но ведь этому не будет конца? — возразила Красави[...] Они приходят вновь и вновь.

— Никто не знает, — сказал Ботаник, — будет ли з[...] конец и увидим ли мы завершение, нашего замысла [...] передадим его иным поколениям. Но мы сделаем, что мо[...] Вспомни, что сейчас должен прийти к тебе молодой Граф[...]

атласных одежд, редкого оружия и другого много, чего и перечислить скоро не сумею, чего даже и не сразу и вспомню. Все я рассыплю у твоих ног, очаровательница: рубинами оплачу я твои улыбки, жемчугами твои слезы, золотом твои ароматные вздохи, алмазами твои поцелуи и ударом верного кинжала твою лукавую измену.

Красавица засмеялась. Сказала:

— Еще я не ваша, а уже вы боитесь моей измены и угрожаете мне. Ведь я могу и рассердиться на это.

Граф порывисто склонил перед Красавицей колени и осыпал поцелуями ее руки, гибкие и стройные, от нежной кожи которых подымалось легкое, жуткое благоухание.

— Прости моему безумию, очаровательная Красавица, — молил он, вдруг забывши всю свою надменность, — любовь к тебе лишает меня покоя и подсказывает мне дикие поступки и странные слова. Но что же мне делать! Я люблю тебя больше, чем мою душу, и за обладание тобою готов заплатить не только моими сокровищами, не только моей жизнью, но и тем, что дороже мне жизни и спасения души, — моей честью!

Красавица сказала очаровательно-ласково:

— Ваши слова тронули меня, милый Граф. Встаньте. Я не возьму с вас непомерной платы за мою любовь — она не покупается и не продается. Но кто любит, тот должен уметь и подождать. Истинная любовь всегда найдет путь к сердцу возлюбленной.

Граф поднялся. Изысканным жестом он оправил кружевные манжеты своего атласного зеленого кафтана и устремил на Красавицу долгий, восторженный взор. Глаза их встретились, и непроницаемо по-прежнему было выражение непорочно-светлых глаз Красавицы.

Охваченный смутною тревогою, которая в минуты смертной опасности охватывает даже надменных и самоуверенных, Граф отошел от Красавицы. На скамье недалеко лежал красиво изукрашенный резьбою дубовый ларец. Граф открыл его и с почтительным поклоном поднес Красавице. Солнечные лучи веселым смехом задрожали на бриллиантах и рубинах диадемы. Казалось надменному Графу, что сияние и смех падают на многоценные камни от рдеющих уст Красавицы. Но улыбка ее была такая же, как и раньше, и она любовалась подарком, как малоценным, хотя и приятным знаком внимания. Потом на миг Опечалилась легко, отуманилась и сказала:

— Мои предки были рабами, а вы дарите мне диадему, от которой не отказалась бы и царица.

— Очаровательница! — воскликнул Граф. — Ты достойна и еще более блистающей диадемы.

Красавица улыбнулась ему приветливо, и опять опечалилась легко, отуманились, и говорила тихо:

— Доля моих предков — горячие капли крови под бичами жестоких, а мне — торжественные рубины увенчанной радости.

И совсем, совсем тихо шепнула:

— Но не забуду.

— Что же вспоминать о давно минувшем! — воскликнул Граф. — Радостные дни светлой юности, а печаль воспоминаний оставим старости.

Красавица засмеялась, отгоняя смехом грусть, мгновенную, как тучка, тающая на летнем солнце. Сказала графу:

— За ваш прекрасный подарок, милый Граф, я дам вам сегодня один цветок по вашему выбору и один поцелуй. Только один.

Молодой Граф пришел в такой восторг и выражал его так стремительно и шумно, что Красавица повторила нежно и строго:

— Только один, не более.

И спросила Графа:

— Какой цветок хотите вы, милый Граф, получить от меня?

Граф ответил:

— Прекрасная обольстительница, что ты мне ни дашь, за все я буду тебе несказанно благодарен.

Улыбаясь, говорила Красавица:

— Все цветы, которые вы здесь видите, милый Граф, привезены издалека. Они собраны с большим трудом и даже с опасностями. Прилежным уходом отец мой улучшил их форму и окраску, и аромат. Долго изучал он их свойства, пересаживал их, скрещивал, прививал и, наконец, достиг того, что из бледных, диких, некрасивых полевых и лесных цветочков образовались эти очаровательные, благоуханные цветы.

— И самый очаровательный цветок — ты, милая Красавица! — воскликнул Граф.

— Аромат их многие находят слишком крепким и одуряющим. И я замечаю, что вы, милый Граф, бледнеете, — мы с вами слишком долго пробыли среди этих знойных ароматов. Я-то привыкла, я с детства надышалась ими, и сама кровь моя пропитана их сладкими испарениями. А вам не следует слишком долго стоять здесь. Выбирайте скорее, какой цветок вы хотите взять от меня.

Но молодой Граф настаивал, чтобы Красавица сама выбрала ему цветок, — он ждал с нетерпением ее второго надышавшись тлетворным ароматом страшной смолы. Иди, иди домой и не смей говорить с ним.

Старик повлек дочь к дому, видившемуся в глубине Сада. Он крепко сжимал ее руки, обе захватив одною своею рукою. Красавица покорно шла за отцом и смеялась. И был ее смех ясен, звонок и жалил тысячами острых жал пламенеющее сердце Юноши.

Он еще стоял у окна, долго всматривался напряженными глазами в расчисленные и расчищенные дали очарованного Сада. Но уже Красавица больше не показывалась. Все тихо и недвижно было в дивном Саду, и бездыханными казались чудовищно яркие цветы, и от них доходил до Юноши аромат, кружащий голову, жутким томлением сжимающий сердце, аромат, напоминающий темные, стремительные, жадные вздохи ванили, цикламена, датуры и тубероз, злых несчастных цветов, умирающих, умерщвляя, чарующих смертною тайною.

III

Юноша твердо решился проникнуть в дивный Сад, надышаться таинственными ароматами, которыми дышит Красавица, и добиться ее любви, хотя бы ценою за нее была жизнь, хотя бы путем к ней был путь смертный, путь безвозвратный. Но кто бы помог ему проникнуть в дом старого Ботаника?

Юноша ушел из дому. Долго ходил он по Городу и всех, кого знал, расспрашивал о Красавице, дочери Ботаника. Одни не могли, другие не хотели ввести его в дом старого Ботаника, и о Красавице все говорили недоброжелательно.

Товарищ ему сказал:

— Все молодые Оптиматы Города влюбляются в нее и хвалят ее изысканную и утонченную красоту. Нам же, Пролетариям, ее красота ненавистна и не нужна; ее мертвая улыбка нас раздражает, и безумие, затаившееся в синеве ее глаз, нам противно.

Девушка, вторя ему, говорила:

— Ее красота, о которой говорят так много праздные и богатые юноши, вовсе даже не красота, на наш взгляд. Это — мертвая красивость разложения и упадка. Я думаю даже, что она румянится и белится. От нее пахнет, как от ядовитого цветка; даже дыхание у нее ароматно, и это противно.

Популярный Профессор говорил:

— Коллега Ботаник — знаменитый и ученый человек, по он не хочет подчинять свою пауку высоким интересам гуманности. Его дочь, говорят, очаровательна; некоторые говорят об оригинальности ее костюмов и манер; впрочем, я не имел случая беседовать с нею более или менее обстоятельно; притом же в нашем кругу ее редко можно встретить. Думаю, однако, что ее очарования заключают в себе нечто вредное для здоровья, — до меня дошли странные слухи, за достоверность которых, конечно, я не ручаюсь, слухи о том, что процент смертности среди посещающих этот дом молодых аристократов выше среднего.

Аббат, с тонкою улыбкою на бритом бледном лице, сказал:

— Когда Красавица приходит ко мне в церковь, она молится слишком усердно. Можно подумать, что она замаливает тяжелые грехи. Но я надеюсь, что нам не доведется увидеть ее стоящей на паперти в шерстяной сорочке кающейся грешницы.

Мать, выславши из комнаты дочерей, сказала:

— Я не понимаю, что в ней находят привлекательного. На нее разоряются, она кокетничает, разбивает сердца юношей, отнимет женихов от невест, а сама никого не любит. Я не позволяю моим милым дочкам, Миночке, Диночке, Диночке, Ниночке, Риночке, Тиночке и Зиночке, вести с нею знакомство. Они у меня такие скромные, милые, любезные, веселые, приветливые, прилежные, такие хозяйки, такие рукодельницы. И как мне ни жаль расставаться с ними, но, так и быть, старшенькую я выдала бы замуж за такого скромного юношу, как вы.

Юноша ушел поспешно. Семь сестриц улыбались ему из окна, теснясь одна за другую. Это было зрелище милое и приятное, но сердце Юноши полно было сладкими, жуткими мечтами о Красавице.

IV

Старый Ботаник привел свою дочь в дом. Его гнев смягчился, и хотя он до самого порога не выпускал из своей руки с большими костлявыми пальцами сложенных вместе тонких рук весело улыбающейся Красавицы, но уже он не жал их так больно и не толкал ее так грубо. Его лицо было

130

печально. Он выпустил руки своей дочери, и она сама послушно вошла за ним в его кабинет — огромную, мрачную комнату, стены которой были загромождены полками с множеством книг, громадных, запыленных.

Ботаник сел в обитое темною кожею кресло у своего тяжелого дубового стола. Он казался усталым. Прикрыл глаза, еще юношески блестящие, пергаментно-желтою, дрожащею рукою и укоризненно смотрел из-под руки на дочь. Красавица стала на колени у его ног и смотрела снизу в лицо старого Ботаника, и улыбалась нежно и покорно. Она стояла прямо, с опущенными руками, и в позе ее была смиренная покорность, и в улыбке обольстительных уст было нежное упрямство. Лицо ее казалось побледневшим, и казалось, что на губах ее зыбко пламенеет безумие смеха и что в синеве ее глаз затаилось безумие тоски. Молчала и ждала, что скажет отец.

И он сказал медленно, словно с трудом находя слова.

— Милая, что же я слышал? Не ждал я от тебя этого. Зачем ты это сделала?

Красавица склонила голову и тихо сказала:

— Отец, рано или поздно это же должно совершиться.

— Рано пли поздно? — спросил отец как бы с удивлением. И продолжал: — Так пусть это лучше совершится поздно, чем рано.

— Я пламенею, — тихо сказала красавица.

И улыбка на ее устах была как отблеск знойного пылания, и в глазах ее затаились синие молнии, и ее обнаженные плечи и руки были, как тонкий алебастровый сосуд, наполненный расплавленным металлом. Порывисто дышала высокая грудь, и две белые волны рвались из тесных объятий ее платья, нежный цвет которого напоминал желтоватую розовость персика. Из-под складок недлинной одежды были видны трепетно лежащие на темно-зеленом бархате ковра стройные ноги.

Отец тихо покачал головою и сказал печально и строго:

— Ты, милая дочь, столь опытная и столь искусная в дивном умении чаровать, оставаясь непорочною, должна знать, что еще рано тебе отходить от меня и бросать недовершенный мой замысел.

— Но ведь этому не будет конца? — возразила Красавица. — Они приходят вновь и вновь.

— Никто не знает, — сказал Ботаник, — будет ли этому конец и увидим ли мы завершение, нашего замысла или передадим его иным поколениям. Но мы сделаем, что можем. Вспомни, что сейчас должен прийти к тебе молодой Граф. Ты

131

поцелуешь его и дашь ему отравленный цветок по его выбору. И он уйдет, полный сладких надежд и трепетных ожиданий, и опять совершится и над ним неизбежное.

Выражение покорности и скуки легло на лицо Красавицы. И отец сказал ей:

— Иди.

Наклонился, поцеловал ее в лоб. Красавица прильнула знойно-алыми губами к его морщинистой, желтой руке, прижалась к его сухим коленям белою, полуобнаженною грудью, вздохнула и встала. И вздох ее был, как свирельный стон.

V

Через полчаса Красавица, нежно улыбаясь, говорила молодому, красивому, надменному Графу, стоя перед ним в той же одежде среди Сада, у круглой клумбы с яркими, громадными цветами, от которых исходил одуряющий аромат:

— Милый Граф, вы хотите очень многого. Желания ваши слишком пылки и слишком нетерпеливы.

Улыбка ее была нежна и лукава, и непорочно-ясные взоры ее с ласковым любованием скользили по стройной фигуре молодого Графа и по его богатому наряду, сшитому модно и красиво из самых дорогих тканей и украшенному золотом и самоцветными камнями.

— Милая очаровательница, — говорил Граф, — я знаю, что ты была холодна ко многим, искавшим твоей благосклонности. Но ко мне ты будешь более ласкова. Я сумею добиться твоей любви. Клянусь честью, я заставлю потемнеть от страсти холодную синеву твоих глаз.

— Чем же вы, Граф, стяжаете мою любовь? — спросила Красавица.

Непроницаемо было выражение ее прекрасного лица, и ее голос не обличал того волнения, которое так легко овладевает девами, когда они слышат знойный голос внушенной ими страсти. Но самоуверенный, надменный Граф не смутился. Он говорил:

— От предков моих досталось мне немало сокровищ, и я сам золотом и отвагою приумножил их. Много у меня драгоценных камней, перстней, ожерелий, запястий, восточных тканей и ароматов, арабских коней, шелковых и подарка, обещанного поцелуя, — первого ее поцелуя. Красавица посмотрела на цветы. Лицо ее омрачилось опять легкою тенью печали. Вдруг быстро, словно движимая чужою волею, она протянула руку, столь прекрасную в ее обнаженной стройности, и сорвала белый махровый цветок. Замедлила руку, склонила голову и, наконец, с выражением застенчивой нерешительности приблизилась к Графу и вложила цветок в петлицу его кафтана.

Аромат, сильный и резкий, пахнул в побледневшее лицо молодого Графа, и в томном бессилии закружилась его голова. Равнодушие и усталость овладели им. Едва помнил себя, едва чувствовал, как взяла его Красавица под руку и увела в дом от ароматов дивного Сада.

В одной из комнат дома, где все было светло, бело и розово, Граф очнулся. Юношеская свежесть вернулась на его лицо, черные глаза его зажглись опять страстью, и, он снова почувствовал радость жизни и буйство желаний. Но уже подстерегало его неизбежное. Рука, нагая, стройная, легла на его шею, и ароматный поцелуй Красавицы был нежен, сладок, долог. Две синие молнии ее глаз блеснули близко перед его глазами и призакрылись тихою тайною длинных ресниц. Жуткие огни сладкой боли вихрем закружились вокруг сердца молодого Графа. Он поднял руки обнять Красавицу, — но с легким криком она отшатнулась и, легкая, тихая, убежала, оставив его одного. Граф бросился было за нею. Но в дверях розовой горницы встретил его старый Ботаник. Язвительна была улыбка тонких губ, алою чертою разрезавших пергаментно-желтое лицо. Граф смутился. С несвойственным ему замешательством, чувствуя во всем теле странную слабость, простился он со старым Ботаником и ушел.

Жуткие вихри сладкой боли все быстрее кружились вокруг сердца молодого Графа, когда он ехал домой верхом на вороном арабском скакуне, еле слыша звонкий стук подков о камни. Все бледнее становилось его лицо. Вдруг глаза его сомкнулись, рука опустила поводья, и он тяжело склонился, падая с седла. Испуганный конь взвился на дыбы, сбросил седока и помчался. Графа подняли уже мертвым, с разбитою о камни головой. И не знали, отчего он умер. Дивились — такой был искусный наездник.

VI

Настала ночь. Сладко и тревожно светила полная луна, ворожа и чаруя лучами холодными, могильно-тихими. Смутным страхом полно было сердце Юноши, когда он подошел к своему окну. Руки его, захватив край желтой занавески, долго медлили и колебались, прежде чем он решился не спеша отвести в сторону занавеску. Медленно свиваясь, шуршало желтое полотно, и шелест его сходен был со змеиным еле слышным свистом в лесной заросли; и тихо звенели и скрежетали о медный прут медные легкие кольца.

Красавица стояла под окном и смотрела на окно, и ждала. И сердце Юноши дрогнуло, и не мог он понять, страхом или восторгом томилось его сердце.

Черные косы Красавицы были распущены и падали на ее нагие плечи. Резкая тень лежала на земле у ее необутых ног. Освещенная сбоку луною, стояла Красавица, подобная резкому, отчетливому видению. Складки белой туники были строги и темны. Темна была синева глаз Красавицы, загадочна была ее неподвижная улыбка. На странной успокоенности ее тела и ее одежды тускло поблескивала гладкая матовая пряжка, застегнутая на плече.

Красавица заговорила тихо, и амброю, мускусом и туберозою благоухали ее слова, звенящие, как тонкие серебряные цепи у зажженного кадила.

— Милый Юноша, я люблю тебя. Повинуясь твоему призыву, я нарушила волю моего отца и пришла к тебе, чтобы сказать: бойся меня и моих чар, беги от этого Старого Города далеко, а меня оставь моей темной судьбе, меня, упоенную злым дыханием Анчара.

— О, прекрасная! — отвечал ей Юноша. — Ты, которую я едва узнал и которая уже для меня дороже моей жизни и моей души, — зачем говоришь ты мне эти жестокие слова? Или ты не веришь моей любви, которая зажглась внезапно, но уже не погаснет?

— Я люблю тебя, — повторила Красавица, — и не хочу тебя погубить. Дыхание мое напитано ядом, и прекрасный Сад мой отравлен. Тебе первому я говорю это, потому что я люблю тебя. Торопись же оставить этот Город, беги от этого сада с его тлетворною красотою, беги далеко и забудь обо мне.

Упоенный восторгом и печалью, сладчайшею всех земных радостей, Юноша воскликнул:

— Возлюбленная моя! Что же мне от тебя надо? Не одного

ли мгновения жаждет моя душа! Сгореть в блаженном пламени восторга и любви и у сладчайших ног твоих умереть!

Легкий трепет пробежал по телу Красавицы, и вся она стала как ясная радость зари за белым туманом. Торжественным, широким движением подняла она свои нагие руки, и вся стремилась к Юноше, и говорила:

— О, возлюбленный мой! Так будет, как ты хочешь, и с тобою умереть мне сладко. Иди же ко мне, в мой страшный Сад, и я расскажу тебе мою темную повесть.

Опять, как утром, в руке ее блеснул бронзовый ключ на розовой ленте. Засмеялась, — резво, как мальчик, отбежала назад, мелькая на смутно-желтом песке дорожки смутною белизною стройных ног, — размахнулась быстро и ловко — и метнула ключ в окно. Юноша протянул руки и на лету схватил ключ.

VII

Там, в отравленном Саду, под сенью таинственных растений, где неживая луна смешивала отраву своей тоски с ядовитым дыханием земных злых цветов, стояли они, Юноша и Красавица, упоенные восторгом и печалью. Они глядели в глаза друг другу, и Красавица голосом, звенящим, как хрупкий голос клавесин, говорила:

— Мои предки были рабами — но и рабы жаждут свободы. Повинуясь повелению господина, один из моих предков совершил утомительно долгий путь, чтобы достигнуть пустыни, где растет Анчар. Он собрал ядовитую смолу Анчара и принес ее господину. Отравленные стрелы доставили господину немало побед. А мой предок, надышавшийся злых благоуханий, умер. Его вдова задумала отомстить злому роду победителей. Она воровала отравленные стрелы, мочила их в воде и, как многоценное вино, прятала эти настои в глубоких подвалах. Каплю настоя вливала она в бочку воды и этою водою поливала пустырь на краю Старого Города, где теперь наш дом и этот Сад. Потом брала каплю воды со дна этой бочки, вмешивала ее в хлеб и кормила им своего сына. И стала почва этого Сада отравленною, и сыну своему привила она яд. И с того времени весь род наш, из поколения в поколение, питался ядом. И ныне в жилах наших течет пламенеющая ядом кровь, и дыхание наше ароматно, но пагубно, и кто целует нас, тот умирает. И не слабеет сила нашего яда, пока живем мы в этом отравленном Саду, пока мы дышим ароматами этих чудовищных цветов. Семена их привезены издалека, — мой дед и мой отец были везде, где можно достать злые и вредные людям растения, — и здесь, в этой издавна отравленной почве, эти злые, эти пагубные цветы раскрыли всю свою гневную силу. Благоухая так сладко, так радостно, они, коварные, и росу, падающую с неба, претворяют в гибельную отраву.

Так говорила Красавица, и радостно звенел ее голос, и лицо ее пылало великим ликованием. Кончила рассказ и засмеялась тихо и невесело. Юноша склонился перед нею и молча целовал ее руки, вдыхая томительное благоухание мирры, алоэ и мускуса, веявшее от ее тела и от ее тонкой одежды. Красавица заговорила опять:

— Приходят ко мне потомки угнетателей, потому что чарует их моя злая, моя отравленная красота; Я улыбаюсь им, обреченным смерти, и каждого из них мне жаль, а иных я почти любила, но не отдавалась никогда никому. Только одним поцелуем дарила я каждого — поцелуи мои были невинны, как поцелуй нежной сестры. И тот, кого я целовала, умирал.

Ужасом и восторгом, одновременно двумя столь несходными страстями, томилась душа смущенного Юноши. Но любовь, побеждающая все, преодолевающая даже и томления предсмертной тоски, победила и ныне. Восторженно простирая к нежной и страшной Красавице трепетные руки, воскликнул Юноша:

— Если в поцелуе твоем смерть, о, возлюбленная, дай мне упиться неисчислимостью смертей! Прильни ко мне, целуй меня, люби меня, обвей меня сладостным ароматом твоего отравленного дыхания, смерть за смертью вливай в мое тело и в мою душу, пока не разрушишь все, что было мною!

— Хочешь! Не боишься! — воскликнула Красавица.

Бледное в лучах неживой луны лицо Красавицы стало как матовый светоч, и были трепетны и сини молнии ее печальных и радостных глаз. Движением доверчивым, нежным, страстным она прильнула к Юноше, и ее нагие руки обвились вокруг его шеи.

— Мы умрем вместе! — шептала она, — Мы умрем вместе. Весь яд моего сердца пламенеет, и огненные струи стремятся по моим жилам, и я вся как объятый великим пламенем костер.

— Я пламенею! — шептал Юноша. — Я сгораю в твоих объятиях, и мы с тобою — два пламенные костра, пылающие великим восторгом отравленной любви.

Тускнела и падала печальная, неживая луна — и черная

ночь пришла и стала на страже. Тайну любви и поцелуев, ароматных и отравленных, осенила она мраком и тишиною. И слушала согласный стук двух замирающих сердец, и в чутком молчании сторожила последние, легкие вздохи.

Так в отравленном Саду, надышавшись ароматами, которыми дышала Красавица, и упившись сладкою ее любовью, жалящею нежно и смертельно, умер прекрасный Юноша — и на груди его умерла Красавица, сладким очарованием ночи и любви предав свою отравленную, но благоухающую душу.

Смерть по объявлению

I

Резанов чувствовал себя таким слабым, усталым, увядающим. К вечному успокоению все чаще клонились мысли. Казалось, что слаще нет отдыха, как на дощатом ложе, в сосновой домовине.

И захотелось вдруг развлечения не по установленной программе.

Сидел в своей тихой комнате один.

Читал объявления в "Новом Времени" очень внимательно. Искал чего-то. Сравнивал и выбирал.

Его бледное, начинающее увядать, лицо являло признаки смущения и нерешительности. В задумчивости взял карандаш. Поставил его острием на абажур лампы.

Дрожала рука. Стучало острие карандаша. Усмехнулся. Подумал:

"Старею".

Опять опустил глаза, — когда-то вечно-веселые, теперь устало равнодушные, — на газетные листы склонил внимательные и спокойные взоры.

Наконец выбрал одно объявление.

Какая-то интеллигентная молодая дама, красивая и воспитанная, находясь в крайней нужде, просила добрых людей одолжить ей пятьдесят рублей; согласна была на все условия. Просила писать в семнадцатое почтовое отделение до востребования, предъявительнице квитанции за 205824.

Резанов вынул из коробки лист желтоватой, шероховатой бумаги с неровными краями, с водяными знаками Margarette Mill.

Усмехаясь невесело, писал:

"Милостивая Государыня,

Я дам Вам деньги, которых Вы просите, но не в долг и не даром, а за работу, о которой сейчас Вам напишу. Напишу по необходимости вкратце, — в письме многого не скажешь. Но так как, по Вашим словам, Вы — дама интеллигентная, то Вы, может быть, поймете, что именно от Вас потребуется. Вы должны явиться мне в образе моей смерти, — чем более привлекательной, тем лучше, — и сообразно с этим вести себя. Если Вы сумеете разнообразить достаточно эту веселую игру, то

140

Ваш заработок может быть и впредь достаточен для Вашего пропитания. Согласны ли Вы? Не страшно ли Вам? Понимаете ли Вы, что от Вас требуется? Если согласны, и не боитесь, и понимаете, то напишите, когда и где я могу Вас в первый раз встретить. Для меня самое удобное время — после пяти вечера. Пишите в Главный почтамт предъявителю трех рублей 384384. Письмо возьму в четверг".

Трехрублевка, новенькая, пошловато-красивого образца 1905 года, хрустела неприятно, как накрахмаленное платье полоротой причастницы. Цифры 384 повторялись дважды. Совпадение казалось странным и знаменательным.

Подумал:

"А если?"

Бледно улыбнулся.

"Ну и пусть".

Не подписал. Запечатал. Сам отнес и бросил в почтовый ящик, — чтобы не забыли до утра, чтобы дошло скорее.

Потом вернулся, и думал, какая она придет.

Тощая, уродливая, с побуревшим от бедности и страданий лицом, с желтыми зубами, с жидкими рыжеватыми космами волос под истасканною на дожде и ветре шляпою, где жалко и смешно трепыхаются перо и бант?

Или молоденькая, застенчивая, тихая, с тонкими пальцами швеи, исколотыми иглою, с бледным, точно восковым личиком, с большим, милым ртом?

Или пьяною придет проституткою, накрашенная, разбитная, с визгливым голосом и грубыми ухватками?

Или провинциальная вульгарная дама в невероятном костюме, с невозможными манерами, с немытою шеею, — брошенная мужем и еще никуда не пристроившаяся?

Какая же она будет, моя смерть? Моя смерть!

Или в темном встретит переходе, и не увижу ее, и только в холодную опущу руку мое бедное золото?

В четверг пошел в Почтамт. Летний день в столице был пылен, жарок и шумен. Там и здесь чинили мостовые, красили дома, — и так неприятно пахло. И все же было весело, привычно, и вывески знакомых ресторанов глядели празднично-нарядно.

Не торопился. Пил пиво у Лейнера. Никого не встретил знакомых. Да и кого теперь встретить? Разве случайно.

Было близко время к четырем, когда прошел сквозь узкие, отворенные двери в новый, под стеклянною крышею, зал Почтамта. Вспомнил старый, заплеванный закоулок, где прежде выдавали письма до востребования. Теперь и чиновники заботятся о миловидности.

Остановился у будочки с бумагою и конвертами. Вертящаяся витрина показала ему все виды приторной пошлости на открытках, как на подбор.

— Покупают? — спросил он продавщицу. Смазливая девица со скучающим лицом обидчиво дернулась жирными плечами.

— Вам что угодно? — спросила она враждебным тоном. — Конверты, бумага, открытые письма.

Взглянул на нее пристально. Заметил кудерьки на лбу, фарфоровый цвет лица, синие зрачки. Сказал:

— Да ничего не надо.

И прошел дальше.

Прямо против входа за средним двойным окном большой квадратной загородки сидели три девицы, разбиравшие письма. Снаружи стояли получатели. Толстая дама с бородавкою на носу спрашивала письмо на имя Руслан-Звонаревой.

— Ваша фамилия Звонарева? — спросила почтовая барышня с лицом цвета пшеничной булки, и отошла вглубь к шкалу с письмами.

— Руслан-Звонарева, — испуганным полушепотом говорила ей вслед дама с бородавкою.

И, когда почтовая пшеничная девица вернулась с пачкою писем к окошку, дама с бородавкою повторила:

— У меня двойная фамилия, Руслан-Звонарева.

Рядом с нею стоял рыжий господин с котелком в руке, и беспокойными глазами смотрел на письма, которые перебирала вторая почтовая девица, самая красивая из трех, и очень гордая этим. Господин, по всем признакам, ждал письма "чувствительного и фривольного", и волновался, и был некрасив и жалок.

Третья девица, пухлая, румяная, с лицом широким и коротким, с опущенною на лоб широкою занавескою густых каштанового цвета волос, смеялась чему-то своему. Все обращалась к двум другим, — и те улыбались, — и смеялась, и говорила какие-то отрывочные слова о чем-то забавном.

Резанов молча протянул ей свою трехрублевку. Смотрел на девиц. Думал, что они молоды, здоровы, миловидны. Так их подобрало почтовое начальство, заботящееся о приличном вид своих учреждений.

Вспомнил недавнюю газетную полемику между почт-директором и какою-то просительницею, которая не получила места на почте потому, что была тощая, некрасивая, вялая от робости и бедности и недоедания, и старая, — целых тридцать два года.

Закрыл глаза, — встало чье-то бледное, испитое, испуганное лицо с широко-открытыми глазами, с дергающимися нервно и робко губами. Кто-то шепнул, так ясно и тихо:

— Нечем жить.

Кто-то ответил, тихо и спокойно:

— Не живи.

Резанов открыл глаза. Ненавидящим взором смотрел на пухлолицую девицу, которая искала письмо на его номер, выкидывая из пачки на стол одно за другим открытки и закрытая письма. И все смеялась. Так противно, надоедливо.

Наконец протянула письмо в узком штемпельном конверте. Перебросила остальные письма;

— Больше нет.

— И не надо, — досадливо сказал Резанов.

Отошел в сторону, сел на скамью у колонны. Разорвал конверт. Торопился, но был спокоен.

Крупные и узкие буквы, тонкие черты, ровный и спокойный почерк, неожиданно-красивый.

"Милостивый Государь,

Я согласна. Я не боюсь. Я понимаю. Четверг, шестой час. Михайловский сад, аллея направо от входа. Белое платье. В правой руке Ваше письмо в конверте.

Ваша Смерть".

Сторож звонил. Зал пустел. Резанов поехал в "Вену". Пообедал. Пил вино. Торопился.

Приехал в сад в половине шестого.

Она стояла недалеко от входа, на краю аллеи, под деревом. Ее платье белело на темной зелени тихого сада.

Тонкая, бледная, очень тихая, и спокойная. Внимательно смотрела на него, когда он подходил к ней. Глаза серые, спокойные. Ничего не выдавали. Только внимательные. В лице, совсем некрасивом, выражение ясности и покорности. Губы большого рта улыбались мило и печально.

— Милая смерть, — сказал он тихо.

Стал перед нею. Странно волнуясь, протянул ей руку.

Она молчала. Переложила его письмо в левую руку. Пожала его руку тонкою, холодною, тихою рукою.

Он спросил ее:

— Ты долго ждала меня?

Она ответила, медленно произнося слово за словом, голосом ясным, безжизненно ровным, смертельно спокойным:

143

— Ты меня не ждал. Ты думал, что встретишь не меня.

И казалось, что холодом повеяло от нее. И так тихи, так недвижны были складки ее белого платья. Ее простая соломенная шляпа с белою лентою, надетая высоко, кидала желтую тень на ее покойное лицо. Стоя перед Резановым, она слегка склонилась и провела концом своего легкого зонтика тонкую черту на песке, слева направо, между ним и ею.

Спросил:

— Это — правда, что ты согласна быть моею смертью?

И такой же был тихий ответ:

— Я — твоя смерть.

Спросил опять, чувствуя холод в теле:

— Разве ты не боишься исполнять такую мрачную роль?

Сказала:

— Смерть боится живых, и не показывается им так прямо. Ты, может быть, первый, кто увидел мое лицо, земное, человеческое лицо твоей смерти.

Сказал:

— Ты ведешь свою роль очень быстро, и слишком добросовестно. Скажи мне, как тебя зовут?

Улыбнулась печально и кротко. Сказала:

— Я — твоя смерть, белая, тихая, безмятежная. Торопись дышать земным воздухом, — часы твои сочтены.

Нахмурился. Сказал:

— Ты интеллигентная дама, ты находишься в затруднительном положении, и просишь денег. Что довело тебя до такой крайности, что ты согласна на все условия? И даже на то, чтобы играть в такую страшную игру.

Ответила:

— Я голодна, больна, устала и печальна.

Засмеялся. Сказал:

— Прежде всего отдохни. Что ты стоишь? Сядь на скамейку.

Прошли несколько шагов. Сели. Она чертила на песке запутанный узор.

Сказал:

— Ты голодна, — мы поедем, — хочешь? — куда-нибудь, и я накормлю тебя. Я дам тебе денег, сколько ты просила. Скажи, не надо ли тебе еще что-нибудь от меня?

Сказала:

— Я возьму от тебя все, что ты можешь дать, — твое золото и твою душу.

Он вздрогнул. Засмеялся. Сказал:

— Ты хорошо играешь свою роль.

Ответила:

— Я пришла. Мой час настанет скоро. Я жду.

Он вынул кошелек.

В среднем маленьком отделении за стальною застежкою лежали заранее приготовленные пять золотых монет. Вынул их.

Она протянула молча свою узкую бледную руку, — такую тихую и спокойную, — открытою ладонью вверх. Легкие линии чертили ясный и простой узор на ее белой, недвижно-раскрытой ладони.

Пять золотых монет, тихо звякнув звучным , звоном одна о другую, легли на холодную, недрогнувшую ладонь. Неспешно сомкнулась рука, тонкие пальцы, длинные, белые, сжались, — и неторопливо опустилась рука с деньгами в скрытый сбоку прорез белой юбки. И он думал:

— Мое бедное золото, — мой последний дар, — скудный заработок поденщика, — малая плата за безмерный труд, — тебе, моя милая.

Думал ли только? сказал ли вслух? Так ясно звучали эти слова! Такою печалью стеснилась грудь!

И грустная, смотрела на него она сбоку серыми внимательными глазами, и улыбалась. Потом склонилась, и тихо шуршал на песке конец ее зонтика.

И шептала:

— Взяла твое золото, — возьму твою душу. Отдал мне золото, — отдашь мне душу.

Сказал он тихо:

— Взяла мое золото, потому что я дал тебе его. Но как возьмешь ты мою душу? И где ты ее возьмешь?

И сказала она:

— Приду к тебе в мой час, и возьму твою душу. И отдашь мне ты свою душу. Отдашь, потому что я — твоя смерть, и ты не уйдешь от меня никуда.

Тоска томила его. Он сказал резким голосом, побеждая тоску и страх:

— Ты живешь в комнате от хозяев, ты ищешь места или работы, тебя зовут Марьей или Анной. Как тебя зовут?

И крикнул с дикою злобою:

— Скажи, как тебя зовут!

Повторила бесстрастно:

— Я — твоя смерть.

Такие безнадежные и беспощадные упали слова. Дрогнул. Поник. Спросил упавшим голосом:

— Тебе нужно мое золото, — потому что ты голодная и усталая, — но душа моя, зачем тебе душа моя?

Ответила:

— На твое золото я куплю хлеба и вина, и буду есть и пить, и накормлю моих голодных смертенышей. А потом душу твою выну и возьму ее бережно, положу ее себе на плечи, и опущусь с нею в темный чертог, где обитает невидимый мой и твой владыка, и отдам ему твою душу. И сок твоей души выжмет он в глубокую чашу, куда и мои канут тихие слезы, — и соком твоей души, смешанным с тихими моими слезами, на полночные брызнет он звезды.

Тихо, неспешно, слово за словом, звучала странная речь, как формула темного заклятия.

И кто шел мимо, и какие звучали окрест голоса, и какие проносились, гремя по внешней мостовой, за оградою экипажи, и был ли быстрый легконогий бег и детский смех и лепет, — все скрыто было за магическою пеленою медлительной речи. И как за тающим дымом ладана таился, затаился звучащий, пестрый, весело вечереющий день.

И была тоска, и усталость, и равнодушие. Тихо сказал:

— Если и до звезд вознесется трепет моей души, и в далеких мирах зажжет неутоляемую жажду и восторг бытия, — мне-то что? Истлевая, истлею здесь, в страшной могиле, куда меня зароют зачем-то равнодушные люди. Что же мне в красноречии твоих обещаний, что мне? что мне? скажи.

Сказала, улыбаясь кротко:

— Во блаженном успении вечный покой.

Повторил тихо:

— Вечный покой. И это — утешение?

— Утешаю, чем могу, — сказала она, улыбаясь все тою же неподвижною, кроткою улыбкою.

Тогда он встал, и пошел к выходу из сада. За собою слышал он ее легкие шаги.

Долго шел он по городским улицам, — и она шла за ним. Иногда он ускорял шаги, чтобы уйти от нее, — и она шла скорее, торопилась, бежала, приподнимая тонкими пальцами край белого платья. Когда он останавливался, она стояла поодаль, рассматривая выставленные в магазинных окнах предметы. Иногда он досадливо оборачивался и шел прямо на нее, — тогда она торопливо перебегала на другую сторону улицы, или пряталась в подъездах или под воротами.

И следила за ним серыми, спокойными, внимательными глазами. Неотступно следила.

"Сяду на извозчика", — подумал он.

Удивился, почему такая простая мысль, раньше не пришла ему в голову.

Но едва он заговорил с извозчиком, она приблизилась. Стояла совсем близко, и веяла на него холодом и печалью. И улыбалась.

Подумал досадливо:

"Она сядет со мною. От нее не уйти, не уехать".

Извозчик спрашивал шесть гривен.

— Тридцать копеек, — сказал Резанов, и быстро пошел прочь.

Извозчик ругался.

Резанов поднялся в третий этаж. Остановился у дверей своей квартиры. Позвонил. Все время слышал шорох тихих, поднимающихся по лестнице, шагов. Второй раз позвонил нетерпеливо. Холод страха пробежал по спине. Хотелось войти в квартиру раньше, чем она поднимется, раньше, чем она увидит, в какую он вошел дверь, — на площадке было четыре двери.

Но уже она поднималась. Уже близко, в полусвет лестницы, забелелось ее платье. И ее серые глаза, внимательно и близко смотрели в его испуганные глаза, когда он, входя в квартиру, последний раз глянул на лестницу, поспешно закрывая за собою дверь.

Сам замкнул дверь на ключ. Так резко звякнул замок. Потом остановился в полутемной передней. Смотрел на дверь тоскующими глазами. Чувствовал, — точно видел сквозь опрозрачнившуюся вдруг дверь, — как она стоит за дверью, тихая, с кроткою улыбкою на милых губах, и поднимает ясное, бледное лицо, чтобы прочесть и запомнить номер квартиры.

Потом тихие послышались шаги вниз по лестнице.

Резанов вошел в свой кабинет.

— Она ушла, — словно сказал кто-то ясным голосом.

И другой словно послышался в ответ ему голос, безнадежно-спокойный:

— Она придет.

Он ждал. Все темнее становилось. Томила тоска. Мысли были неясны и спутаны. Голова кружилась. По телу пробегал озноб и жар.

Думал:

"Что она делает? Купила еды, пришла домой, голодных своих смертенышей кормит. Так и назвала их, — смертеныши. Сколько их? Какие они? Такие же тихонькие, как и она, моя милая смерть? Исхудалые от недоедания, беленькие, боязливые. И некрасивые, и с такими же внимательными

147

глазами, такие же милые, как она, моя милая, моя белая смерть.

"Кормит своих смертенышей. Потом спать уложит. Потом сюда придет. Зачем?"

И вдруг любопытство зажглось в нем.

Придет, конечно. Иначе зачем проследила его до дому. Но зачем придет? Как она понимает свою задачу, эта странная дама, готовая за деньги на все условия, и даже на то, чтобы по смертям ходить?

А может быть, она и не женщина, а настоящая смерть? И придет, и вынет его душу из этого грешного и слабого тела?

Лег на диван. Укрылся пледом. Весь сотрясался в приступах жестокой и сладкой лихорадки.

Какие странные приходят в голову мысли! Она — умная и добросовестная. Взяла деньги, и хочет их заработать, и хорошо играет подсказанную ей роль.

Отчего же она такая холодная?

Да оттого, что — она бедная, голодная, усталая, больная.

Устала от работы. Так много ей работы.

"Я косила целый день, Я устала. Я больна".

Ходит, ищет, голодная, больная. Бедные смертеныши ждут, голодные ртишки разевают.

И вспомнил ее лицо, — земное, человеческое лицо моей смерти.

Такое знакомое лицо. Родные черты.

В памяти, черта за чертою, все яснее вставало ее лицо, — знакомые, родные, милые черты.

Кто же она, моя белая смерть? Не сестра ли моя?

"Тяжело мне, — я больна. Помоги мне, милый брат".

И если она — моя вечная Сестра, моя белая смерть, — то что мне до того, что она здесь, в этом воплощении, пришла ко мне в образ ищущей по объявлениям, живущей в комнате от хозяев!

Я вложил в ее руку мое бедное золото, мой скудный дар, — звонкое золото, в холодеющую руку. И взяла мое золото остывающею рукою, и возьмет мою душу. Снесет меня под темные своды, — и откроется лик Владыки, — Мой вечный лик, и Владыка — Я. Я воззвал мою душу к жизни, и смерти моей велел идти ко мне, идти за мною.

И ждал.

Была ночь. Тихо звякнул колокольчик. Никто не слышал. Резанов поспешно откинул плед. Прошел в переднюю, стараясь не шуметь.

Так резко зазвенел замок. Дверь открылась, — на пороге стояла она.

Он ступил назад, в темноту передней. Спросил, словно удивляясь:

— Это — ты? И она сказала:

— Я пришла. Это мой час. Пора.

Он замкнул за нею дверь, и пошел к себе по неосвещенным комнатам. Слышал за собою легкий шорох ее ног.

И в темноте его покоя она прильнула к нему, и поцеловала его целованием нежным и невинным.

— Кто же ты? — спросил он.

Сказала:

— Ты звал меня, и я пришла. Я не боюсь, и ты не бойся. Я дам тебе последнюю усладу жизни, — поцелуй смерти, — "и будет смерть твоя легка и слаще яда".

Спросил:

— А ты?

Ответила:

— Я сказала тебе, что сойду с твоею душою тем единственным путем, который перед нами.

— А твои смертеныши?

— Я послала их вперед, чтобы они шли перед нами, и открывали нам двери.

— Как же ты вынешь мою душу? — спросил он опять.

И она прижалась к нему нежно, и шептала:

— "Стилет остер, и сладко ранит".

И прильнула, и целовала, и ласкала. И точно ужалила, — уколола в затылок отравленным стилетом. Сладкий огонь вихрем промчался по жилам, — и уже мертвый лежал в ее объятиях.

И вторым уколом отравленного острия она умертвила себя, и упала мертвая на его труп.

Голодный блеск

Сергей Матвеевич Мошкин пообедал сегодня очень хорошо, — сравнительно, конечно, — как ему, сельскому учителю, лишившемуся места и уже с год околачивающемуся по чужим лестницам в поисках работы, и не к лицу было бы. А все-таки голодный блеск сохранялся в его глазах, грустных и черных, и придавал его худощавому, смуглому лицу выражение какой-то неожиданной значительности. Мошкин истратил на обед последнюю трехрублевку, и теперь в его карманах бренчало только несколько медяков, да в кошельке лежал истертый пятиалтынный. Пировал он на радостях. Хотя и знал, что глупо радоваться, и рано, и нечему. Но так наискался работы и так прожился, что и призрак надежды радовал.

На днях Мошкин поместил в "Новом Времени" объявление. Он рекламировал себя, как педагога, владеющего пером, — на том основании, что корреспондировал в местную приволжскую газету. За это он и слетел с места: доискались, кто писал злые корреспонденции в "левую" газету; земский начальник обратил внимание инспектора народных училищ, а инспектор, конечно, не потерпел.

— Нам таких не надо, — сказал ему инспектор при личном объяснении.

Мошкин спросил:

— А каких же вам надо?

Но инспектор, не отвечая на неуместный вопрос, сухо сказал:

— Прощайте, до свиданья. Надеюсь увидеться на том свете...

Дальше в своем объявлении Мошкин заявляет, что хочет быть секретарем, постоянным сотрудником газеты, репетитором, воспитателем, сопровождать на Кавказ или в Крым, быть полезным в доме и т.п. Уверял, что не имеет претензий и что не стесняется расстоянием.

Ждал. Пришла одна открытка. Странно, что с ней у него вдруг связались какие-то надежды.

Это было утром. Мошкин пил чай. Вошла сама хозяйка. Сверкнула черными змеиными глазками и сказала язвительно:

— Корреспонденция Сергею Матвеевичу господину Мошкину. И, пока он читал, гладила свои черные над желтым треугольником лба волосы и шипела:

— Чем письма получать, платил бы деньги за стол, за

комнату. Письмом сыт не будешь, а ты в люди походи, поищи, не боронься на испанский фасон.

Читал:

"Будьте любезны пожаловать для переговоров от 6 до 7 вечера, 6 рота, д.78, кв. 57".

Без подписи.

Злобно глянул Мошкин на хозяйку. Она стояла у двери, прямая, широкая, с опущенными руками, спокойная, как кукла, и холодно-злая, и прямо на него смотрела неподвижными, наводящими жуть глазами.

Мошкин крикнул:

— Баста!

Стукнул кулаком по столу. Встал. Заходил по комнате взад-вперед. И все твердил:

— Баста!

Хозяйка тихо и злобно спрашивала:

— Платить-то будешь, корреспондент казанский и астраханский? А? Сознательная твоя харя?

Мошкин остановился перед ней, протянул к ней пустую ладонь и сказал:

— Все, что имею.

Умолчал о последней трехрублевке. Хозяйка шипела:

— Я тебе не гусарская офицерша, мне деньги надобны. Дрова семь целковых, откуда я возьму? Сам себя не прокормишь, — заведи платящую воздахторшу. Ты — молодой человек со способностями, и наружность у тебя достаточно восхитительная. Какая ни есть дура найдется. А мне разве возможно? Куда ни вертыхнись, деньги вынь да положь. Дунь — руб, плюнь — руб, поколей — полтораста.

Мошкин приостановился. Сказал:

— Не беспокойтесь, Прасковья Петровна, сегодня вечером получаю место и рассчитаюсь.

И опять принялся ходить, шлепая туфлями.

Еще долго хозяйка шипела, торча у двери. Наконец ушла, крикнув:

— У меня стальная грудь! Другая бы иная на моем месте давно бы глаза под лоб закатила, сказала бы: живите без меня, околачивайтесь, как знаете, а я вам не крепостная.

Ушла, и в его памяти осталась ее странная фигура, прямая, с опущенными руками, с желтым широким треугольником лба под черными, гладко примасленными волосами, с усеченным узким треугольником затасканной желтой юбки, с крохотным треугольником красного нюхающего носа. Три треугольника.

Весь день Мошкин был голоден, весел и зол. Ходил без

цели по улицам. Засматривался на девушек, и все они казались ему милыми, веселыми и доступными, — доступными для богатых. Останавливался перед окнами магазинов, где выставлены дорогие вещи. Все острее становился голодный блеск в глазах.

Купил газету. Прочел ее на скамейке в сквере, где смеялись и бегали дети, где модничали няньки, где пахло пылью и чахлыми деревьями, — и запах улицы и сада неприятно смешивался и напоминал запах гуттаперчи. В газете поразил Мошкина рассказ об исступленном, голодающем безумце, который в музее изрезал картину знаменитого художника.

— Вот это я понимаю!

Мошкин зашагал по аллее. Повторял:

— Вот это я понимаю!

И потом, ходя по улицам, смотря на великолепные громады богатых домов, на выставленную роскошь магазинов, на элегантные наряды прогуливающихся господ и дам, на быстро проносящиеся экипажи, на всю эту красоту и утешительность жизни, доступные для всякого, у кого есть деньги, и недоступные для него, — рассматривая, наблюдая, завидуя, испытывал все более определяющееся чувство разрушительной ненависти. И повторялись в уме всё те же слова:

— Вот это я понимаю!

Подошел к толстому, ленивому и важному швейцару. Крикнул:

— Вот это я понимаю!

Швейцар молча и презрительно покосился на него. Мошкин радостно захихикал. Сказал:

— Молодцы анархисты!

— Проваливай! — сердито крикнул швейцар. — Не проедайся.

Мошкин отошел. Вдруг стало страшно. Городовой стоял близко. Так резко выделялись его белые перчатки. Досадливо думал Мошкин:

"Вот бы вам бомбу сюда".

Швейцар сердито сплюнул вслед ему и отвернулся.

Мошкин долго ходил. В тестом часу зашел в ресторан среднего разбора. Сел к столу близ окна. Выпил водки, закусил анчоусами. Взял обед в семьдесят пять копеек. Пил "Шабли во льду". После обеда выпил ликеру. Слегка охмелел. Под звуки органа кружилась голова. Сдачи не взял. Ушел, слегка пошатываясь, и почтительно провожаемый швейцаром, — и швейцару сунул в руку двугривенный.

Посмотрел на свои никелированные часы, — был седьмой вначале. Пора. Как бы не опоздать! Не наняли бы другого! Стремительно пошагал в Измайловский полк.

Очень мешали:

разрытые мостовые;

оголтелые, вечно сонные извозчики на переходах через улицу;

прохожие, в особенности мужики и дамы:

встречные или не сторонились вовсе, или сторонились чаще влево, чем вправо, —

а те, кого приходилось обгонять, зачем-то шатались по тротуару, и не угадать было сразу, с какой стороны обгонять их;

нищие, — они и к нему приставали, —

и самый механизм хождения.

Так трудно одолевать пространство и время, когда торопишься! Земля точно присасывает к себе, каждый шаг покупаешь усилием и усталостью. До боли и ломоты в икрах. От этого возрастала злоба и усиливался голодный блеск в глазах.

Мошкин думал:

"Тарарахнуть бы все это к черту! Ко всем чертям!"

Наконец добрался.

Вот рота, а вот и дом No 78. Дом четырехэтажный, обшарпанный:

два подъезда, мрачные с виду; посередине — разинутая пасть ворот. Посмотрел таблички над подъездами, — первые номера, а No 57 нет, никого не видно. У ворот белая пуговка, и над нею на медяшке заросшая грязью надпись "к дворнику".

Нажал пуговку и вошел в пасть, поискать табличку жильцов. Но прежде чем достиг таблицы, уже навстречу ему шел дворник, очень внушительного вида и с черной бородой.

— А где квартира пятьдесят семь?

Мошкин спрашивал с небрежной манерой, заимствованной от того земского начальника, из-за которого "слетел" с места. Знал уже по опыту, что с дворниками надо говорить так-то и нельзя говорить вот так-то. Скитания по чужим подворотням и лестницам тоже придают человеку известный лоск.

Дворник спросил несколько подозрительно:

— А вам кого?

С простодушной небрежностью, растягивая слова, Мошкин отвечал:

— А я и сам не знаю. Я по объявлению. Получил письмо, а

кто пишет, не написано. Только адрес написали. Кто же там живет, в номере пятьдесят семь?

— Госпожа Энгельгардова, — сказал дворник.

— Энгельгардт? — переспросил Мошкин. Дворник повторил:

— Энгельгардова. Мошкин усмехнулся:

— Русификация?

— Елена Петровна, — отвечал дворник.

— Чертова перечница? — почему-то спросил Мошкин. Дворник ухмыльнулся:

— Нет-с, молодая барышня. По парадному пожалуйте, из ворот направо.

Да там над дверями табличка, только первые номера, — сказал Мошкин.

Дворник говорил:

— Нет, там и пятьдесят семь. В самом низу. Мошкин спрашивал:

— А чем она занимается? Есть у них какое-нибудь заведение? Школа? Или редакция?

Нет; оказалось, у госпожи Энгельгардовой не было ни школы, ни редакции.

— Живут своим капиталом, — пояснил дворник.

В квартире госпожи Энгельгардовой горничная очень деревенского вида провела его в гостиную направо от темной передней и просила подождать.

Ждал. Скучал и томился. Рассматривал вещи. Было нагорожено много мебели, — кресла, столы, стулья, ширмы, экраны, этажерки, столбики, на них бюсты, лампы, безделушки, на стенах зеркала, картины, литографии, часы, на окнах занавески, цветы. От всего этого было тесно, душно, темно. Мошкин шагал в тесноте по коврам. Со злобой смотрел на картины, на статуи.

"Тарарахнуть бы все это к черту! Ко всем чертям!" — думал Мошкин.

Но, когда хозяйка вдруг вошла, он спрятал свой голодный блеск, опустил глаза.

Она была молодая, румяная, высокая и, кажется, красивая. Шагала быстро и решительно, как хозяйка в деревне, и при этом неловко помахивала сильными, красивыми, белыми, голыми выше локтя, руками.

Подошла. Подала руку, — полувысоко, — хочешь, пожми, хочешь, поцелуй. Поцеловал. Нарочно, — со злости и для шутки. Быстро, громко чмокнул и зубом царапнул, — аж

154

дрогнула. Но ничего не сказала. Пошагала к дивану. Залезла за стол, засела на диван, а ему показала на кресло. Сел. Спросила:

— Это ваше объявление было вчера? Буркнул:

— Мое.

Подумал и сказал повежливее:

— Мое-с.

И стало досадно. И опять подумал:

"Тарарахнуть бы".

Говорила, — спрашивала, что он может, где он учился, где работал. Так осторожненько подходила, точно боялась раньше времени проговориться и надавать больше.

Оказалось, что хочет издавать журнал. Какой? Еще не решила. Какой-нибудь. Маленький. Ведет переговоры о покупке одного издания. О направлении журнала умолчала.

Он ей может понадобиться для конторы. Но так как в объявлении сказано — педагог, — то она думала, что он учил в гимназии.

Впрочем, если он может вести конторские книги...

Принимать подписку...

Вести переписку по делам конторы и редакции...

Получать деньги с почты...

Заделывать номера в бандероли...

Сдавать их на почту...

Держать корректуру...

Еще что-то...

И еще что-то...

Барышня говорила с полчаса. Довольно бестолково перечисляла разные обязанности.

— Для этих дел надо несколько человек, — сурово сказал Мошкин.

Барышня досадливо покраснела. По ее лицу пробежали жадные гримаски. Она сказала:

— Журнал маленький. Специальный. Для такого маленького предприятия если взять несколько, то им нечего будет делать. Усмехнулся. Согласился.

— Пожалуй, что и так. У вас не соскучишься. Спросил:

— А сколько времени я у вас буду занят ежедневно?

— Ну, часов с девяти утра, — это не поздно? — часов до семи вечера, — это не рано? Иногда, если спешная работа, можно и попозже посидеть или прийти в праздник, — ведь вы свободны?

— Сколько же вы думаете платить?

— Рублей восемнадцать в месяц вам будет достаточно? Подумал. Засмеялся.

— Мало-с.

— Больше двадцати двух не могу.

— Хорошо-с.

И с внезапным порывом злости встал, сунул руку в карман, вытащил оттуда ключ от своей квартиры и тихо, но решительно сказал:

— Руки вверх!

— Ах! — произнесла барышня и немедленно же подняла руки.

Она сидела на диване, очень бледная. Дрожала. Она была большая и сильная. А он — маленький и тощий.

Рукава ее одежды отвисли к плечам, и две протянутые вверх белые, голые руки казались толстыми, как ноги акробатки, упражняющейся дома. И видно было, что у нее хватит силы долго держать руки вверх. И сквозь испуг на ее лице пробивалось выражение значительности переживаемого.

Наслаждаясь ее смущением, Мошкин произнес медленно и внушительно:

— Только двинься! Только пикни! Подошел к картине.

— Сколько стоит?

— Двести двадцать, без рамы, — дрожащим голосом произнесла барышня.

Порылся в кармане, достал перочинный нож. Разрезал картину сверху вниз и справа налево.

— Ах! — вскрикнула барышня. Подошел к мраморной головке.

— Что стоит?

— Триста.

Ключом отбил ухо, оббил нос, щеки пооббил. Барышня тихонько ахала. И приятно было слушать ее тихое аханье.

Порвал еще несколько картин, порезал обивку кресел, сломал несколько хрупких вещичек.

Подошел в барышне. Крикнул:

— Лезь под диван! Исполнила.

— Лежи смирно, пока не придут. Не то бомбой тарарахну. Ушел. Никого не встретил ни в передней, ни на лестнице. У ворот стоял тот же дворник. Мошкич подошел к нему. Сказал:

— Что у вас барышня-то странная какая?

— А что?

— Да нехорошо себя ведет. Скандалит очень. Вы бы к ней пошли.

— Коли они не зовут, как же я могу?

— Ну, как знаете.

Ушел. Голодный блеск в его глазах тускнел. Мошкин долго

ходил по улицам. Тупо и медленно вспоминал эту гостиную, и разрезанные картины, и барышню под диваном.

Тусклые воды канала манили к себе. Скользящий свет заходящего солнца делал их поверхность красивой и печальной, как музыка безумного композитора. Такие были жесткие плиты набережной, и такие пыльные камни мостовой, и такие глупые и грязные шли навстречу дети! Все было замкнуто и враждебно.

А зеленовато-золотистая вода канала манила.

И погас, погас голодный блеск в глазах.

Так звучен был мгновенный всплеск воды.

И побежали, кольцо за кольцом, матово-черные кольца, разрезая зеленовато-золотистые воды канала.

Турандина

I

Начинающий юрист, помощник присяжного поверенного Петр Антонович Буланин, юноша лет тридцати, уже два года тому назад окончивший курс университета, жил летом на даче в семье своего двоюродного брата, учителя гимназии, филолога.

Прошлый год был для Петра Антоновича сравнительно счастлив, — ему удалось получить защиту по двум уголовным делам по назначению от суда и одно гражданское дело у мирового судьи по влечению сердца. Все три дела он блистательно выиграл: присяжные заседатели оправдали бедную швею, обливную серною кислотою лицо девушки, на которой хотел жениться ее любовник, и оправдали молодого человека, зарезавшего своего отца из жалости, потому что старик слишком усердно постился и от этого страдал; а мировой судья присудил взыскать полтораста рублей по векселю, так как дело было бесспорное, хотя ответчик и говорил, что деньги он отработал. За все эти дела гонорара получил Петр Антонович всего только пятнадцать рублей, — эти деньги дал ему держатель бесспорного векселя.

На такие деньги, понятно, жить нельзя, и Петру Антоновичу приходилось пока обходиться своими средствами, то есть получками от отца, занимавшего где-то в провинции довольно видное место. В суде же Петр Антонович пока довольствовался одною только славою.

Но слава еще не была очень громкая, и получки от отца были умеренные. Поэтому Петр Антонович бывал часто в элегическом настроении, смотрел на жизнь довольно пессимистически и пленял барышень красноречием, бледностью лица и томностью взглядов, а также сарказмами, расточаемыми по всякому удобному и неудобному поводу.

Однажды вечером, после быстро промчавшейся грозы, освежившей душный воздух, Петр Антонович вышел гулять один. По узким полевым дорожкам он забрался далеко от дома.

Перед ним раскрывалась очаровательная картина, осененная светло-голубым куполом неба с разбросанными на нем разорванными облаками, и озаренная неяркими, радостными лучами клонящегося к закату солнца. Тропинка, по которой он шел, вилась над высоким берегом неширокой, тихо льющейся по крутым изгибам русла реки; неглубокая вода в реке была прозрачна, и казалась отрадно-свежею и прохладною. Казалось, что стоит только войти в нее, и станешь вдруг обрадован простодушным счастьем, и сделаешься таким же легким, как те купающиеся в ней мальчишки, тела которых казались розовыми и необычайно гибкими.

Невдали от этой тропинки темнел радостный, успокоенный лес, а за рекою громадным полукругом тянулись равнины с раскиданными на них рощами и селами, и по ним змеились пыльно-серые ленточки дорог. Далеко по краям равнин загорались под огнем солнечных лучей золотые звездочки, кресты далеких церквей и колоколен.

Все кругом было радостно, наивно и свежо. А Петру Антоновичу было грустно. Ему казалось, что от этой прелести, которая окружает его, грусть становится еще острее, — как будто кто-то коварный и недобрый искушал его сердце, раскрывая перед ним в таком очаровательном виде всю прелесть земную.

Петр Антонович думал, что эта зримая прелесть, все это очарование взоров, вся эта нежнейшая сладость, легко льющаяся в его молодую, широко дышащую грудь, все это — лишь златотканый покров, наброшенный враждебною людям искусительницей, чтобы скрыть от простодушных взоров под личиною прелести нечисть, несовершенство и зло природы. Эта жизнь, нарядившаяся так красиво, обвеявшая себя такими ароматами, на самом деле была, думал Петр Антонович, только скучною прозой, тяжко скованною цепью причин и следствий, тягостным рабством, от которого не спастись человеку.

От этих дум становилось Петру Антоновичу порою так тоскливо, словно в груди его просыпалась душа древнего зверя, жалобно скулящего по ночам у околиц. И думал Петр Антонович:

"Хоть бы сказка вошла когда-нибудь в жизнь, хоть бы на короткое время расстроила она размеренный ход предопределенных событий! Сказка, сотворенная своенравным хотением человека, плененного жизнью и не мирящегося со своим пленом — милая сказка, где ты?".

Петр Антонович вспомнил прочитанную им вчера в журнале министерства народного просвещения статью, из которой ему особенно почему-то запомнилось в коротких словах пересказанное предание о лесной волшебнице Турандине. Она влюбилась в пастуха, оставила для него свою очарованную родину, и прожила с ним несколько счастливых

159

лет, пока не призвали ее таинственные лесные голоса. Ушла, — но счастливые годы остались в благодарной памяти человека.

Хоть бы несколько лет сказки, хоть бы несколько дней!

Сладостно размечтавшись, Петр Антонович воскликнул:

— Турандина, где ты?

II

Солнце склонилось низко. Тишина упали на окрестные поля. Ближний лес был тих. Ни одного звука не доносилось ниоткуда, и воздух был недвижен, и трава, усеянная матовыми каплями, не двигалась.

Был тот миг, когда исполняются желания человека, миг для каждого человека, быть может, единственный в жизни. Во всем, что было вокруг, чувствовалось напряженное ожидание.

Петр Антонович остановился, вгляделся в светлую мглу перед собою, и повторил:

— Турандина, где ты?

И, очарованный странным впечатлением тишины, как бы потерявший всю свою, отдельную от общей жизни, волю, как бы сливаясь с великою общею волею, он сказал с великою силою и с великою властью, как только однажды в жизни дано говорить человеку:

— Турандина, приди!

Тихий и радостный голос ответил ему:

— Я здесь.

Петр Антонович вздрогнул, оглянулся. Все вокруг опять было обыкновенно, и душа Петра Антоновича опять стала обычною, отдельною от мирового процесса душою маленького человека, такого же человека, как и мы все, живущие в днях и в часах. А перед ним стояла та, кого он звал.

Это была прекрасная девушка с узким золотым венчиком на лбу, одетая в легкую, недлинную белую одежду. Ее косы, распустившиеся по плечам и упавшие ниже пояса, были так светлы, словно они были пропитаны пламенным солнцем. Ее глаза, устремленные прямо на молодого юриста, были так сини, словно в них открывалось небо, более чистое и более светлое, чем наши земные небеса. Ее лицо было так правильно, и так были стройны ее руки и ноги, и такое совершенное под складками ее одежды угадывалось тело, как будто вся она была воплощенным каноном девственной красоты. Она была бы подобна небесному ангелу, если бы ее тяжелые, черные брови не срослись над переносьем, обнаруживая в ней колдунью, и если бы цвет ее кожи не был смуглым, как бы облелеянный солнцем знойного лета.

Петр Антонович в удивлении молчал и глядел на странную девушку. Она сказала ему:

— Ты звал меня, и я к тебе пришла. Ты позвал меня вовремя, как раз тогда, когда мне понадобился приют среди людей. Ты возьмешь меня, и введешь в свой дом. А у меня нет ничего, кроме этого венца на голове, этой одежды на плечах и этой сумки в руках.

Она говорила тихо, так тихо, что звуки ее голоса не заглушили бы и легчайшего здешнего шума. Но и так явственно говорила она, и так вкрадчиво лились звуки ее голоса, что и самый невнимательный человек не проронил бы ни одного звука из ее нежно-звенящей речи.

Когда она заговорила о том, что она принесла с собою, об этих трех ее вещах, Петр Антонович увидел в ее руках мешок из красной кожи, верхний край которого стянут золотым шнурком, — очень простой и очень красивый мешок, немножко похожий на те мешочки, в которых дамы носят в театры бинокли. Петр Антонович спросил:

— Кто же ты? Она ответила ему:

— Я — Турандина, дочь короля Турандоне. Мой отец очень любит меня. Но я сделала то, чего не следовало мне делать, — из простого любопытства я открыла будущее человеку. За это отец разгневался на меня и изгнал меня из своей страны. Будет день, мой отец простит меня, и я к нему вернусь. Но теперь я должна жить среди людей и мне даны вот только эти три вещи: золотой венец — знак моего происхождения, белая сорочка — мой бедный покров, и этот мешок, где лежит все, что мне понадобится. Хорошо, что я встретила тебя. Ты — тот человек, который защищает впавших в несчастье и заботится о том, чтобы среди людей торжествовала правда. Возьми меня к себе, и ты об этом не пожалеешь.

Петр Антонович не знал, что ему думать и что говорить. Одно было несомненно, что эту девушку, одетую так легко, говорящую такие странные слова, необходимо было приютить, потому что оставить ее одну далеко от человеческих домов было невозможно.

Петр Антонович догадывался, что это, может быть, какая-то беглянка, скрывающая свое настоящее имя и плетущая о себе небылицы. Может быть, она убежала из сумасшедшего дома, а может быть, просто от родителей.

Впрочем, ничто в ее лице и в ее наружности, кроме костюма и слов, не намекало на безумие. Она была тиха и спокойна. Если она назвала себя Турандиною, то это могло быть потому, что она слышала, как это имя он произносил; историю же о Турандине она могла прочитать в какой-нибудь книге.

III

Сообразив все это, Петр Антонович сказал прекрасной незнакомке:

— Хорошо, милая барышня, я приведу вас к себе домой. Но я должен вас предупредить, что я живу в семье моего двоюродного брата, и потому советовал бы вам назвать свое настоящее имя. Я боюсь, что мои родные никак не поверят в то, что вы — дочь короля Турандоне. Такого короля в настоящее время, насколько мне известно, нет.

Турандина улыбнулась. Сказала:

— Я говорю правду. Мне все равно, поверят или не поверят мне твои родные. Мне достаточно, чтобы ты мне поверил. И если ты мне поверишь, ты меня защитишь от всякого злого человека и от всякого несчастия, — ты ведь и есть человек, который избрал своим призванием стоять за правду и защищать слабых.

Петр Антонович пожал плечами.

— Если вы настаиваете на своем, — сказал он, — то я умываю руки, и слагаю с себя ответственность за возможные последствия. Конечно, я возьму вас к себе, пока вы не найдете более верного приюта, & окажу вам всякую помощь и поддержку. Но, как юрист, я очень настойчиво советовал бы вам не скрывать своего имени и звания.

Турандина с улыбкою слушала его. Когда он кончил, она сказала:

— Ты ни о чем не заботься, все будет хорошо. Ты увидишь, я принесу тебе счастье, если ты будешь со мною ласков. И не говори мне так много о моем настоящем имени и звании, — я тебе сказала правду. Больше сказать тебе не могу, — не ведено мне говорить все. Веди же меня к себе. Солнце заходит, я пришла издалека, и хочу отдохнуть.

Петр Антонович поспешно сказал:

— Ах, извините, пожалуйста. Пойдемте. Очень жаль, что здесь такое уединенное место, — нельзя найти извозчика.

Петр Антонович быстро пошел по направлению к дому. Турандина шла рядом с ним. Походка ее была легкая, и незаметно было, что она устала. Казалось, что ее ноги едва касаются до жесткой глины, острых камешков и влажных трав, и что омытая дождем дорожка не пачкает стопы легких ног.

Когда уже над высоким берегом реки показались первые дачные домики, Петр Антонович беспокойно посмотрел на Турандину, и заговорил с некоторою неловкостью в тоне голоса:

— Извините, пожалуйста, милая барышня... Турандина посмотрела на него, слегка нахмурила брови, и, перебивая его, сказала с укором:

— Разве ты забыл, как меня зовут, и кто я! Я — Турандина. Я — не милая барышня, а дочь короля Турандоне. Петр Антонович почему-то смутился и забормотал:

— Извините, пожалуйста, мадмуазель Турандина, — очень красивое имя, хотя совершенно не употребительное у нас. Но я хотел сказать вам следующее.

Опять Турандина перебила его, и сказала:

— Говори не нам, а мне. Мои оставили меня, и я здесь одна. Не говори со мною, как с одною из знакомых тебе барышень. Говори мне ты, как должен говорить верный рыцарь своей прекрасной даме.

Петр Антонович почувствовал в словах Турандины такую настойчивую силу, что не мог не повиноваться ей. И когда он, обратясь к своей спутнице, в первый раз назвал ее Турандиною и первый раз сказал ей ты, он вдруг почувствовал себя легко и просто с нею. Он говорил:

— Турандина, неужели у тебя нет с собою какой-нибудь одежды? Если ты придешь в дом моего брата в этой легкой сорочке, то мои родные будут шокированы этим.

Турандина улыбнулась и сказала:

— Не знаю. Разве этой одежды мало? Мне сказали, что в этом мешке лежит все, что мне может понадобиться среди людей. Вот возьми, посмотри сам, — может быть, ты и найдешь там то, что хочешь.

С этими словами она протянула Петру Антоновичу свой мешок. Растягивая на тугом шнурке его верхнее отверстие, Петр Антонович думал:

"Хорошо, если догадались положить туда хоть какое-нибудь легкое платье".

Он опустил руку в мешок, нащупал там что-то мягкое, и

вытащил небольшой сверток, — такой небольшой, что он мог бы весь поместиться в сжатой руке Турандины. Когда же Петр Антонович развернул этот сверток, то оказалось, что это было именно то самое, чего он хотел, — платье точь-в-точь такого покроя, о котором он сейчас подумал, потому что видел его на днях на одной знакомой барышне.

Петр Антонович помог Турандине надеть это платье и застегнул его на ней, — конечно, оно застегивалось сзади.

— Теперь хорошо? — спросила Турандина.

Петр Антонович с некоторым сожалением посмотрел на мешок. Конечно, в таком небольшом мешке не могло быть башмаков. Но все-таки Петр Антонович опять опустил туда руку, думая:

"Хоть бы сандалии нашлись".

Он нащупал какие-то ремешки и вытащил пару маленьких золоченых сандалий. Тогда он вытер травою ноги Турандины, надел на них сандалии, и затянул их ремешки.

— Теперь хорошо? — опять спросила Турандина. В голосе ее была покорность, и по лицу ее видел Петр Антонович,

что она готова исполнить все, что он велит; ему стало радостно. Он

сказал:

— Да, шляпу можно после.

IV

Так в жизнь человека вошла сказка. Конечно, жизнь молодого юриста оказалась совершенно не приспособленною для принятия сказки. Родные молодого юриста с полным недоверием отнеслись к рассказу странной гостьи, да и сам Петр Антонович долго не мог ему поверить. Долго он добивался у Турандины ее настоящего, по его мнению, имени: пускался на разные хитрости, чтобы поймать ее на словах и доказать ей, что она говорит неправду. Турандина никогда не сердилась на его упорство и на его подходы. Она улыбалась светло и простодушно, и терпеливо повторяла каждый раз одно и то же:

— Я сказала тебе правду.

— Где же находится та страна, где царствует король Турандоне? — спрашивал Петр Антонович.

— Далеко отсюда, — говорила Турандина, — а если хочешь,

то и близко. Из вас никто туда войти не может. Только мы, рожденные в чародейной стране короля Турандоне, можем войти в этот очарованный край.

— А ты можешь показать мне туда дорогу? — спрашивал Петр Антонович.

— Не могу, — отвечала Турандина.

— А сама можешь вернуться туда? — спрашивал Петр Антонович.

— Теперь не могу, — отвечала Турандина, — а когда позовут меня, вернусь.

Не было ни грусти в ее словах и на ее лице, ни радости, когда она говорила о своем изгнании из чародейной страны и о своем возвращении туда. Голос Турандины звучал всегда ровно и спокойно. Она глядела на все любопытными глазами, как будто видела все в первый раз, но любопытство ее было спокойное, как будто она легко ко всему привыкала и легко узнавала все, что являлось ей. Узнав что-нибудь однажды, уже потом она не ошибалась и не путала. Все правила обихода, которые сказали ей люди, или которые сама она подметила, выполняла она легко и просто, как будто привычные ей с детства. Имена и лица людей запоминала она с первой встречи.

Турандина ни с кем не спорила, и никогда не говорила неправды. Когда ей советовали сказать обычную в светском мире неправду, она покачивала головою, и произносила странные слова:

— Нельзя сказать неправду. Земля все слышит.

Дома и в людях она вела себя с таким достоинством и с такою любезною приветливостью, что тот, кто способен был поверить в сказку, не мог не поверить тому, что перед ним стоит прекрасная принцесса, дочь мудрого, великого короля.

Но жизнь, которою жил молодой юрист и все его близкие и родные, трудно мирилась со сказкою. Боролась с нею, ставила ей всяческие ловушки.

V

Когда Турандина прожила несколько дней в семье филолога, пришел в кухню урядник, и сказал кухарке:

— Тут у вас, сказывают, барышня гостит чужая, так прописать надо.

Кухарка сказала жене филолога, жена своему мужу,

филолог Петру Антоновичу, а Петр Антонович пошел к Турандине, которая сидела на террасе и читала с большим удовольствием.

— Турандина, — сказал Петр Антонович, — пришел урядник, требует твой паспорт, говорит, что тебя прописать надо.

Турандина очень внимательно выслушала Петра Антоновича. Спросила:

— Что такое паспорт?

— Это, видишь ли, Турандина, — объяснил Петр Антонович, — вид на жительство. Такая бумага, в которой обозначено твое имя, фамилия, звание, возраст. Без такой бумаги нигде нельзя жить.

— Если это надо, — спокойно сказал Турандина, — то это, должно быть, есть в моем мешке. Вот он лежит, — возьми, посмотри, нет ли в нем этого вида на жительство.

И точно, в чудном мешке нашелся вид на жительство, маленькая в шагреневой коричневой обложке бессрочная паспортная книжка, выданная из астраханского губернского правления на имя княжны Тамары Тимофеевны Турандоне, девицы, семнадцати лет. Все было по форме, печать, подпись чиновника, собственноручная подпись княжны Тамары Турандоне, казенный номер, — все, как во всех паспортных книжках.

Петр Антонович улыбаясь смотрел на Турандину.

— Так вот ты кто! — сказал он — Ты — княжна, и зовут тебя Тамарою.

Турандина отрицательно покачала головою.

— Нет, — сказала она, — меня никогда не звали Тамарою. Эта книжка говорит неправду, — она для твоего урядника и для всех тех, кто правды не знает и знать не может. А я — Турандина, дочь короля Турандоне. Живя среди людей, уже успела я увидеть, что правды они не хотят. Впрочем, об этой книжке я ничего не знаю. Кто положил ее мне в мешок, тот знал, что она мне понадобится. Верить же ты должен только моим словам.

Книжку прописали, чужие стали звать Турандину княжною или Тамарою Тимофеевною, а для своих она осталась Турандиною.

166

VI

Для своих, — потому что сказка вошла в жизнь, и все было, как полагается быть в сказке, и как бывает и в жизни: Петр Антонович полюбил Турандину, Турандина полюбила молодого юриста. Он решил повенчаться с нею, и родные молодого юриста слабо спорили с ним.

Говорили филолог и его жена:

— Несмотря на свое таинственное происхождение и на упорное молчание о своих родных, твоя Турандина — очень милая девушка, красивая, умная, весьма тактичная, добрая, прекрасно воспитанная, словом, обладает всеми качествами. Но ведь ты-то подумай, — у тебя денег нет, да и у нее тоже.

— На эти полтораста от отца жить в Петербурге будет трудно вдвоем.

— Особенно с княжною.

— При всех своих прекрасных качествах она все-таки, надо думать, привыкла к хорошей жизни.

— У нее нежные, маленькие ручки. Правда, она ведет себя очень скромно, и ты говоришь, что, когда ты ее встретил, она шла босая и в одной сорочке, но ведь мы не знаем, каких костюмов захочется ей в городе.

Петр Антонович сначала призадумался, было. Потом воспоминание о платье, вынутом из мешка Турандины, навело его на смелую мысль. Он засмеялся и сказал:

— В Турандиночкином мешочке нашлось для нее домашнее платьице. Кто знает, порыться хорошенько, может быть, и бальный туалет найдется.

Жена филолога, милая молодая дама с большими хозяйственными способностями, сказала:

— Лучше бы там деньги нашлись. Хоть бы рублей пятьсот было, хоть бы кое-какое приданое ей сшить. Петр Антонович смеясь говорил:

— Найдется и пятьсот тысяч, — приданое принцессы. Жена филолога засмеялась и сказала:

— Размечтался! Довольно с тебя и ста тысяч. В это время из сада на террасу, где шел этот разговор, тихо поднималась Турандина. Увидя ее, сказал Петр Антонович:

— Турандиночка, покажи-ка свой мешок, нет ли в нем ста тысяч. Турандина протянула ему свой мешок, и сказала:

— Если надо, там есть.

Петр Антонович опять опустил руку в мешок, и вытащил оттуда пачку крупных кредитных бумажек. Стали считать, — но и без счета было видно, что денег много.

VII

Вошла сказка в жизнь молодого юриста. Хотя и не приспособлена была жизнь к принятию сказки, но кое-как дала сказке место. Купила сказка место в жизни, — очарованием своим и сокровищами волшебного мешка.

Женился молодой юрист на Турандине. Родила ему Турандина сына. Потом родила дочь. Сын был похож на мать, и вырастал мечтательным, нежным ребенком. Дочь была похожа на отца, и вырастала веселою, рассудительною девочкою.

Шли годы. Каждое лето, когда был самый длинный день, странная печаль овладевала Турандиною. Перед полуднем она уходила из дому, и стояла на опушке леса, прислушиваясь к лесным голосам. Потом медленно и печально возвращалась домой.

И вот однажды, стоя в полдень у опушки леса, услышала Турандина громкий зов:

— Турандина, приходи. Турандоне тебя простил. Ушла Турандина, и не вернулась. В это время ее сыну было семь лет, а ее дочери пять лет.

Ушла из жизни сказка, и не вернулась. Но сын Турандины не забыл своей матери.

Иногда он уходил от людей далеко. Когда он возвращался к людям, на лице его было такое выражение, что жена филолога тихо говорила мужу:

— Он был у Турандины.

Звериный быт

I

Подобно тому, как в природе кое-где встречаются места безнадежно унылые, как иногда восходят на земных просторах растения безуханные, не радующие глаз, — так и среди людских существовании бывают такие, которые как бы заранее обречены кем-то недобрым и враждебным человеку на тоску и на печаль бытия. Будет ли виною тому какой-нибудь телесный недостаток, иногда совершенно незаметный для света, да зачастую забываемый и самим обладателем этого недостатка, плохое зрение, слабые легкие, маленькая неправильность в строении какого-нибудь органа, или что-нибудь иное, — или слишком нежная, слишком восприимчивая ко всем впечатлениям душа с самого начала своего сознательного бытия поражена была почти смертельно какими-нибудь безобразными, грубыми выходками жизни, — как бы то ни было, вся жизнь таких людей является сплошною цепью томлений, иногда с трудом скрываемых.

Кто из людей, знающих свет, не встречал таких людей, и кто не удивлялся их странной, капризной неуравновешенности!

Такою обреченною всегда томиться душою обладал некий петербуржец, Алексей Григорьевич Курганов. Один из многих.

Жизнь его с внешней стороны складывалась очень удачно. Раннее детство его протекало на лоне природы, в прекрасном, благоустроенном имении его родителей, расположенном в живописной местности средней России. Первые впечатления бытия были ему радостны, леса, поля и реки раскрывали перед ним много интересного, и люди вокруг были очень занятные. Воспитывали его тщательно, даже не слишком уж дурно, хотя и сообразно с неподвижными традициями хорошего дворянского рода.

Учился Алексей Григорьевич хорошо, нигде в классах не засиживался. В деньгах он никогда особенно не нуждался, — родители давали ему всегда ровно столько денег, сколько ему было нужно. Потом они умерли как-то очень вовремя, не слишком рано, но и не слишком поздно, и оставили ему приличные средства.

Когда Алексей Григорьевич сделался самостоятельным, его

хорошие связи и знакомства всегда помогали ему очень недурно устраиваться. Он служил на видных, но совершенно спокойных местах, дававших ему порядочное жалованье и немало досуга.

Казенная служба скоро перестала нравиться Алексею Григорьевичу, — да ему и ничто не нравилось долго, — и тогда он некоторое время служил по выборам. Потом он устроился очень хорошо в правлении одного видного и крупного предприятия. Здесь он получал большое жалованье, играл удачно, хотя и осторожно, на бирже и выигрывал на скачках и на бегах, — помогали и счастье, и холодный расчет.

Когда Алексею Григорьевичу минуло двадцать восемь лет, он женился по любви на дочери видного земского деятеля, Шурочке Нерадовой. Шурочка была очаровательна и принесла ему прекрасное приданое. В Шурочкином нежном и задумчивом лице было что-то, что напоминало лучшие портреты Генсборо. Шурочка очень мило пела, недурно играла на рояли, любила читать стихи новых поэтов, особенно французских, и обладала изысканным, тонким вкусом. Туалеты Шурочкины были превосходны, и она ухитрялась тратить на них не слишком много, чем немало гордилась. Со своею милою Шурочкою Алексей Григорьевич чувствовал себя на верху блаженства, а в обществе был горд женою. Только порою грустные Шурочкины глаза, остановившись на нем с неизъяснимым выражением, наводили на него смутный страх, и он старался разогнать его усиленной веселостью. А поездками в те места, где люди хотят веселиться, он пытался заставить Шурочку улыбаться и смеяться, как улыбаются и смеются другие веселящиеся дамы. И Шурочка улыбалась, — ей было весело.

Через два года Шурочка родила Алексею Григорьевичу сына, веселого, здорового мальчика. Она сама выкормила его. Когда он стал подрастать, было заметно, что он больше похож на мать, чем на отца.

Вот, все внешние признаки благополучия были налицо. Вся жизнь Алексея Григорьевича, казалось, идет легко и приятно, как сон в летний полдень. И все же...

II

Еще в детстве как-то болезненно и памятно чувствовались мелкие обиды, которые судьба не устает причинять даже и тем, к кому она, по-видимому, так благосклонна. Всякая несправедливость и неправда больно поражали впечатлительного мальчика. Его родители были не совсем довольны этою чрезмерною и часто неудобною чуткостью. Но они надеялись, что с годами это пройдет и что их сын будет как все. Порода и воспитание должны же сказаться.

Тогда еще он не знал, а потом, узнавши, не мог помириться с тем, что несправедливость и неправда очень удобны для людей, а справедливость и правду надобно еще создавать, — нет их в земной природе. Горько было ему узнать, что не лгать не могут люди, что ложью держится их жизнь, а правда разрушает ее.

Слишком рано пришлось Алексею Григорьевичу, — и слишком часто, — жалеть людей или презирать их, слишком "часто, так что для любви к ним уже и немного осталось сил в его сердце.

С казенной службы ушел Алексей Григорьевич потому, что его заставили сделать что-то, совсем не согласное с законом, но очень выгодное для влиятельного лица.

Знакомые дивились щепетильности Алексея Григорьевича. Говорили ему:

— Зачем вы это делаете? Для чего? Вам-то что за дело? Ведь вы — только исполнитель. Отвечает за это ваш начальник. И другие говорили:

— Все равно, вы ровно ничего этим не достигнете. Не вы, так другой это сделает. Вы только себе карьеру испортите.

Алексей Григорьевич молча улыбнулся. Он уже тогда знал, что спорить с людьми бесполезно. Но и с ним спорить было бесполезно также. Для себя самого он навсегда решился не делать лишних уступок злу и безобразию грубой жизни.

Служба по выборам сначала понравилась Алексею Григорьевичу очень. Ему казалось, что здесь можно многое сделать для народа, для приближения народной жизни к европейским нормам благополучия и культурности.

Скоро Алексей Григорьевич во всем этом разочаровался навсегда. Он точно с неба упал, когда познакомился с теми махинациями и интригами, которые беззастенчиво практиковались здесь. И отсюда он ушел.

Служба в коммерческом деле, откровенно преследующем

цели личного обогащения, оказывалась пока самым чистым делом. Пока, конечно. Скоро Алексей Григорьевич разочаруется и в этом деле и покинет и эту службу.

III

Однажды Алексей Григорьевич сидел у себя в кабинете за какой-то работой. Он считал эту работу спешной, хотя никто особенно не был озабочен ее скорым окончанием.

Вдруг Алексей Григорьевич услышал из гостиной легкий кашель. Он удивился.

"Кто же это?", — подумал он.

Он знал, что никого чужого в доме нет и что Шурочка одна.

Кашель повторился. Алексей Григорьевич обеспокоился. Он поспешно вышел в гостиную. Так и есть, — кашляла Шурочка.

Алексей Григорьевич, подходя к жене и с тревогою глядя на нее, спрашивал:

— Шурочка, ты простудилась? Где ты простудилась?

Шурочка спокойно смотрела на Алексея Григорьевича. Она закрывала рот тонким маленьким платком, от которого нежно и слабо пахло ее любимыми духами, кигризом. В ее глазах было какое-то удивительное выражение, которого еще никогда не видел в них Алексей Григорьевич. То спокойствие, которое пугает прежде, чем поймешь причину своего испуга. Алексей Григорьевич сел рядом с Шурочкой. Он ласково вынул из ее рук платок. По самой середине маленькой батистовой тряпочки краснелось крохотное пятнышко.

Алексей Григорьевич растерянно переводил глаза с красненького пятнышка среди платка на спокойное, только чуть-чуть побледневшее Шурочкино лицо. Он не знал, что сказать. Мысли его были спутанные и обрывочные.

Было ясно в комнате и тихо, и лампы горели по-зимнему, и камин тихонько трещал, бросая на ковер красноватый свет. В соседней комнате, в столовой, легонько позвякивали чайные ложки в руках расторопной горничной Даши.

Шурочка заговорила негромко:

— Алексей, но разве же ты не знал, что я скоро умру?

Алексей Григорьевич, чувствуя внезапный жар во всем теле, воскликнул:

— Шурочка, бог с тобою! Разве можно говорить такие

слова! Ты должна жить долго, долго. Тебе надобно серьезно полечиться, — и все это пройдет.

Шурочка покачала головой. Глаза ее были такие большие, такие печальные, а лицо у нее было спокойное. В эту минуту она казалась слишком красивой, — словно уже неживая, словно она была только мечтой вдохновенного художника, только вечным созданием совершенного и мудрого искусства, вознесенным над жизнью.

Но кто же этот художник, создающий, чтобы разрушить?

Шурочка спокойно сказала:

— Нет, я с детства чувствовала, что мне долго не прожить. Я никогда не могла так играть и так много бегать, как мои подруги. Даже пение меня всегда утомляло. У меня всегда была слабая грудь.

И, помолчав немного, Шурочка продолжала:

— Я — нехорошая. Мне бы не следовало выходить за тебя. Если я рано умру, я знаю, это будет для тебя таким большим горем. Но мне так хотелось счастья! И с тобою все эти годы я была так счастлива!

Она прижалась к плечу Алексея Григорьевича. Такая счастливая была на ее нежных губах улыбка, что Алексей Григорьевич подумал

"Ничего нет серьезного, — одно воображение. Все пройдет, только полечить Шурочку надобно хорошенечко. Поправится Шурочка, и опять все будет хорошо".

Но что-то против его воли настойчиво говорило ему, что Шурочка не поправится, что Шурочка умрет скоро и что дом его будет пуст.

IV

Алексей Григорьевич принялся усердно лечить Шурочку. Врачи утешали его. Они брали гонорар и говорили беззаботно:

— Ничего нет опасного. Самое обычное явление. Пока пропишу микстурку, а самое главное — климатическое лечение. И больше ничего. Будьте спокойны. Волноваться нет ни малейшей причины.

Один врач, другой, третий, и еще, и еще, и здесь, и там, и в ином месте, — много перевидали врачей. И Алексей Григорьевич уже не мог поверить врачам. Да они об этом и не заботились. Лечение указано согласно науке, — чего же больше!

А Шурочка была совершенно спокойна и даже весела. Заботы о ней Алексея Григорьевича, видимо, доставляли ей удовольствие, и она смотрела на мужа благодарными глазами. Ей нравилось лежать на широких террасах элегантных санаториев, дышать редким горным воздухом, смотреть на снеговые вершины невозмутимо спокойных гор, слушать легкий плеск горного озера, похожий на лепечущий разговор каких-то мечтательных, очаровательных нежитей.

Шурочка часто говорила:

— Я — счастливая. Разве этого мало? Разве же надобно, чтобы счастье человеческое продолжалось долго, долго, пока не надоест? Конечно, нет. Я — счастливая, и больше мне ничего и не надобно.

Когда Алексей Григорьевич слушал эти слова, ему хотелось плакать, — от любви, от нежности, от жалости к Шурочке, к себе, ко всем умирающим, ко всем переживающим смерть близких сердцу.

V

Климатическое лечение не помогло. Шурочка приметно с каждым днем угасала.

Был ясный день. Снежные горы белели вдали, похожие на красивую сказку, — безоблачное, синело небо, — легкий плеск озера был слышен в долине, плеск ласковый и веселый, — от зеленеющих молодо и весело деревьев ложились темные, отрадные тени, — птицы проносились высоко, высоко, легкие, свободные. Так все было спокойно и невозмутимо, как может быть только в мирной ограде земного рая или разве еще только в стране бережливых, аккуратных фермеров и рантьеров, так же уверенных в прочности своего благополучия, как уверены небесные ангелы в бесконечной невозмутимости их блаженства.

Шурочка сидела в саду. Тихая задумчивость баюкала ее. Она перебирала в памяти своей те радости, из которых составлена была ее жизнь. Вспоминала ясное милое детство, — пору вешних мечтаний, — время сладкой влюбленности, — жизнь с нежно любимым мужем, — рождение сына. Все было хорошо, все радовало ее.

Только дышать было трудно. И совсем не было сил. Пройдет Шурочка несколько шагов, — и уже устала.

И вот скоро, стало быть, конец? Как же так?

Всю жизнь Шурочка думала, что умрет рано, и не боялась смерти ничуть. Даже немножко кокетничала сама с собой тем, что умрет молодая. Но когда стало близким то, чего она ожидала всегда, стала дивить ее эта готовящаяся таинственная перемена, потом печалить, и наконец уже ей стало страшно. Обидно было думать, что ее тело, привыкшее к нежным удобствам, к изысканным нарядам, зароют в черную яму.

Алексей Григорьевич подошел к Шурочке. Она сказала:

— Я умираю.

Ее глаза были широко открыты и неподвижно глядели на Алексея Григорьевича. Было в них выражение человека, который смотрит на то неведомое, что он уже перестал бояться, но от чего уже никогда не отведет взора.

— Полно, Шурочка, мы еще поживем, — сказал Алексей Григорьевич, пытаясь легким тоном этих слов успокоить ее. Шурочка слегка нахмурила тонкие брови. Сказала:

— Как же я могу жить, если у меня легкие разваливаются? И заплакала тихо.

Алексей Григорьевич, бледный и растерянный, стоял перед нею и не знал, что сказать.

VI

Потянулись для Алексея Григорьевича дни тупого отчаяния. Обострились эти ощущения, так памятные еще из детства, — тоска навстречу новому дню, так часто омрачавшая его утра, — и радостное облегчение, когда приближались ночь и сон, милое подобие утешительной смерти.

Ожидание Шурочкиной смерти претворялось иногда в страстное желание, чтобы смерть эта пришла скорее. Так было тяжело ждать, и так томилась бедная Шурочка. И так как Алексей Григорьевич любил правду человеческого чувства и ненавидел людские притворства, то и себя он не упрекал за это жестокое желание. Даже, может быть, если бы он с Шурочкою был один в пустыне, он бы сам убил ее, чтобы сделать смерть ее радостной и свободной. Перед смертью Шурочка улыбнулась бы ему кротко и посмотрела бы на него благодарными глазами.

Но люди злы: они убивают только тогда, когда ненавидят.

И вот настал день, — Шурочка умерла.

Хлопоты с перевозом тела на родину развлекли Алексея Григорьевича. Он не рыдал над милым прахом, как рыдают другие. Его близкие и родные не опасались за то, что он в порыве горя лишит себя жизни. Он был спокоен. Посторонним казалось, что он даже слишком спокоен.

Шурочкина смерть осталась в его сердце навсегда, — горем не возрастающим и незабываемым. Как бы частью его души, неизменной атмосферой его бытия. Через много лет в душе его повторялись все те же тихие Шурочкины слова:

— Я умираю.

И душа его трепетала от боли, которой не видел никто.

VII

Прошло несколько лет. Алексею Григорьевичу было сорок два года и его Грише — двенадцать лет. Алексей Григорьевич был директором правления в одном крупном предприятии. Но уже эта деятельность утомила и разочаровала его, и он думал все чаще о том, чтобы оставить ее. И все чаще приходило к нему желание переменить жизнь. Грустные Шурочкины взоры говорили ему о тоске и о тщете этой скучной жизни в городе. Все темнее, все томительнее волновала его женщина города, это странное существо, созданное современным Содомом и стремящееся стать подобием парижанки, по-видимому, пустой, ничтожной и лживой, но в глубине своей непомерно искренней и подлинной, а потому всемирной, как чрезмерно искренним и потому всемирным становится все, исходящее из милого и страшного Парижа. И так колебался он между двумя влияниями, — жены отошедшей, тихой, зовущей к успокоению, — и жены чаемой, зовущей к жизни шумной, торопливой, широкой.

Но жизнь в городе становилась ненавистна ему, потому что все яснее представлялось, что в городе наших дней, великолепном Содоме, возрождается древний зверь и хочет властвовать. Все то жестокое, что свершалось в стране, шло отсюда. А в стране нашей в то время свершалось много жестокого.

Если было счастье в жизни Алексея Григорьевича, то оно было только в жизни его сына, в заботах о нем каждый день, и в одной великой заботе о том, чтобы Гриша был лучше своих предков, чтобы он жил для достойной жизни, свободный, чистый, смелый. Когда летом в деревне смотрел Алексей Григорьевич на обласканное ярким светом среди песков и трав, стремительное, сильное Гришине тело, — когда в городской квартире слышал он на паркетах комнат быстрый бег босых Гришиных ног, — то ему казалось, что нет большего счастья, как то, чтобы стать двенадцатилетним не боящимся и не стыдящимся отроком.

VIII

Была середина зимы. День праздничный, ясный, морозный смотрел в широкие и высокие окна кабинета Алексея Григорьевича. Белая снежная пелена зимней мостовой делала красивой эту тихую городскую улицу с рядом старавшихся быть пышными и богатыми домов, где жили в лицевых квартирах люди, тратящие много, а в квартирах во дворе, тесных, темных, неудобных, ютились те странные люди, которым нравилось сознание, что и они живут на аристократической улице.

Алексей Григорьевич был дома один. Он только что кончил завтрак. Никуда не собирался, никого к себе не ждал. Сидел в своем кабинете, удобно прижавшись к углу дивана, подобрав под себя ноги в легких лакированных ботинках. Внимательно читал новую книгу о многообразии религиозного опыта. Раздался тихий стук в дверь.

— Войдите! — сказал Алексей Григорьевич, с некоторой досадой отрываясь от книги.

Не то чтобы книга очень интересовала его, — но ему сейчас не хотелось видеть людей, говорить с ними, — тягостное утомление жизнью в этом холодном, темном городе владело им.

Бесшумно открылась дверь. Колыхнув складки тяжелой темно-синей портьеры, гармонировавшей своим спокойным цветом с синими стенами кабинета, вошла горничная Наташа, молодая быстроглазая девушка. Тихо по темно-синему сукну, затянувшему пол кабинета, она неторопливо подошла к дивану, где сидел Алексей Григорьевич, подала ему карточку и очень тихо сказала:

— Просят, чтобы вы их приняли. Говорят, что они по очень важному делу и что им необходимо переговорить с вами сегодня же.

Алексей Григорьевич опустил глаза на карточку и на ней прочел совершенно незнакомое ему имя. В это время Наташа быстро глянула в зеркало над топившимся камином, поправила быстрым движением красивых, белых, открытых до локтя рук свою слишком сложную, как у барышни, прическу с вложенным в нее бледно-розовым цветком и, опуская руки, тесно прижала их к бокам, так что ясно и отчетливо обрисовалась ее высокая, слишком пышно развившаяся грудь молодой, здоровой девушки.

Алексей Григорьевич заметил все эти Наташины маневры и сердито поморщился.

"Положительно, следует отказать ей", — подумал он, уже не в первый раз за эту зиму. Алексею Григорьевичу очень не нравилось, что Наташа, такая скромная в первые два годы службы у него, теперь очевидно кокетничает с ним. Она смотрит на него иногда какими-то странными глазами. Старается подойти к нему насколько можно поближе. Ночью выискивает предлоги, чтобы встать с постели, и, словно невзначай, встречается с ним неодетая.

Да, надобно ее рассчитать. Но за что? Она — такая услужливая. Все делает она исправно. Мебель и вещи Алексея Григорьевича держит в порядке. Не за что отказать.

Алексей Григорьевич быстро окинул Наташу сердитыми глазами. Она покраснела и чуть-чуть усмехнулась.

— Наташа, — строго сказал Алексей Григорьевич, — для чего вы вдели этот глупый цветок в прическу? Выньте и вперед не смейте являться ко мне с цветами в волосах.

Наташа сказала покорно:

— Слушаю, барин.

И вынула цветок из волос.

— И нельзя ли делать прическу попроще? — продолжал Алексей Григорьевич.

Наташа отвечала так же покорно:

— Слушаю, барин.

Она стояла перед ним прямая, почтительная, скромно опустив руки, чуть-чуть, едва заметно, усмехаясь, — так легка была усмешка, что нельзя было за нее сделать замечание. И у Наташи был такой вид, точно она понимает, что все это, и о цветке, и о прическе, только придирки, капризы скучающего барина, но что она и капризы его сносит покорно. И уже в самой этой сознательной и рассчитанной покорности было много досадного.

Алексей Григорьевич опять опустил глаза на карточку. Там типографским косым шрифтом было напечатано:

Илья Никанорович Кундик-Разноходский.

Комиссионер по наведению справок.

Селивановская, 18, кв. 73.

Алексей Григорьевич тщетно напрягал память, — положительно, он не помнил этого господина. Собирать о ком-нибудь или о чем-нибудь справки через комиссионеров ему никогда не приходилось, и теперь он не нуждался. Принимать совершенно незнакомых людей он не любил. Он знал по долгому опыту, что эти посещения всегда бывают неприятны. Все это были прожектеры с явно необоснованными проектами, или попрошайничающие лгуны, или, просто-напросто, воры.

Он сказал:

— Спросите его, Наташа, толком, какое именно у него до меня дело. Я его совершенно не знаю и не могу принять его, не зная, зачем он пришел. Притом же я очень занят.

С тою же стереотипною вежливостью отлично дисциплинированной горничной и с тою же едва заметною усмешкою Наташа отвечала:

— Слушаю, барин.

Проходя мимо камина, она приостановилась, нагнулась, — как будто бы для того, чтобы поправить дрова, хотя в этом не было никакой надобности, а на самом деле для того, чтобы лишний раз выказать свою ловкость и свои формы, — бросила в огонь свой смятый цветок, который она до того держала в руке, и постаралась сделать это так, чтобы Алексей Григорьевич это заметил и оценил бы ее покорность. Потом, легко поднявшись, Наташа опять быстро глянула в зеркало и той же неслышной походкой ушла.

IX

Через минуту Наташа вернулась, опять подошла к дивану, где все еще сидел Алексей Григорьевич, и сказала тихо, точно сообщала что-то секретное:

— Они говорят, что, безусловно, не могут мне сказать. Им беспременно надо вас лично повидать. Скажите, говорят, вашему барину, что, безусловно, необходимо повидаться немедленно по делу, лично для барина очень важному.

Алексей Григорьевич досадливо помолчал и спросил:

— Ну, а с виду-то он какой? Приличный? Или похож на просителя?

Наташа легонько повела круглым, полным плечом, изобразила на своем лице замешательство и, еще более понижая голос, сказала:

— Как сказать уж, право, не знаю. Цилиндр на них и перчатки, ну, а пальто совсем не модное, потертое, а с лица, — так, не очень симпатичные. Борода большая, черная, очки синие, а сами как будто из цыган будут.

— Одним словом, темная личность, — тихо, как будто про себя, сказал Алексей Григорьевич.

— Не могу знать, — сказала Наташа.

Усмешка ее уже была смелая, словно она воспользовалась этими лишними словами Алексея Григорьевича. Алексею Григорьевичу стало досадно на самого себя. Как всегда в таких случаях, раздражение против себя обратилось на другого. Он резко сказал Наташе:

— Да я вас и не спрашиваю, Наташа. Пригласите. Наташа покраснела,

— и Алексей Григорьевич подумал, что она краснеет слишком часто. Опять ему стало досадно на то, что он слишком много внимания обращает на эту красивую, хитрую девушку и тем самым как бы поощряет ее старания кокетничать с ним.

Когда уже Наташа вышла, Алексей Григорьевич подумал, что этого подозрительного господина принимать не следует, и сообразил, что это слово "пригласите" нечаянно вырвалось у него и просто с досады. Он порывисто встал с дивана, быстрыми шагами подошел к большому, загроможденному множеством нужных и ненужных вещей письменному столу и схватился за лежащую на нем в холодной бронзовой оправе в виде зеленовато-голубой лягушки на длинном синем шнурке пуговку электрического звонка, чтобы позвать Наташу и отменить свое распоряжение. Но сразу же он сообразил, что уже поздно, что, по всей вероятности, Наташа уже сняла с господина в цилиндре его потертое, немодное пальто и с насмешливой почтительностью открыла перед ним дверь в комнаты.

Алексей Григорьевич выпустил из рук холодную лягушку, и она боком упала на зеленое сукно рядом с вазочкою для карандашей. Он подошел к среднему окошку. Стоял спиною к свету и ждал. Почему-то вдруг почувствовал, что предстоящее свидание с комиссионером для наведения справок его странно волнует. Досадливо подумал, что жизнь в городе очень расстраивает нервы.

180

X

осле легкого Наташиного стука колыхнулась портьера. И, как-то странно ниже, чем можно было ждать, показалась голова смуглолицего, рябоватого человека с черной бородой и уже потом вся его облаченная во фрак фигура.

Алексей Григорьевич стоял у окна и смотрел на неожиданного гостя, нисколько не стараясь придать своему лицу любезное выражение. Комиссионер по наведению справок ему сразу не понравился. Это была уродливая помесь Урии Гипа из Диккенсова романа и капитана Лебедкина из Достоевского. Не по наружности, конечно, а по тому характеру, который всегда слишком ясными чертами изображается на лице, — ясными для всякого, привыкшего жить на свете. По наружности же это был довольно полный, хотя и не совсем чистоплотный господин. Фрак на нем был совсем приличный, сидел неплохо, крахмальная сорочка была почти чистая, а вот на галстуке, черном, слишком большом для фрака, виднелись два сероватых пятна. Черные в полоску брюки чем-то странно отличались от его фрака и были натянуты и лоснились на коленях. Синие стекла больших очков были слишком светлы, и это придавало его лицу странное выражение неудачного маскарада.

Как-то противно сгибаясь, потирая руки с таким видом, точно он был уверен, что руки ему не подадут, Кундик-Разноходский медленно подвигался к Алексею Григорьевичу. Руки у него были большие, красные, очевидно, недавно вымытые, — но почему-то, когда Алексей Григорьевич взглянул на них, то ему стало противно, и своей руки он, точно, не протянул. Вместо того он как-то поспешно показал левой рукой на приставленное сбоку письменного стола кресло и сказал:

— Прошу садиться.

Гость, продолжая неловко кланяться и потирать руки, говорил притворно-смущенным, жидковатым голосом, с противной пристрастностью улыбаясь:

— Прошу извинить меня. Побеспокоил, — может быть, оторвал от занятий? Кундик-Разноходский — моя фамилия. Впрочем, карточку мою изволили видеть? Там, извините, и моя профессия обозначена. Справочки собираю, по поручениям, а иногда и от себя, — такова уж моя специальность. Люблю узнавать разные сведения. С детства отличался любознательностью и, смею сказать, проявлял в этом направлении незаурядные способности. Вроде Лекока или, извините, Шерлока Холмса. И потому могу иногда сообщить чрезвычайно любопытные известия.

Говоря это, Кундик-Разноходский бочком пробрался к указанному ему креслу, еще раз поклонился и уселся. Тогда стало заметно, что устроен он как-то очень непропорционально, — ноги слишком короткие, туловище длинное, — и потому сидя он казался выше, чем стоя. И это тоже почему-то было противно Алексею Григорьевичу. Ему казалось, что неправильность тела должна сопровождаться каким-нибудь изломом или вывихом души.

Алексей Григорьевич сел в кресло перед письменным столом и спросил неприветливо:

— Чем же я могу вам служить? Справок я не собираю. Кундик-Разноходский захихикал, заерзал в кресле, еще быстрее стал потирать свои руки и поспешно заговорил:

— Извините-с, Алексей Григорьевич, это я вам хочу служить. И надеюсь, что вы останетесь мною довольны. Я имею сделать вам чрезвычайно важное сообщение.

Он замолчал и смотрел на Алексея Григорьевича так, словно ждал чего-то. Алексея Григорьевича все больше раздражали красные руки гостя, и хотелось просить его, чтобы он перестал так сильно тереть их. Видя, что гость молчит, Алексей Григорьевич сказал ему холодно и строго, упорно глядя прямо в его вороватые глаза:

— Пожалуйста, говорите, господин Кундик-Разноходский, я вас слушаю.

Гость опять захихикал.

— Извините, — сказал он, — но так как это — моя специальность и так как я снискиваю этим средства к пропитанию, то, будучи человеком совершенно необеспеченным в материальном отношении, притом же имея на своем попечении больную жену, детей, которых надо учить, и престарелых родителей, которых надо покоить, и ввиду все возрастающей дороговизны припасов, то вы, милостивый государь, конечно, и сами поймете, что я не имею никакой возможности сообщать имеющиеся у меня сведения иначе, как за некоторый, хотя бы и самый умеренный, гонорарий.

Алексей Григорьевич с удивлением слушал это длинное, запутанное объяснение. Потом сказал:

— Да мне не нужно никаких от вас сведений, ни за деньги, ни даром.

Кундик-Разноходский развязно продолжал:

— После такого холодного ответа с вашей стороны я,

собственно говоря, должен был бы немедленно встать и откланяться. Но, кроме желания заработать на вашем деле и возместить мои расходы по собиранию справок, и расходы довольно значительные, я руководствуюсь еще и человеколюбием. Сам имея детей, я обладаю, к сожалению, слишком чувствительным сердцем. Сведения, которые я могу вам сообщить, — не иначе, конечно, как за приличное вознаграждение, — могут избавить вас и ваших близких от большого несчастья.

Алексей Григорьевич улыбнулся. Самоуверенный тон Кундик-Разноходского начинал его забавлять. Он сказал:

— Несчастья для себя лично я не боюсь, а близких людей у меня нет.

Кундик-Разноходский сделал чрезвычайно серьезное лицо, рознял свои руки в первый раз с тех пор, как пришел сюда, поднял со значительным видом указательный палец и сказал забавно-торжественным тоном:

— Вы изволите забывать самого близкого к вам человека, вашего единственного сына, отрока Григория. А мне известно, что вы в нем души не чаете, хотя и воспитываете его на манер древнего спартанца, и потерять его было бы для вас весьма тягостно.

Кундик-Разноходский замолчал и сидел, уставясь на Алексея Григорьевича с видом опасливого сожаления.

XI

Алексей Григорьевич почувствовал, что бледнеет. Какие-то смутные подозрения, уже томившие его не раз после того, как в прошлом году его Гриша получил от своего деда большое наследство, опять зашевелились в его душе. Он пристально смотрел на Кундик-Разноходского и напряженно думал, можно ли ему хоть сколько-нибудь поверить.

Очевидно было по всему, что Кундик-Разноходский, действительно, человек подозрительный. Но потому-то он и может иметь такие сведения, какие можно получить только при постоянном общении с преступными и подозрительными элементами городского населения.

Алексей Григорьевич знал, что крупное наследство, доставшееся его Грише от Шурочкиного отца, вызвало большое озлобление среди других родственников, особенно у

Гришиного дяди по матери, Дмитрия Нерадова, быстро разоряющегося господина.

Дети умирают так часто и так легко от какой-нибудь случайной заразной болезни, что никого бы не удивило, если бы и Гриша умер. Тогда его наследство опять вернулось бы в род его матери.

Гриша был всегда на глазах Алексея Григорьевича, и уберечь его, по-видимому, было нетрудно. Но кто может поручиться за то, что не случится, чтобы или он сам, или экономка, или Гришина воспитательница чего-нибудь не досмотрели?

И ведь весь вопрос теперь только в том, чтобы заплатить этому человеку сколько-то денег. Пусть он даже лжет, но разве жалко денег! И странно было бы предположить, что ничего не знающий человек приходит с улицы и рассказывает небылицы, требуя за это денег.

Алексей Григорьевич решительно спросил:

— Сколько вы хотите получить?

Кундик-Разноходский, ни на минуту не задумываясь, и уже не хихикая и не потирая рук, и даже слегка отвалившись на спинку кресла, с развязностью, почти наглой, сказал:

— За предварительное сообщение и вообще за мой сегодняшний визит соблаговолите уплатить мне сто целковых. Затем понадобятся еще кое-какие расходы, но, оценив значительность моих сообщений, вы уже сами определите подобающую сумму за передачу вам имеющихся в моих руках чрезвычайно любопытных документов.

Алексей Григорьевич выдвинул ящик письменного стола. Достал из него бумажник синей шагреневой кожи, большой, мягкий и удобный. Приоткрыл его с таким жестом, как будто опасался, что гость его ограбит. Вытащил оттуда сторублевую бумажку и протянул ее Кундик-Разноходскому.

Кундик-Разноходский взял бумажку бережно. Видно было по его лицу, что ему как будто бы жаль или досадно, того ли, что спросил мало, того ли, что нельзя заняться приятным делом пересчитывания засаленных, потрепанных кредитных бумажек. Он все-таки положил сторублевку себе на колено, погладил ее широкой ладонью, вздохнул и, наконец, спрятал ее в большой, с поломанной застежкой, рыжий кошелек, который он вытащил из кармана брюк и в котором виднелись, когда он его открыл, какие-то квитанции и расписки.

Потом Кундик-Разноходский сказал:

— Надеюсь, что вы позволите говорить с вами совершенно откровенно.

Алексей Григорьевич отвечал с досадой:

— Ну, конечно, иначе зачем же бы мне с вами и разговаривать!

— Кроме того, — говорил Кундик-Разноходский, — вы, конечно, соблаговолите дать мне обещание, что никому не откроете источника тех необычайных сведений, которые я вам сообщу. Потому что, как вы сами изволите понимать, для успеха моих специальных занятий совершенно необходимо, по крайней мере, в известных случаях, соблюдение строжайшей тайны.

— Хорошо, — сказал Алексей Григорьевич, — я обещаю, что никому не скажу, что от вас узнал то, о чем вы мне расскажете.

XII

Кундик-Разноходский помялся, поежился, потер руки и заговорил, понижая голос и принимая противное для Алексея Григорьевича выражение интимной и доверительной беседы:

— Позвольте мне начать немножко издалека и, так сказать, наметить некоторые ходы и нити. Дело, которое привело меня к вам, началось с того самого момента, когда вскрыто было духовное завещание покойного Николая Степановича Нерадова, по коему все имения и капиталы покойного перешли к его внуку, вашему единственному сыну, Грише. Конечно, вам небезызвестно, что таким завещанием был крайне обижен дядя сего наследника, сын покойного господина Нерадова, Дмитрий Николаевич. Хотя отношения Дмитрия Николаевича к его отцу всегда оставляли желать лучшего, но все-таки он рассчитывал, что получит, хотя половину наследства. А деньги Дмитрию Николаевичу, как вы сами изволите знать, при его долгах и при его широком образе жизни, всегда крайне нужны. Это — первое обстоятельство. В нем, как вы изволите видеть, пока еще нет ничего угрожающего. Затем позвольте вам напомнить, что летом минувшего года вы с Гришей были приглашены в имение достопочтенной супруги Дмитрия Николаевича, но почему-то отклонили это приглашение. Причиной этого было, насколько мне известно, полученное тогда вами анонимное письмо предостерегающего характера.

Алексей Григорьевич резко прервал его вопросом:

— Уж не вы ли писали это письмо? Кундик-Разноходский немедленно и с величайшей охотой согласился:

— Я-с. Единственно только из человеколюбия, не имея в виду никаких корыстных мотивов. Вы были в тот раз благоразумны и вняли предостерегающему вас голосу.

— Вы ошибаетесь, — возразил Алексей Григорьевич, — и без вашего письма я не имел намерения ни сам туда ехать, ни Гришу посылать.

— Смею спросить, почему? — спросил Кундик-Разноходский, нагло ухмыляясь.

Алексей Григорьевич улыбнулся и сказал:

— Вы слишком любопытны.

— Извините, — сказал Кундик-Разноходский, — любопытство есть черта, свойственная моей профессии и даже для нее необходимая.

— Довольно неприятная черта, — сказал Алексей Григорьевич. Кундик-Разноходский отвечал с наглой ужимкой:

— Что делать! Тем живем. Так как вы изволили разрешить мне говорить с вами откровенно, то, принимая во внимание некоторые признаки, я так и заключил, извините, что вы отклонили это приглашение вследствие того, что система воспитания детей Дмитрия Николаевича вами не одобряется, ибо вашего Гришу вы воспитываете в трогательной близости к природе и в простоте и внушаете ему идеи демократические, — только потому, а отнюдь не вследствие опасения, что катание на лодке или купание в речке может окончиться катастрофой.

— Какой вздор! — сказал Алексей Григорьевич. Но эти его слова не звучали убежденно.

— Из подслушанных разговоров, — возразил Кундик Разноходский, одно из наиболее щедро оплаченных мною сообщений.

Алексей Григорьевич насмешливо спросил:

— А не даром ли вы потратили ваши деньги? Кундик-Разноходский возразил хвастливо:

— Ну, нет-с, извините, имею нюх, натаскан в такого рода делах. Прислуга вообще любит подслушивать и не всегда умеет хранить господские секреты, хотя бы и криминального свойства. Однако перехожу к третьему обстоятельству. Дмитрий Николаевич обладает натурой увлекающейся и наружностью обольстительной для женщин. Если бы, например, случилось, что достопочтенная, хотя и юная воспитательница сынка вашего Гриши, Елена Сергеевна, благосклонно отнеслась к ласковым словам Дмитрия Николаевича, то в этом не было бы ровно ничего удивительного. Может быть, извините, их сближение уже и началось. Хотя и вы очень доверяете этой молодой особе, приставленной вами к вашему единственному сыну, но если бы вам были известны некоторые обстоятельства или, так сказать, передачи вещей и денег, то, быть может, в ваше сердце закрались бы некоторые опасения.

— Кажется, — сказал Алексей Григорьевич, — все это — ваши фантазии. Елена Сергеевна — девушка скромная, честная, и напрасно вы позволяете себе все эти намеки. Вообще, как я вижу, вы сообщаете мне вещи, мне хорошо известные и совершенно

обычные, хотя и прискорбные, и прибавляете к ним ваши собственные измышления.

— Пожалуйста, подождите, — сказал Кундик-Разноходский, — что вы скажете, если я перейду к таким предсказаниям, которые осуществятся в ближайшем будущем? И даже именно сегодня вечером? Известно ли вам, что Дмитрий Николаевич вчера приехал в здешнюю столицу?

— Нет, я этого не знал, — сказал Алексей Григорьевич.

— Дмитрий Николаевич скоро пожалует к вам, — говорил Кундик-Разноходский. — Вчера же Дмитрий Николаевич занимался покупками. Между прочим, было им куплено весьма большое количество очень тонких иголок. А вторая покупка показывает нежную заботливость Дмитрия Николаевича о его любимом племяннике Грише, — коробка конфет, тех самых, которые Гриша так любит, — тертые каштаны, в очень изящной коробочке.

Кундик-Разноходский замолчал. Он смотрел на Алексея Григорьевича с весьма значительным выражением лица. Алексей Григорьевич досадливо спросил:

— Что же из того?

— Не изволите усматривать тесной связи между этими двумя покупками? — спросил Кундик-Разноходский.

— Вижу, что вы намекаете на что-то скверное, — отвечал Алексей Григорьевич, — но на что именно, не понимаю, и при чем тут тонкие иголки, не вижу.

— Плагиат, — сказал Кундик-Разноходский, хихикая, — заимствование из рассказа знаменитого заграничного писателя. Я как раз на днях этот рассказ читал с большим удовольствием.

— И внушали кому-то повторить его в России? — холодно спросил Алексей Григорьевич.

Кундик-Разноходский с достоинством возразил:

— Провокацией не занимаюсь.

Но видно было, что он не обиделся. А по его легкому замешательству Алексей Григорьевич заключил, что его случайная догадка близка к истине. В самом деле, было подозрительно, что этот человек так отчетливо знает, чем именно занимался сегодня Дмитрий Николаевич.

XIII

Кундик-Разноходский продолжал:

— Преступники, извините, не всегда бывают достаточно изобретательны. Люди благонамеренные не напрасно жалуются на современную беллетристику, ибо она снабжает преступные элементы населения адскими замыслами и весьма, до тонкости разработанными преступными планами. Сочинители люди остроумные: они изобретают, а преступникам остается только применять. В заключение расскажу вам еще два факта: сегодня, в одиннадцать часов утра, в кофейне под Пассажем, Дмитрий Николаевич имел свидание с Еленой Сергеевной. Второе, — как вы думаете, чем изволил заниматься Дмитрий Николаевич у себя в номере гостиницы?

— Какое же мне до этого дело! — ответил Алексей Григорьевич. Кундик-Разноходский возразил ухмыляясь:

— Ну, не скажите! Дмитрий Николаевич изволил отламывать кончики иголок. Тех самых, весьма тонких иголочек, которые были им вчера куплены. Вы скажете, что иголка без острия никуда не годится? Совершенно верно. Дмитрий Николаевич иголками и не интересуется. Все его внимание обращено на отломанные кончики. Вот эти-то кончики тщательно собраны и, смею думать, пошли в дело.

— Что же все это значит? — спросил Алексей Григорьевич. Кундик-Разноходский ухмыльнулся, пожал плечами, развел руками, помолчал немного и продолжал:

— Уже совсем в заключение позволю себе обратить ваше внимание еще вот на что: если коробка с тертыми каштанами будет принесена при вас, то вы, осмотрев ее внимательно, может быть, и сами заметите, что она завернута и завязана не совсем так, как это делают искусные пальчики опытных магазинных барышень. Если же ее и не при вас принесут, то, смею рассчитывать, вы сделаете распоряжение, чтобы ее до вашего прихода не трогали.

Алексей Григорьевич смотрел на Кундик-Разноходского и чувствовал в себе с каждой минутой возрастающий страх. Ему хотелось думать, что все эти россказни — вздор, придуманный, чтобы оправдать получение ста рублей. Но преступление имеет свою неотразимую логику и свою мрачную убедительность. Алексей Григорьевич достаточно знал людей, чтобы никому из них не верить, — и потому теперь он готов был верить Кундик-Разноходскому. Да и были основания.

Дмитрий Николаевич Нерадов и его жена всегда были неприятны и даже немного противны Алексею Григорьевичу. Они принадлежали к числу тех жалких людей, вся жизнь которых — внешняя и сводится почти к механическому усвоению и повторению того, что делают другие люди их круга. Но так как среди этих других всегда бывает несколько человек очень богатых, сравнительно с другими, то вся жизнь людей, подобных Дмитрию Нерадову и его жене, наполняется мучительными стараниями делать то, что не по средствам, и томительными поисками денег, которых всегда недостает.

Когда Дмитрий Николаевич женился на дочери разорившегося титулованного предводителя дворянства, отец выделил для него большую часть своего имущества, намереваясь остальное оставить дочери. Широкий образ жизни, неудачные аферы и проигрыши скоро заставили Дмитрия Николаевича запутаться в долгах. Он требовал у отца денег, отец не давал. Дело дошло до открытой ссоры.

Потом Дмитрий Николаевич постарался помириться отцом. Он употреблял все средства, какие только мог придумать, чтобы показать себя дельным и деловым человеком. Входил в компании с дельцами. В качестве гласного городской думы в одном губернском городе вникал в городское хозяйство, хлопотал, суетился, произносил искусные речи, собирал совещания избирателей и гласных и добился того, что его избрали городским головой, не столько за его деловитость, сколько в чаянии благ для города от его связей. В должности городского головы Дмитрий Николаевич принялся осуществлять грандиозные планы переустройства города на европейский лад.

Отец стал относиться к нему как будто благосклоннее. Говорил ему с тонкой усмешкой:

— Да ты у меня большой делец. Отцовское прожил, свое наживешь.

Дмитрий Николаевич уже надеялся, что отец оставит ему что-нибудь. Эти надежды были обмануты. Дмитрий Николаевич не умел скрыть своего раздражения. А потом вдруг словно переменился. Стал необычайно ласков с Алексеем Григорьевичем и с Гришей. И даже говаривал:

— С богатым наследником нашему брату, разорившемуся помещику, ссориться не приходится.

Эта перемена теперь казалась Алексею Григорьевичу подозрительной.

XIV

Кундик-Разноходский, помолчавши, заговорил опять:

— Вот и все, что я имел сообщить вам предварительно. Хотя мои сообщения и не подтверждаются документами, — за исключением имеющей быть подаренной Грише коробки, — но все-таки вы изволили убедиться, что стоимость этих сведений значительно превышает полученный мной, выражаясь литературно, аванс. Компенсацию надеюсь получить при передаче вам документов чрезвычайной важности.

Алексей Григорьевич спросил упавшим голосом:

— Какие документы?

И сам, по неверному звуку своего голоса, он различил в себе это, столь частое у него, томительное состояние упадка духа, странного равнодушия, бездеятельного безволия. Он повторил погромче свой вопрос.

Кундик-Разноходский отвечал:

— Краткая, но весьма выразительная переписка, в которой, кроме уже упомянутых в нашем разговоре лиц, участвует лицо, о котором я сегодня не решился вам сказать. Когда прикажете принести эти документы?

— А сколько вы хотите за них получить? — спросил Алексей Григорьевич каким-то странно равнодушным голосом.

Он сам знал, что спрашивает об этом так только, для формы, но что заплатит столько, сколько спросит этот противный, страшный человек. Страшный своим знанием.

Кундик-Разноходский отвечал развязно:

— В цене сойдемся.

— Однако сколько же? — так же спокойно допрашивал Алексей Григорьевич.

Если бы Кундик-Разноходский был очень тонкий психолог, то он бы понял, что может получить очень много. Но это состояние холодного безволия, в которое слова его повергли Алексея Григорьевича, показалось ему признаком того, что Алексей Григорьевич не очень ему верит, что он мало взволнован его сообщением и что он склонен торговаться. И

Кундик-Разноходскнй уже стал досадовать на себя, что за эти сто рублей так много рассказал. Пожалуй, теперь Алексей Григорьевич подумает, что сможет обойтись и без дальнейших сообщений.

Поэтому голос Кундик-Разноходского звучал не совсем уверенно, когда он, наклоняясь в своем кресле, внимательно вглядываясь в лицо Алексея Григорьевича, сказал:

— Тысяча рублей не покажется вам много? Алексей Григорьевич спокойно сказал:

— Да, это — очень много, но если в ваших документах есть что-нибудь интересное, то я вам уплачу эти деньги.

Кундик-Разноходский подумал, что опять ошибся и что спросил мало. Но в это время Алексей Григорьевич решительно и быстро встал и спросил:

— Когда вы мне принесете ваши документы?

— Если позволите, — сказал Кундик-Разноходский, — завтра в это же время.

Разговор кончился.

XV

Алексей Григорьевич остался один. Он чувствовал в себе какую-то странную растерянность, томительное замешательство. Прошелся несколько раз по темно-синему сукну, заглушавшему звук его легких, лакированных, с невысокими каблуками, ботинок. Подошел к камину, поглядел на себя в зеркало.

Перед ним была высокая, стройная фигура очень моложавого человека, которому на вид можно было дать лет тридцать пять, не более. В темных волосах, коротко подстриженных, ни одного седого волоска. На лице, теперь побледневшем от волнения, ни одной морщины. Глаза ясны и свежи, точно и не было бессонных ночей, скучных веселостей и одиноких, но милых печалей.

Алексей Григорьевич опять сел на свое любимое место, в привычном углу удобного, обтянутого мягкой темно-синей кожей, дивана, машинально взял в руки ту же книгу, но не читал. Он задумался о привычном.

Как всегда в значительные минуты жизни, вспомнилась жена, милая Шурочка. Расплавленным золотом опять упали в душу все те же ее два слова, — тяжело и больно упали:

— Я умираю.

Потом его мысль пробегала длинный ряд этих лет после Шурочкиной смерти, и совокупность их представлялась теперь Алексею Григорьевичу каким-то обширным, холодным, пустынным покоем, в котором, подобный ряд бледных призраков, проходит скучный в ряду ненужных событий, и у четырех углов этого покоя видны четыре великие духа, господствующие над его жизнью. Черты их сначала были неопределенны и туманны, а теперь все яснее с каждым днем понимал Алексей Григорьевич их взаимную связь и характер их власти над жизнью.

Первый лик — призрак отошедшей от этой жизни и потому оставшейся навеки живой, неизменно властительной, — лик его жены. Она была подобна первой жене первого человека, полуночной, лунной Лилит, той, которую неразумные боятся.

Кто-то злой и порочный, кто-то из потомков страстной, земной Евы, придумал сказать про нежную Лилит, что она — злая и порочная, что она — первая колдунья и мать всех злых чародеек и ведьм. Услада горьких одиночеств, щедрая подательница нежных мечтаний, сладчайшая утешительница Лилит! У тебя есть чары и тайны, но очарования твои благи и тайны твои святы.

Подобная Лилит, покойная Шурочка всегда предстояла душе Алексея Григорьевича, никогда не докучая своим внешним присутствием в этом предметном мире. Переставшая быть предметом среди предметов, уже ничего для себя не желающая, не имеющая ни в чем, даже забывчивой совести не посылающая нежных укоров, вот в этом самом своем отречении от жизни хранила она такую дивную власть, преодолеть которую не может никакая земная сила.

В первые годы Алексею Григорьевичу казалось, что это обаяние покойной Шурочки — нечто личное, только ему свойственное, принадлежащее исключительно силе его любви. Он думал, что, может быть, никто на земле, переживший любимого, не любил почившего так. Он знал, что есть люди, которые умирают, не перенеся смерти любимого человека. И в первые годы как-то странно удивляло его, отчего после Шурочкиной смерти он не застрелился.

Но шли годы, и любовь его к покойной Шурочке не угасала, и если не возрастала, то потому только, что она была любовью истинной и потому безмерной, такой любовью, которая не может знать ни умалений, ни возрастании. Это была любовь, неизменно господствующая над жизнью и над смертью.

Никаких внешних знаков не требовала эта любовь, — но Алексей Григорьевич хранил все, что осталось от Шурочки, и порядки, ею в доме заведенные, оставались без всякой перемены. Даже то, что прежде не нравилось Алексею Григорьевичу, против чего он

спорил с Шурочкой, теперь делалось так, как она хотела. Даже цвета и рисунки обивки на мебели, портьер и обоев никогда не менялись. Если же надобно было переменить прислугу, то выбиралась такая, которая была как можно больше похожа на бывшую при Шурочке.

В последние годы стал думать Алексей Григорьевич, что отошедшие от жизни владычествуют не только в его доме. Вся жизнь всего человечества строится так, как ее когда-то придумали строить те, кого уже нет. И что хорошо, и что худо, — и что прекрасно, и что безобразно, — все это придумали они, которых увенчала смерть и торжественный сонм которых царствует над живыми. Они придумали для нас, как нам жить, как нам думать, и самый мир мы видим только их глазами. Из нестройного хаоса смутно ощущаемых энергий они по произволу своему выделили признаки, расположили их в стройные системы, воззвали к жизни носителей этих признаков и дали им имена. Набросив личины предметов на каждое пересечение энергий, они, великие перекрестки мировых токов, осознали себя отдельными существами двойственной природы, покорными причинам и в то же время творцами своих целей. Обманув самих себя произволом своих дивных личин, о названных ими предметах они напряженными трудами мысли создали понятия, воздвигли мир идей, сотворили философию, религию, искусство, науку. С тех путей, которые они для нас начертали, нам не сойти вовеки, как бы ни были произвольны и случайны эти унаследованные нами пути.

XVI

Во втором лике было что-то странно соблазнительное, нечистое, злое. Каким-то вечным соблазном дышало страстное лицо, чувственные улыбались губы, призывные глаза, казалось, звали к чему-то радостному, тайному. Образ женщины, еще неопределенный, смутный, волновал, требовал чего-то. С этим ликом соединялись воспоминания о ночах, проведенных скучно и томно в тех местах, где люди веселятся, где женщины любезны и нарядны, где светит много огней, где льется вино.

Случайных встреч было много в эти годы, — увлекала темная страстность. А ныне, над холодным равнодушием, стал подниматься определенный образ одной женщины, которую Алексей Григорьевич недавно встретил и которую, как ему казалось, он начинал любить.

Несколько месяцев тому назад он встретился с неб на вечере в знакомом доме. Там были танцы, ужин и картежная игра. Сидели до шести часов утра.

Хозяйка дома любила привлекать в свои салон художников, артистов и писателей. Следуя моде того года, одна из ее дочерей, худенькая, стройная девица, разучила несколько танцев в стиле Айседоры Дункан. Теперь она показывала эти танцы гостям.

Барышня танцевала не очень искусно, но вежливые гости, конечно, шумно рукоплескали ей. Дамы и барышни окружили ее, благодарили очень нежно и заставили несколько раз повторить, пока барышня не устала совсем.

Молодая дама, сидевшая рядом с Алексеем Григорьевичем, тихо сказала ему:

— Не правда ли, как она мила?

Алексей Григорьевич видел эту даму сегодня в первый раз. Что-то в ней привлекало его, почему, еще он и сам не знал. Может быть, это было выражение жадной радости жизни, спокойной веселости, разлитой во всем ее существе. Как противоположность тихим внушениям покойной Шурочки, она была для Алексея Григорьевича полна такого соблазна, какого еще он не испытывал, потому, может быть, что еще ни в ком доныне он не встречал такой полноты радостного жизнеощущения. Может быть, она была немного более полна, чем бы следовало, но это скрадывалось изысканной неторопливостью ее движений и рассчитанной простотой ее туалета.

Напрягая память, чтобы вспомнить имя своей собеседницы, Алексей Григорьевич сказал ей с привычной своей откровенностью:

— Она очень мила, но танцы могли бы быть исполнены лучше. Впрочем, приятно и то, что эта проповедь свободной красоты находит отклик и здесь.

И, вспомнив наконец имя этой дамы, он сказал:

— Вам, Татьяна Павловна, не кажется ли, что многие из присутствующих здесь выиграли бы в таком костюме?

— Нет, — сказала Татьяна Павловна, — я этого не нахожу.

Нет, совсем напротив: то, что мы обыкновенно носим, так хорошо скрывает все многочисленные погрешности нашего тела. Чтобы смело открыть свое тело, надобно, чтобы это тело было прекрасно, как у древних. А у людей нашего времени тела очень часто безобразные, слабые, вялые, с искаженными формами.

Алексею Григорьевичу было известно это рассуждение; он слышал его часто, и оно всегда его досадовало. И теперь ему особенно

досадно было слушать эти слова от этой женщины, тело которой было, по-видимому, так красиво, что мимо воли вызывало желание видеть его нагим. Он сказал:

— Так думают многие, но, как почти всегда, большинство бывает не право.

Татьяна Павловна спросила улыбаясь:

— А кто же прав?

Алексей Григорьевич отвечал с такой же улыбкой:

— Прав я, а я думаю, что и у наших современников тела прекраснее лиц и даже менее поддаются влиянию старости, болезней, слабости.

Татьяна Павловна улыбаясь ответила:

— Все-ж таки, мне бы не хотелось созерцать тела этих почтенных особ.

Она легким движением головы показала тот уголок гостиной, где в креслах мирно дремали два толстяка.

— Правда, — продолжала она, — прекрасное тело прекраснее всего, но непрекрасное надо скрывать, чтобы не оскорблять хорошего вкуса.

— Прекрасных лиц гораздо меньше, чем стройных тел, — возразил Алексей Григорьевич, — и если бы мы хотели быть последовательными и в самом деле руководились бы эстетическими соображениями, то нам пришлось бы носить маски.

Татьяна Павловна тихонько смеялась, прикрывая рот полуразвернутым белым кружевным веером. Она сказала:

— Это было бы забавно. И интересно. Постоянный маскарад. Постоянно раздражаемое любопытство.

— Этот маскарад скоро утомил бы, — сказал Алексей Григорьевич, — как утомляет всякая неискренность. Так и нас уже утомила неискренность и условность нашей жизни. Поэтому тем из нас, кто более чуток, уже давно хочется жизнь изменить. Уж очень скучно жить так, как мы живем.

— Маски могли бы носить не все, — возразила Татьяна

Павловна. — И бедные дурнушки были бы в большом выигрыше.

— Пожалуй, — отвечал Алексей Григорьевич. — А так как вокруг нас много безобразных предметов, то уж тогда и на них пришлось бы надевать покровы и маски, чехлы и футляры. Представьте себе вид такого закутанного города.

Татьяна Павловна воскликнула со смехом:

— Какой ужас! Дома, затянутые серым холстом или кисеей, мебель в коленкоровых чехлах, столбы электрических фонарей в деревянных футлярах. Все закрыто, все обманчиво. Нет, это было бы слишком невесело.

— Но зато последовательно, — возразил Алексей Григорьевич. Татьяна Павловна слегка склонила голову, помолчала немного и, медленно раскрывая и закрывая опущенной на колени нежной, обнаженной рукой свой легкий, белый на бледно-розовом платье веер, сказала задумчиво:

— Это — внешность, форма. Что носить, во что одеваться, это — только вопрос моды. Но мы и в самом деле ведем очень искусственный образ жизни. Мы делаем все, чтобы спорить с природой и со здоровым смыслом. И потому мы стали слабыми и неискренними. Правды мы не говорим и сами слушать ее не хотим. А если бы мы стали говорить правду, — вот странные бы произошли события!

Кто-то подошел, разговор прервался.

XVII

За ужином Алексею Григорьевичу пришлось сидеть между двумя мало знакомыми ему барышнями. Хозяйка думала, что его надобно посадить с не пристроенными девицами: все в том обществе, где вращался Алексей Григорьевич, находили, что ему следует во второй раз жениться, не потому, что это нужно для него самого, а потому, что барышням надобно выходить замуж. Матери смотрели на Алексея Григорьевича, как на хорошего жениха, а девицам нравилась его спокойная, внушительная наружность, его любезные манеры, его экипажи и лошади.

Татьяна Павловна сидела далеко от Алексея Григорьевича. Ему стало скучно. Он с некоторым усилием скрывал это ощущение скуки и без обычного оживления поддерживал совсем не интересный для него разговор. К счастью, обе барышни были достаточно болтливы.

196

В начале седьмого часа утра Алексей Григорьевич вышел на улицу. Была поздняя осень, моросил мелкий дождь, но все-таки Алексей Григорьевич захотел пройти пешком и отпустил экипаж, за полчаса до того, по его просьбе, вызванный из дому швейцаром по телефону.

Алексей Григорьевич шел долго по пустым, тихим улицам. Уже начиналось раннее уличное движение, кто-то шел на работу, где-то далеко гудел фабричный гудок, где-то близко слышался медленный звон раннего церковного колокола.

В мелких выбоинах мокрого тротуара застаивались маленькие осенние лужицы. Воздух был сер и сыр. Небо, которого так мало было видно над простором пасмурной улицы, было затянуто скучной серой пеленой. За легкой, мокрой чугунной решеткой и за влажными травами и кустиками цветника серой стройной громадой поднимались колонны и купол собора.

Алексей Григорьевич свернул с тротуара, прошел мимо цветника, поднялся по широким ступеням лестницы, нашел скрытую среди колонн в деревянном барабане дверь, такую непропорционально маленькую сравнительно с громадой здания, — настоящий вход в храм держался всегда закрытым, кроме торжественных случаев, — и вошел в церковь, расстегивая свое отсыревшее под моросившим дождиком пальто.

Громадное пространство собора казалось совсем пустым. Только кое-где у высоких, темных колонн виднелось несколько старушек, пришедших к этой ранней службе. В правом приделе священник торопливо, негромко совершал литургию. На клиросе стоял, читая быстро и невнятно, один дьячок. Несколько восковых свечек и лампад слабо мерцали перед местными иконами и над средними дверями алтаря. Равнодушные, сонные сторожа меля пол, и иногда гулко слышался шум их разговора о каких-то мелочах.

Алексей Григорьевич давно уже не ходил в церковь, и давно уже не молился дома, и не испытывал никаких молитвенных волнений. И теперь он сам не знал, зачем он пришел сюда, в этот величественный храм древнего прекрасного культа, в это здание, где все было ему чуждо и непонятно.

Правда, было что-то умилительное в тихом голосе священника и в смиренной молитве старух, — что-то, будившее старые воспоминания, отголоски детских лет. Но было досадно, зачем шуршат сухие метлы в руках сторожей, зачем за прилавком против алтаря разложены книжки и сидит готовая

197

что-то продать просвирня с лицом скучающей попадьи из образованных.

Алексею Григорьевичу припомнилась благоговейная тишина парижских католических храмов, ряды соломенных низеньких стульев, робкий шепот исповедален. Он подумал, что там во время мессы пол мести не станут.

Он прошел в самый дальний от входа угол и там стоял долго в каком-то странном недоумении. Сначала мелочи развлекали его, —

бормотание молящегося на коленях седого приказчика из соседнего рынка, — легкий топоток по плитам каблучков девочки-подростка, пришедшей вместе со своей бабушкой, — уютное, забавное ощущение испаряющейся быстро из его одежды уличной влаги. Потом внимание его углубилось в свое, тайное, заветное.

Алексею Григорьевичу казалось, что та неведомая сила, которая заставила его идти по влажной от дождя улице, которая привела его сюда, в это место молитвы, чего-то хочет от него или что-то хочет открыть ему. Он прислонился к стене, закрыл глаза и погрузился в задумчивость, которая вскоре перешла в легкую дремоту.

Лицо его Шурочки стояло перед ним. Ее грустная улыбка опять растрогала и взволновала его сердце. Губы ее легко двигались, слышались ее слова. Он не различал ясно слов, но знал, что это — слова о любви.

Потом другое лицо встало перед ним, лицо совсем иной красоты, неотразимо прельщающее. Но тогда как первое лицо, лицо его жены, было близким и единственно дорогим на свете, это новое лицо, веселый облик вновь явившейся ему женщины, казалось далеким и чужим, и все-таки неодолимо влекущим к чему-то тревожному. Улыбка ее была веселая, и глаза искрились смехом, — это было лицо Татьяны Павловны.

XVIII

Обедня кончилась. Послышался легкий шум шагов. Алексей Григорьевич очнулся от своей дремы и вслед за другими вышел из собора.

Что же это было с ним там, в полусумраке тихого храма? Зачем эти два лица предстали ему одно после другого? И о чем говорила ему Шурочка? И чему смеялась та, другая? Или это была только дремотная греза, коварный обман лукавого духа, таящегося иногда и вблизи святынь? И не сам ли он, войдя в храм, как входят в другие здания, не оградив себя спасающим крестом, привел с собой лукавого?

Алексей Григорьевич вдруг почувствовал, что он устал, что ему хочется спать. Захотелось поскорей вернуться домой. Он взял первого попавшегося извозчика.

Дома, когда он лег в постель и уже засыпал, перед ним опять встало весело смеющееся лицо Татьяны Павловны. Это видение было ярко, почти телесно, — не столько воспоминание, сколько галлюцинация. Оно смеялось все веселее. Глаза засверкали зеленым блеском, их зрачки сузились, и вдруг все это лицо стало странно изменяться. Лицо прекрасного зверя, веселой, хищной кошки явилось на одно мгновение, раскрылся жадный зев, и вдруг нахлынула тьма, в которой ярко сверкнули узкие, зеленые зрачки и погасли. Алексей Григорьевич заснул.

XIX

На другой день Алексей Григорьевич сделал визит Татьяне Павловне. Потом они стали часто встречаться, — на вечерах и на обедах у знакомых, в театрах, в концертах, в изысканных кабачках, у нее.

Они сближались. Алексею Григорьевичу казалось, что между ним и Татьяной Павловной есть много общего, — одинаковые вкусы, взгляды, требования от жизни. Если же в чем они не сходились, Татьяна Павловна быстро усваивала его мнение. И порой даже слишком быстро. Словно она торопилась сказать:

— Да, Алексей Григорьевич, вы меня совершенно убедили в этом.

— Да, теперь я вижу, что ошиблась.

— Да, вы и в этом совершенно правы.

— Как я сама не понимала этого раньше!

— Я вам так благодарна, Алексей Григорьевич, — вы открыли мне глаза.

В первое время Алексей Григорьевич не очень доверял искренности этих поспешных обращений. Они казались ему внушенными чрезмерной любезностью. Потом, когда они познакомились поближе, эта недоверчивость исчезла.

И стало забываться понемногу беспокоившее в первое

время странное явление в полусне, это превращение человеческого лица в лик зверя.

XX

Лик зверя, угнездившегося в городах, был третьим образом, господствующим в пустынной, просторной храмине его жизни.

"Из-под таинственной, холодной полумаски", носимой светом, все чаще сквозил этот отвратительный лик. В разговорах, в поступках, в намерениях людей все чаще сказывалось его смрадное влияние.

Когда человек в изысканной одежде, похожий на ком жира, в дорогом ресторане, за дорогим ужином, за серебряной вазой со льдом, откуда виднелось горлышко бутылки дорогого вина, говорил о тех, кто уже безоружны, кто уже ввергнуты в темницу, кто уже осуждены на казнь:

— Так им и надо! — Алексею Григорьевичу казалось, что человека здесь нет, что человеческое сердце здесь умерло и что в оболочке человека диким ревом ревет дикий зверь.

Когда Алексей Григорьевич слышал слова "погром, национальная политика, черта оседлости, ставка на сильных", ему казалось, что он слышит все тот же, в человеческие формы облаченный, нечленораздельный, звериный вопль.

Эти ужасные слова, эти звериные вопли не оставались только звуками, оскверняющими изначально чистый воздух земного бытия. Они носились над русскими просторами, как действительные зовы, и воплощались в деяния, постыднее и ужаснее которых мало знает седая история. Дыханием Зверя была отравлена вся жизнь, и потому так умножилось число самоубийств: юные и чистые не могли вынести неистовых деяний Зверя, не могли вытерпеть смрада, исходящего от него. Не хотели задыхаться в этом смраде и шли на вольную смерть.

Исчислено и на таблице кривыми линиями начерчено было людьми науки число вольных смертей, но не Зверю в укор. Зверь скалил свои белые, страшные зубы, хохотал и говорил:

— Не моя вина. Виновен тот, кто говорит о смерти и этим соблазняет к ней. Сожгите книгу, замкните уста, — сживутся со мной дети.

И приспешники Зверя, прикрывшись личинами

200

свободомыслия, правдивости и научного исследования, с великой злобой повторяли его нечестивые слова, проклинали Слово и влекли его на Голгофу.

Ощущение близости Зверя в последнее время никогда не покидало Алексея Григорьевича. Если у Татьяны Павловны он его не чувствовал, то это даже иногда удивляло его. Но ему иногда становилось страшно думать о том, каким обществом она бывает окружена.

Когда она с любезной улыбкой слушала пошлую болтовню какого-нибудь посетителя ее гостиной, Алексею Григорьевичу казалось, что зрачки ее глаз суживаются и загораются зеленым блеском.

XXI

Светел и радостен был четвертый лик, — образ ребенка. В этом образе ребенка была непосредственная радость жизни, неложное оправдание всему, что было, родник великих надежд и неистощенных возможностей. Уберечь бы только его от разевающего пасть Зверя!

Алексею Григорьевичу представлялось стремительное, облелеянное солнцем, обнаженное тело его Гриши, одинаково прекрасное и в игре, и в труде, и в радостном делании, и в суровом претерпении. Он радовался, что Гриша растет не так, как он сам рос, и что в нем восстановлен тот природный человек, о котором мечтал ряд поколений, уставших от нашей европейской, точнее сказать, парижской цивилизации, милой, но к упадку клонящейся.

Дружба с вечными стихиями, постоянное единение детского тела с милой матерью, сырой землей, нежной и жестокой, с вечно подвижными струями холодных и ласковых вод, с легким воздухом земной жизни, с неистощимым пылом ярого солнца, — это радостное и суровое единение, в которое он поставил Гришу, было источником такой бодрой, здоровой жизни, что душа Алексея Григорьевича каждый раз при созерцании этого образа наполнялась радостью, похожей на первоначальную детскую веселость.

Вначале, когда еще Гриша был мал, Алексей Григорьевич был очень неуверен в себе и в своих мыслях об его воспитании. Он читал много книг, много беседовал с людьми, занимающимися теорией или практикой воспитания, — и все эти чтения и разговоры только усиливали в нем чувства неуверенности и беспокойства. Чем более он узнавал, что такое человек, как предмет воспитания, и какие педагогические эксперименты над ним в разные времена проделывались, тем более казалось ему, что в этом деле никто не знает наверное, что именно надобно делать.

Иногда даже казалось Алексею Григорьевичу, что следует бросить все книги, пренебречь указаниями всех детоведов и детоводов и поступать так, как поступали до него неисчислимые ряды поколений, воспитавшие своих детей или с мудрой осторожностью горожанина, удаляющего опасности от нежного детства, или с суровой, но не менее мудрой простотой деревенского жителя, бросающего нежное детство в широкий мир, благосклонный для сильных и счастливых и беспощадно истребляющий все слабое и неспособное радоваться жизни.

Но время шло, Гриша вырастал, и все увереннее и радостнее становился Алексей Григорьевич, потому что он видел, что избранный им путь прав, — путь, на котором сочетаются мудрая забота и суровая простота, путь, на котором постоянно воздвигаемые трудности рождают гордое чувство победы. Этот путь правого воспитания определился для Алексея Григорьевича сочетанием четырех начал:

свободы, дисциплины, гимнастики и техники. Дух, освобожденный от власти общеобязательных норм, сам восставляет над собой догмы, которые служат ему, как берега текущим водам, оберегая их цельность и стремление их к цели, ибо освобождение возможно только на путях целесообразностей, — и в этом союз свободы и дисциплины. Тело, развившее все свои способности, дает человеческому духу возможность господствовать над миром посредством машин и выработанных методов, — ив этом союз гимнастики и техники. Все же четыре вместе образуют современного человека.

XXII

"Что же, однако, теперь делать?" — подумал Алексей Григорьевич, припомнив вдруг весь сегодняшний разговор с Кундик-Разноходским.

Елена Сергеевна, Гришина воспитательница, жила у него недавно, с весны. Она Алексею Григорьевичу нравилась, потому что аккуратно и старательно исполняла все то, что говорил ей Алексей Григорьевич. Ему было приятно, что она, по-видимому, совершенно искренно сочувствует его взглядам на воспитание, любит детей, не скучает говорить и заниматься с Гришей, во всем является для него не только воспитательницей, но и товарищем. Может быть, Алексею Григорьевичу и потому особенно была приятна эта скромная, миловидная девушка, что она была рекомендована ему Татьяной Павловной. Приятна была она и для Гриши.

Теперь Алексей Григорьевич припомнил, что за последний месяц он уже не так был доволен Еленой Сергеевной. Она стала очень рассеянной, беспокойной. Ее глаза иногда как-то странно избегали его взоров. В звуке ее голоса порой слышалось смущение. Алексей

Григорьевич думал, что это происходит оттого, что молодая девушка влюблена, и притом не очень счастливо.

Несколько недель тому назад Гришин дядя, Дмитрий Николаевич, приезжал в столицу из того города, где он был городским головою. Там уже стали осторожно поговаривать, что он запутался в делах, давно перестал отличать свой карман от городской кассы и что затеянные им городские постройки и сами по себе для города убыточны, да и ведутся нечисто. Дмитрий Николаевич приезжал сюда с какими-то городскими ходатайствами. Он несколько раз заглядывал к Алексею Григорьевичу, был очень ласков с Гришей и чрезвычайно любезен с молодой гувернанткой.

Однажды, после ухода Дмитрия Николаевича, Алексей Григорьевич спросил Елену Сергеевну:

— Как вы находите этого моего родственника?

— Он — такой любезный, — отвечала Елена Сергеевна, — и разговорчивый.

Глаза ее радостно блестели, и щеки нежно зарумянились.

— А вы с ним раньше не встречались? — почему-то спросил Алексей Григорьевич.

Его очень удивило, что Елена Сергеевна при этом вопросе смутилась и покраснела. Он объяснил себе это тем, что она неравнодушна к Дмитрию Николаевичу. Пожалел бедную девушку, влюбившуюся в женатого и легкомысленного человека.

— Да, — сказала Елена Сергеевна, — я раза два встречалась с Дмитрием Николаевичем у Татьяны Павловны.

И это опять удивило Алексея Григорьевича. Он не знал, что Татьяна Павловна знакома с его родственником. Правда, он сейчас же сообразил, что в этом нет ничего удивительного и что, если Татьяна Павловна об этом не говорила, это было только случайно: просто об этом не заходило разговора.

XXIII

На другой день после этого разговора с Еленой Сергеевной, возвращаясь домой с поздней вечерней прогулки, Алексей Григорьевич увидел, что окна гостиной в его квартире освещены. Значит, кто-то пришел и ждет его.

— Кто у меня? — спросил он швейцара.

Швейцар отвечал почтительно:

— Дмитрий Николаевич приехали. Уж с полчаса, как изволили подняться.

Алексей Григорьевич вошел в тесную, блестящую зеркалами клетку лифта. Он чувствовал в себе опять ту же досаду, которая всегда охватывала его перед встречами с Дмитрием Николаевичем. Он открыл дверь квартиры своим ключом и тихо вошел в переднюю. Ему хотелось сначала пройти к себе в кабинет, чтобы не сразу встретиться со своим родственником.

Из гостиной слышались веселые голоса и смех. Алексею Григорьевичу показалось даже, что он слышит звук поцелуя. Ему стало досадно. Он подумал, что надобно будет поговорить с Еленой Сергеевной. Но в гостиную он все же не пошел. " Проходя по темному коридору, Алексей Григорьевич заглянул в Гришину спальню. Там было темно. Слышалось ровное дыхание спящего мальчика. На невысокой железной кровати из-под отброшенного легкого покрывала смутно белелось нагое Гришине тело. Алексей Григорьевич постоял на пороге.

"Только тут свое, — подумал он, — а там чужие. И даже любимая женщина здесь, на этом пороге, останется чужой и не войдет в радость и в тайну этой кровной близости".

Было в душе его странное чувство отрешенности от всего мира. Казалось, что никто из людей не нужен, что лик Женщины обманчив, что он близок лику Зверя. Казалось, что только здесь, где тихо дышит спящий чистый ребенок, в жилах которого струится Шурочкина кровь, кровь отошедшей от мира, но вечно живой, только здесь, в этом интимном святилище, таится неложное откровение и не обманчивая почивает надежда.

Алексей Григорьевич подошел к Гришиной кровати и

204

провел рукой по Гришину смуглому телу. Под слегка похолодевшей в прохладном воздухе спальни кожей ощущалась горячая плоть и знойная кровь. Алексей Григорьевич прикрыл Гришу покрывалом. Гриша вытянулся, приоткрыл глаза, шепнул сонно:

— Папочка!

И заснул опять.

Алексей Григорьевич вошел в свой кабинет, не зажигая ламп. Свет электрического фонаря на улице бросал в окно с еще раздвинутыми синими занавесями полосы, похожие на блеск полной луны, и потому в комнате было почти светло, мечтательно и приятно. Алексей Григорьевич сел в угол своего дивана. Не хотелось ему выходить, и, может быть, он так бы и просидел здесь долго. Но вдруг голоса, смех и шум в гостиной вывели его из того состояния приятной задумчивости и мечтательности, в которое он погрузился. Он вышел в гостиную.

XXIV

Алексею Григорьевичу показалось, что его неожиданное появление смутило и Дмитрия Николаевича, и Елену Сергеевну. Они как-то странно и поспешно отодвинулись один от другого в разные углы розовато-зеленого диванчика, на котором они сидели, весело и громко говоря о чем-то. Лицо Елены Сергеевны пылало. Глаза ее слишком сильно блестели. Над ее заалевшимся ухом билась прядь светло-русых волос.

Дмитрий Николаевич, с находчивостью светского человека, скорее Елены Сергеевны вышел из своего минутного замешательства. Он встал с дивана и быстро пошел навстречу Алексею Григорьевичу, округляющимся животом вперед, широко раскрывая руки, радостно улыбаясь. Его длинные усы были начернены и закручены узкими стрелками, слегка припухлые щеки были румяны, в глазах был маслянистый блеск, и все его приемы были фатоваты и слишком провинциальны.

На нем была серая визитка. В слишком пестром галстуке блестел большой бриллиант булавки. Пахло от него вином, шампунем и духами.

Дмитрий Николаевич весело заговорил:

— А я тебя заждался и уже хотел было уходить. Да вот,

благодаря Елене Сергеевне, не поскучал. Поболтали с ней, позлословили.

Алексей Григорьевич спрашивал с чувством странной ему неловкости:

— Ну, как твои дела? Рассказывай, где был, что видел.

Дмитрий Николаевич с веселым хохотом отвечал:

— Дела — табак! Кажется, все мои старания исполнить пожелания моих достопочтенных сограждан успехом не увенчаются и придется мне возвращаться восвояси с носом. Да и сказать по правде, наши отцы города затеяли ужасную ерунду, и вполне понятно, что из этого ничего не выйдет.

Алексей Григорьевич с удивлением спросил:

— Да разве это — не твоя инициатива?

Дмитрий Николаевич хохотал, и было в его смехе что-то наглое и циничное.

— Между нами говоря, — сказал он, — все они — ужасные моветоны и дурачье непроходимое. До пяти сосчитать не сумеют. Если бы не я и не мои постройки, город до сих пор тонул бы в грязи и во мраке. Жаль только, что на хорошие дела нужны хорошие деньги, а доставать хорошие деньги трудненько, даже и при моих финансовых способностях и при моей изворотливости.

— Да ведь ваш город богат, — сказал Алексей Григорьевич.

Дмитрий Николаевич опять захохотал.

— До меня был богат, — развязно сказал он, — ну, а что касается меня, так я праздно лежащих богатств не выношу и стараюсь употребить их более или менее с толком. Не терплю я этой азиатчины, этих бухарских халатов. Я — европеец. Мне нужен широкий размах, я люблю создавать, строить и тратить. В кубышку откладывать — не мое дело. Капиталов в свете много, французский рантье даст денег сколько хочешь и процент возьмет умеренный, — так отчего же не должны!

— А правду говорят, — спросил Алексей Григорьевич, — что ваше городское хозяйство сильно запуталось в последнее время?

— Совершенную правду, — с тем же циничным хохотом отвечал Дмитрий Николаевич.

Этот постоянный смех нагло откровенного хищника все более раздражал Алексея Григорьевича. Он поспешил перевести разговор на другие темы. Когда Дмитрий Николаевич уходил, показалось Алексею Григорьевичу, что он и Елена Сергеевна обменялись нежными взглядами. С тех пор и стал замечать в ней Алексей Григорьевич эту неприятную перемену.

После разговора с Кундик-Разноходским все это, казавшееся ему прежде вполне естественным, хотя и неприятным, стало тревожить его. А всего более тревожным было то, что в этом странном сплетении людей и отношений могла быть замешана каким-то непонятным образом и Татьяна Павловна. Конечно, если верны рассказы Кундика-Разноходского, то она окажется только слепым орудием темных замыслов Дмитрия Николаевича. Конечно, никакого участия в его планах она не могла принимать. Но все же тяжело думать, что людская злоба приблизилась и к этому светлому приюту, что дыхание Зверя проносится и над этой милой головой, что его гнойная пена может брызнуть и на эти очаровательно нежные руки.

XXV

Алексей Григорьевич позвонил и вошедшую на звонок Наташу спросил:

— Гриша дома?

— Дома, — отвечала Наташа, — сейчас Елена Сергеевна собираются идти с ним гулять.

— Попросите ко мне Елену Сергеевну, — сказал Алексей Григорьевич, — а Гриша пусть чем-нибудь пока займется.

Наташа ушла. Алексей Григорьевич не знал, что он может сказать Елене Сергеевне, о чем он может ее спросить. Но он чувствовал, что надобно что-то сделать, — и смутная тревога в его душе все возрастала. Он думал, что ход разговора сам приведет его к каким-нибудь заключениям, что лицо и глаза молодой девушки скажут больше ее слов.

Слегка запыхавшаяся и раскрасневшаяся, словно от возни, вошла Елена Сергеевна. Вглядевшись в ее миловидное лицо с ровно очерченными нетемными дугами бровей, Алексей Григорьевич вдруг подумал, что она доступна всяким влияниям. Как слушалась его, так легко готова слушаться других. Как охотно занималась вместе с Гришей гимнастикой и наравне с Гришей ходит дома и в деревне босиком, так охотно поднесет ребенку яд. Вечная исполнительница чужой воли!

Алексей Григорьевич смотрел на нее внимательно и пытливо. Ему показалось, что его пристальный взор смущает Елену Сергеевну. Она быстро сделала несколько шагов по кабинету и сказала:

— Вы желали меня видеть, Алексей Григорьевич? А я только что кончила урок с Гришей, и мы с ним уж собирались было одеваться для прогулки.

— Извините, я вас долго не задержу, — отвечал Алексей Григорьевич. — Пожалуйста, присядьте, мне надобно сказать вам, — спросить вас кое о чем.

— Пожалуйста, я слушаю, — сказала Елена Сергеевна. — Я пока заняла Гришу. Он у себя.

Глядя на Алексея Григорьевича с неискренним выражением человека, который боится, что ему могут задать неприятный вопрос, Елена Сергеевна села в то же кресло, где перед этим сидел Кундик-Разноходский. И почему-то от этого сближения Алексей Григорьевич вдруг почувствовал опять жалость к этой девушке.

Может быть, она полюбила этого неискреннего, неразборчивого в средствах человека. Может быть, для него готова она даже и на преступление. Может быть, она в его руках является только слепым орудием и притворяется, только пересиливая себя.

Или солгал все это Кундик-Разноходский? Но мало было надежды на то, что слова его — ложь.

Алексей Григорьевич заговорил негромко и осторожно:

— Извините меня, Елена Сергеевна, но я должен задать вам щекотливый вопрос. И делаю это я только потому, что для меня, в интересах Гриши, совершенно необходимо разъяснить некоторые обстоятельства. Скажите, пожалуйста, когда вы в последний раз видели Дмитрия Николаевича.

Елена Сергеевна, слегка краснея и, очевидно, волнуясь, сказала:

— Не помню. Право, не помню. Когда Дмитрий Николаевич приезжал к вам?

Алексей Григорьевич спросил:

— Вы знаете, что Дмитрий Николаевич со вчерашнего дня здесь, в городе?

Елена Сергеевна промолчала, пожала плечами, — может быть, волнение мешало ей говорить.

Алексей Григорьевич продолжал спрашивать:

— Сегодня утром вы его видели?

— Право, я не знаю, почему вы об этом спрашиваете, — нерешительно сказала Елена Сергеевна. — Мои встречи не касаются моей службы у вас. Это — мое частное дело. И, наконец, я имею право иметь свои секреты. Мне даже удивительно, что вы меня об этом спрашиваете.

Все это было странно, и никогда раньше Елена Сергеевна

не говорила так, этим неприятным, не идущим воспитанной барышне тоном уличаемой в плутнях камеристки. Но ему нравилось то, что ей трудно солгать и что потому она не отрицает прямо сегодняшней встречи.

— Я бы не спрашивал вас, — сказал Алексей Григорьевич, — если бы дело не касалось, к сожалению, моего сына.

— Вы ставите мне в упрек мои поступки? — спросила Елена Сергеевна. — Но ведь вы не можете сказать, что я дурно влияю на Гришу. Я во всем точно следую вашим указаниям, и от меня Гриша не видит и не слышит ничего дурного и соблазнительного.

— Нет, — сказал Алексей Григорьевич, — я не об этом хочу с вами поговорить. Хотя мог бы и об этом. И даже, может быть, должен был бы поговорить с вами и об этом. Дмитрий Николаевич женат и имеет детей, но он увлекается женщинами и неспособен к длительным привязанностям. Мне давно следовало бы решительно предостеречь вас, как живущую в моем доме и, стало быть, под моей охраной молодую девушку, от возможного сближения с этим человеком. Это было бы и в ваших интересах, и в интересах того дела, которое вам в этом доме поручено.

Елена Сергеевна раскраснелась и не говорила ни слова. Алексей Григорьевич продолжал:

— Но сейчас меня интересует другое. Я говорю с вами, Елена Сергеевна, теперь только о Грише. Я боюсь, что вы разговаривали сегодня с Дмитрием Николаевичем, между прочим, и о Грише.

Елена Сергеевна в замешательстве, с притворным недоумением отвечала:

— Что ж такое! Разве нельзя разговаривать о Грише? Ведь ему от этого худо не станет!

— Может быть, и худо станет, — возразил Алексей Григорьевич. — Я бы очень хотел знать, что именно вы сегодня говорили с Дмитрием Николаевичем о Грише.

— Да ничего особенного, — отвечала Елена Сергеевна, — я даже не помню. Ну, о занятиях, об его здоровье, — не помню подробно.

Алексей Григорьевич молча смотрел на Елену Сергеевну. По ее возрастающему замешательству он видел, что она скрывает правду. И он решился сделать рискованный вопрос.

Твердым и решительным голосом, глядя прямо в глаза растерявшейся девушки, он спросил:

— Елена Сергеевна, что передал вам сегодня Дмитрий Николаевич? Отдайте мне это.

Елена Сергеевна спросила глухим шепотом:

— Откуда вы знаете?

Лицо ее странно и жалко побледнело, и глаза ее не могли оторваться от настойчивого взора черных глаз Алексея Григорьевича. И уже не было в душе Алексея Григорьевича ни страха, ни жалости, ни сомнений. Даже мысли определенной никакой не было. Вся его жизнь, вся его воля сосредоточились в его глазах, — и они настойчиво требовали ответа.

Елена Сергеевна все более бледнела. Она встала, словно хотелось ей уйти дальше от этих настойчивых глаз, — схватилась рукой за спинку кресла, — и рука ее вздрагивала.

— Отдайте мне то, что вы получили от Дмитрия Николаевича, — опять сказал Алексей Григорьевич. — Это у вас? Принесите сейчас же сюда.

Елена Сергеевна низко опустила голову и медленно вышла из кабинета.

XXVI

Когда она ушла, Алексей Григорьевич почувствовал странную усталость. Он бессильно опустился в кресло и сидел, ни о чем не думая, как будто бы забыв о том, что сейчас было, и о том, чего он ждет. Лик Зверя встал перед ним: гнусная пасть звериная дымилась смрадно и омерзительно.

Потом вдруг Алексея Григорьевича поразила мысль, что Елена Сергеевна, опомнившись от первого потрясения и, выйдя из-под власти его настойчивой воли, выбросит или сожжет то, что она с собой принесла сегодня от Дмитрия Николаевича. И тогда он не узнает, что это было, и ему придется еще долгие часы томиться страшной неизвестностью.

Он порывисто встал и быстро вышел из кабинета. Шаги его отчетливо и гулко раздавались на холодных желтых паркетах залы. Но через столовую он постарался пройти бесшумно.

Войдя в длинный полутемный коридор, Алексей Григорьевич увидел в полуоткрытую дверь буфетной, что Елена Сергеевна стоит у мраморной раковины, вделанной под краном водопровода в окрашенную синей масляной краской стену.

Елена Сергеевна услышала за своей спиной шаги. Поза ее выдавала растерянность и желание что-то скрыть.

Алексей Григорьевич быстро подошел к ней. Она

повернулась боком к стене и держалась правой мокрой рукой за край раковины. Неловкими от торопливости движениями ноги она старалась оттолкнуть что-то к стене, — и Алексей Григорьевич увидел на полу близ края ее платья раскрытую пустую коробку.

Увидев, что Алексей Григорьевич заметил эту коробку, бледная, готовая упасть без чувств девушка быстро нагнулась к раковине, левой рукой повернула кран, чтобы бежавшая из него вода текла сильнее, и правой рукой торопливо проводила по дну раковины, словно стараясь протолкнуть что-то в отверстие нижней решетки.

Алексей Григорьевич взял ее за руки, отстранил от раковины, — она не сопротивлялась, — потом закрыл кран и нагнулся над раковиной. Вода быстро сбегала, унося с собой остатки какого-то белого порошка, который в воде, очевидно, не растворялся. Когда последние капли воды сбежали, Алексей Григорьевич увидел, что на решетке осталось несколько мелких белых крупинок.

Он осторожно собрал их двумя пальцами, бережно положил их на ладонь левой руки и подошел к выходившему на двор окну. Крупинки были прозрачно-белые, на ощупь твердые, колючие.

Алексей Григорьевич понял, что это было толченое мелко стекло. Он повернулся к Елене Сергеевне. Она стояла близ него и с тупым испугом глядела на его руки.

Он спокойно спросил Елену Сергеевну:

— Зачем вам понадобилось это стекло? Она молчала.

— Оно было вот в этой коробке? — спросил ее Алексей Григорьевич, указывая глазами на валявшуюся на полу коробку.

— Да, — тихо сказала Елена Сергеевна.

Она нагнулась, подняла коробку, подала ее Алексею Григорьевичу. Все это она проделала как-то механически, почти бессознательно.

Это была небольшая картонная коробочка овальной формы, из тех, в которых продаются маленькие конфетки для театра.

— Зачем вы это взяли? — спросил Алексей Григорьевич. Елена Сергеевна заплакала. Она закрыла лицо руками и тихо говорила:

— Не знаю. Он говорил, а я слушала и все готова была сделать. Он обошел меня ласковыми словами. Слушалась, как дура, как рыба. Он сказал мне: — Возьми, подсыпай понемножку Грише в пищу. — Я и взяла, даже не думала ничего. Точно во сне было. Только сейчас поняла, что хотела сделать, на что пошла.

Замолчала. Стояла перед Алексеем Григорьевичем, низко опуская голову, вытирая платком неудержно льющиеся слезы. Алексей Григорьевич спросил:

— Раньше он вам передавал что-нибудь для Гриши?

— Нет, — сказала Елена Сергеевна, тихо плача, — это первый раз. Раньше только уговаривал. Говорил, — у Гриши полтора миллиона. Говорил, — золотой дождь. Говорил, — жена надоела, разведусь. Да этому-то я не верила. Хоть так, — большие деньги. Соблазнилась. У меня, вы знаете, братья маленькие, учить надо. Да нет, что я! Ведь вы мне достаточно платили, — на всех бы хватило. Ужасно! Сама не понимаю, — что со мной было.

— Сколько же он вам обещал? — спросил Алексей Григорьевич.

— Пять тысяч сразу, — отвечала Елена Сергеевна, — и ежегодная пенсия по тысяче рублей. В обеспечение обещал векселя выдать.

— Выгодная сделка, — холодно сказал Алексей Григорьевич. Он вышел в коридор. Из буфетной комнаты были слышны истерические рыдания.

XXVII

Алексей Григорьевич захотел увидеть Татьяну Павловну. Мучительное беспокойство, гнетущая мысль о том, что Татьяна Павловна знакома с Дмитрием Николаевичем, что это она рекомендовала ему Елену Сергеевну, — все это заставляло его спешить к ней, взглянуть в ее ясные, милые глаза, вслушаться в золотые звоны ее девически чистого голоса, прильнуть к ее нежным, прекрасным рукам, от которых пахло сладкими духами, немножко напоминавшими любимый Шурочкин киргиз, такой сладостный и радостно-забавный аромат.

Теперь, пока еще не были приняты меры к ограждению Гриши от покушения на его жизнь, Алексей Григорьевич не решился оставить его дома. Поручить его надзору экономки он не хотел, — пришлось бы этой преданной, но все-таки чужой женщине рассказывать, в чем дело, а это казалось ему теперь еще неудобным. Да и так страшно было с кем-нибудь говорить об этом!

Он пошел к Грише. Гриша сидел один за столом близ окна, скрестив стройные голые ноги, и с увлечением решал какую-то сложную задачу.

Услышав шаги отца, Гриша обратил к нему весело улыбающееся, забавно-озабоченное лицо, — задача попалась трудная. Это выражение озабоченности теперь особенно ясно выдавало Гришине сходство с его покойной матерью.

Алексей Григорьевич вспомнил Шурочкино исхудалое лицо и ее тонкие руки, когда она лежала в белом гробу, все белая в белом платье под белыми цветами, — Гришине лицо в гробу на белой подушке, и Гришины сложенные руки под белыми цветами вдруг померещились ему почти с отчетливостью галлюцинации. Холодный ужас охватил его. Он подумал:

"Нет, не будет так. На край света увезу его, схороню за океанами, не дам жадному, жестокому Зверю".

— Елене Сергеевне нездоровится, — сказал он. — Я отвезу тебя, Гриша, в гимнастический городок, а сам проеду к Татьяне Павловне. Потом за тобой заеду.

Гриша радостно начал одеваться. Он любил ездить или ходить куда-нибудь с отцом.

Натягивая теплые серые чулки на полные икры сильных ног, он сказал:

— Папочка, — сегодня утром я читал необыкновенно интересную книгу. Можешь себе представить, о чем?

— О чем, Гриша? — спросил Алексей Григорьевич. И не было в его голосе той бодрой веселости, которая всегда охватывала его, когда он разговаривал с сыном. Он сел на стул около окна, спиной к свету, чтобы Гриша не заметил его волнения.

Но уже Гриша заметил, что отец расстроен чем-то. Он опасливо посматривал на отца. Припоминал, не сделал ли он чего-нибудь такого, на что Елена Сергеевна могла бы пожаловаться. И говорил негромко:

— Об Аргентине. Необыкновенно интересная страна. Знаешь что, папочка, — съездим когда-нибудь туда. На большом океанском пароходе через тропики, через экватор, — так интересно, что и сказать нельзя.

Алексей Григорьевич думал:

"Может быть, и в самом деле уехать нам с Гришей куда-нибудь, в Аргентину или на Сандвичевы острова, где жизнь людей еще близка к первоначальной дикости, где язык людей не так лжив, как наша коварная речь, где милые стихии родственнее человеку и ближе к нему, — туда, в далекий край, где нет нашей политики, и нашей цивилизации, и наших вопросов, и нашей злой и лукавой слабости".

Он представил Гришу и Татьяну Павловну в Океании, на коралловом атолле, под кущей тонких пальм, — и на минуту ему стало почти весело.

XXVIII

Санки бежали быстро по снежной мостовой. В лицо веял легкий морозный ветерок. На перекрестках улиц в железных круглых печках трещали дрова, рассыпая искры, распуская в воздухе теплый дым. Какие-то косматые, шершавые люди тянулись темными и на морозе лицами к сладкому дыму печей, прихлопывали громадными рукавицами и приплясывали, словно играли с искрами и с дымом.

Гришины щеки были румяны. Гришины глаза весело блестели, — русская зима нравилась Грише и веселила его северное сердце. Он был хорошо приучен к холоду и любил мороз.

Теперь, поддаваясь ощущению зимней бодрости, Алексей Григорьевич думал, что нельзя расстаться с родной землей, нельзя бежать за океан. Он думал, что надобно жить здесь, в этой суровой, но милой России. От Зверя, угнездившегося в городах, надобно уйти в широкие просторы русских долин, в бедный быт русской деревни, быт бедный, темный, но подлинный, верный быт трудящегося мира. Надобно окунуться в эту величайшую из всех стихий, в стихию простонародной жизни, в тот мир, где мать сырая земля неистощимо рождает все новые и новые силы, наперекор неистовству жестокой жизни.

Он вспомнил все то грубое и жестокое, что совершалось в деревне. Вспомнил разгром своей усадьбы крестьянами, теми самыми смирными и рабочими людьми, среди которых он провел свое детство, с которым он узнал, что его сверстники, товарищи его деревенских игр, Василий Менятов и Илья Цыганков, были вожаками громил, разрушивших и сжегших тот дом, в котором он родился. И ему вдруг опять стало страшно. С холодным отчаянием подумал он:

"Куда же идти?"

И ответил сам себе:

"Все-таки надобно идти к ним, на родную землю, к

родному народу, и разделить его судьбу, какова бы она ни была".

Гриша весело говорил что-то, — Алексей Григорьевич едва слушал его, едва ему отвечал. И наконец Гриша замолчал. Задумался о чем-то своем.

Когда на повороте улицы санки раскатились и Гриша схватился рукой за его рукав, схватился почти бессознательно, продолжая додумывать свои думы, Алексей Григорьевич взглянул на него сбоку, опять задумчивость, легшая на раскрасневшееся Гришине лицо, сделала его так радостно и так трогательно похожим на бледное Шурочкино лицо.

Сердце Алексея Григорьевича дрогнуло. И снова в душе его поднялась тоска.

XXIX

Уже было на улицах совсем темно, когда Алексей Григорьевич позвонил в квартиру Татьяны Павловны. Горничная в белом переднике, веселая молоденькая девушка с блудливыми серыми глазами, с неярким, городским цветом лица, скоро открыла ему дверь и, не дожидаясь его вопроса, сказала:

— Барыня дома, пожалуйте.

Показалось ли только так Алексею Григорьевичу, или сегодня он особенно отчетливо подмечал все, чем сказывается в людях и в предметах печаль, — только его удивило, что в серых Катиных глазах блестят слезинки. Он подумал:

"Мать больна, денег просит или барыня недовольна".

Ему казалось, что Катя стаскивает с него пальто не так ловко, как всегда. Он вошел в гостиную, где никого не было. Катя осветила комнату светом трех лампочек средней люстры и быстро ушла.

Алексей Григорьевич сел в кресло у стола. Повертел в руках альбом. Опять встал. Прошелся несколько раз по комнате. Томившее его беспокойство все возрастало.

Не зная сам, зачем он это делает, он взялся за ручку запертой двери, вошел в соседнюю темную комнату и не спеша подвигался вперед. Он даже не думал о том, что идет по комнатам чужой квартиры. Темнота успокаивала его, и он шел из комнаты в комнату.

Вдруг он увидел свет. Услышал голоса. Остановился. Хотел было повернуть назад, но стоял в странной нерешительности.

Слышалось два голоса, — тихий Катин голос и сдержанно-сердитый голос Татьяны Павловны. Казалось, что Татьяна Павловна за что-то бранит Катю. Потом она заговорила погромче, и Алексей Григорьевич услышал ее слова:

— Который раз я вам говорила, Катя. Никакого терпения нет. Если вы не хотите служить, так убирайтесь вон сейчас же.

Что-то отвечала Катя, очень тихо, но, судя по звуку ее голоса, что-то дерзкое. И тогда Татьяна Павловна, вдруг забывши, что в квартире есть гость и что надобно сдерживаться, звонко крикнула злым голосом:

— Как ты смеешь, дерзкая девчонка! Вот тебе! Вот тебе! И вместе с этими словами послышались резкие звуки двух звонких пощечин и тихие вскрикивания Кати:

— Ах! Ах!

Алексей Григорьевич стоял, охваченный негодованием и страхом. Ему казалось, что этого не может быть, что это — какая-то ошибка. Может быть, кто-нибудь другой, экономка, что ли, стоит там и бьет по щекам девушку.

Он тихо сделал два шага вперед. Перед ним в зеркале, стоявшем над нарядным туалетом, отразилось в полуобороте сильно покрасневшее, сердитое лицо Татьяны Павловны и испуганное лицо плачущей Кати. Лицо Татьяны Павловны покраснело пятнами, углы рта неприятно опустились, и она казалась грубой и вульгарной.

Катины щеки ярко пылали. Она стояла прямо, опустив руки, не вытирая быстрых слез, и говорила тихо:

— Барыня, простите, я больше не буду.

И опять поднялась красивая, белая рука Татьяны Павловны, и так спокойно и ловко, словно совершая привычное движение, звонко опустилась на покорно подставленную Катину щеку. И в то же время Татьяна Павловна кричала, уже не сдерживая голоса, грубым тоном рассерженной женщины:

— Не смей дерзить, негодная девчонка! Вот тебе за это еще! В благоуханном воздухе комнаты, нежно розовея в мягком озарении лампочек, прикрытых розовыми колпачками, мелькнула другая рука Татьяны Павловны, и четвертая пощечина раздалась как будто бы еще звонче первых трех. Катя громко зарыдала, быстро опустилась на колени и жалобным, похожим на детский, голосом говорила:

— Барыня, миленькая, больше не буду. Никогда больше не буду.

Татьяна Павловна отвернулась от нее.

Алексей Григорьевич поспешно пошел прочь. В полутьме неосвещенных комнат он задел за что-то, — послышался грохот сдвинутого с места стула. Татьяна Павловна, выглянув из двери, дрогнувшим от волнения голосом спросила:

— Кто там?

Алексей Григорьевич, не отвечая, вернулся в гостиную.

XXX

"Что же это? — думал Алексей Григорьевич. — Как может нежное сердце женщины распаляться такой злостью? Как может прекрасная рука очаровательной дамы с такой удивительной ловкостью и с такой силой опускаться на щеки перепуганной служанки? Что же это, — случайная вспышка, несчастный случай, один из тех, которые могут случиться со всяким? Или то, что делается не раз?"

"А эта глупая девчонка, которую бьют, зачем же она терпит? Зачем она сама подставляет под удары госпожи свои бледные щеки? Зачем, как рабыня, бросается к ногам обидевшей ее женщины? По привычке с детства? Или от испуга, потому что натворила что-нибудь очень скверное? Или, может быть, уже знает по опыту, что вспыльчивая барыня потом вознаградит ее за эти пощечины каким-нибудь подарком, — старым платьем, или ленточкой, или мало ли еще чем?"

Потом, вдумываясь в то, что он теперь чувствует, Алексей Григорьевич с удивлением заметил, что нет в его душе ни сильного гнева, ни яркого негодования. Скорее страх какой-то, какое-то холодное равнодушие.

Алексей Григорьевич закрыл глаза, стараясь вызвать прежний милый образ Татьяны Павловны, веселой, любезной женщины со смеющимися глазами. И это ему удалось. Он опять почувствовал в своем сердце нежную жалость к ней, к этой запутавшейся в лукавых сетях Зверя, но все-таки, конечно, милой, доброй женщины. Захотелось обойтись с ней, как с провинившимся ребенком, заставить ее застыдиться, покраснеть, раскаяться, — захотелось по-отцовски побранить, простить, увезти ее отсюда, перенести в иную жизнь, простую, здоровую, братскую, где люди не обижают друг друга.

Ведь все то, что говорила ему Татьяна Павловна, всегда

казалось ему таким близким его душе. Разве не одинаково думают о жизни они оба? Разве не одинаково обоим им противен лютый Зверь, жестокий властелин города? И разве случайные победы его над нашим сердцем не должны равно печалить их обоих?

XXXI

Послышались за дверью легкие, быстрые шаги. Дверь бесшумно открылась, вошла Татьяна Павловна. Алексей Григорьевич почувствовал, что он взволнован. Он пошел к ней навстречу.

Весело улыбаясь, она протянула ему руку, — и ни в лице ее, ни в звуке ее любезного привета, ни в ее уверенных движениях ничто не напоминало той сварливой бабы, растрепанной, красной, которая свирепо била по щекам свою служанку.

Алексей Григорьевич молча пожал ее руку. Не поднес ее к губам для поцелуя, как делал это всегда, следуя приятному светскому обычаю.

Татьяна Павловна всмотрелась в его лицо. Как будто бы смутилась слегка. Слегка прикрыла веки. Спросила участливым тоном, — и в звуке ее голоса Алексею Григорьевичу послышалось притворство:

— Как поживаете, Алексей Григорьевич? Что у вас дома? Все благополучно? Гриша, надеюсь, здоров? Вы как будто бы чем-то озабочены.

Алексей Григорьевич слегка сдвинул брови, строго посмотрел в ее глаза и сказал:

— Татьяна Павловна, извините меня. Ожидая вас, я увлекся здесь моими размышлениями, довольно невеселыми, и, по моей привычке ходить по комнатам, обдумывая что-нибудь, прошелся по вашей квартире. Этого мне не следовало делать, но я это зачем-то сделал и был жестоко наказан за свою неосторожность.

Татьяна Павловна стояла перед ним, опустив глаза. Досадливая гримаска мелькнула было на ее губах, но быстро исчезла. Краска стыда заливала ее нежные щеки, и красивые маленькие уши ее под завитками темных волос краснели. Алексей Григорьевич продолжал:

— Я увидел, как вы наказывали за что-то вашу Катю. Слишком патриархально.

Голос его дрогнул, и он сказал быстро, чувствуя в себе все возрастающий гнев:

— Вы били ее по щекам. Признаюсь, я не ожидал, что вы умеете делать это. Скажу откровенно, что хотя самое действие и казалось мне отвратительным, но я готов был аплодировать виртуозности исполнения.

Татьяна Павловна сказала в замешательстве:

— О, какой вы злой! Если бы вы знали, какая это дерзкая девчонка! С ней иначе нельзя. Она очень склонна забываться.

— Зачем же вы ее держите? — спросил Алексей Григорьевич.

— Но я к ней привыкла, — отвечала Татьяна Павловна. — Хорошую горничную нынче так трудно найти. И она все знает, где что у меня лежит, и все адреса знает. Она расторопная, услужливая, очень честная, и я ею, в общем, очень довольна и дорожу ею. Только иногда на нее вдруг находит желание говорить мне дерзости.

— И тогда вы ее бьете? — спросил Алексей Григорьевич. Татьяна Павловна в замешательстве посмотрела на него, смущенно развела руками и сказала:

— Ну, я ее словами унимаю. Конечно, иногда она уж очень рассердит. Вы, кажется, думаете, что я — ужасно злая и что я только и делаю, что ее бью. Неужели вы меня так плохо знаете! Поверьте, она сама сознает, что заслужила это. Она меня любит. Ведь кто же бы ее держал здесь насильно? Она у меня уже пятый год. Она дорожит этим местом.

Алексей Григорьевич молча слушал все эти оправдания. Его молчание все более смущало Татьяну Павловну. Наконец Алексей Григорьевич увидел, как из уголка ее глаза медленная, маленькая выкатилась слезинка. Ему стало жалко эту застыдившуюся до слез даму, и он сказал:

— Никогда больше не делайте этого.

Татьяна Павловна наклонила голову и тихо сказала:

— Хорошо, я больше не буду.

— А теперь, — продолжал Алексей Григорьевич, — позовите Катю, приласкайте ее и извинитесь перед ней.

Татьяна Павловна быстро глянула на Алексея Григорьевича. Ее взгляд исподлобья был похож на сердитый, пристыженный взгляд попавшегося в шалости ребенка. Потом она опять опустила глаза, легонько пожала плечами и сказала:

— Алексей Григорьевич, это ее только поощрит на новые дерзости.

Алексей Григорьевич сказал настойчивым тоном:

— Татьяна Павловна, не огорчайте меня слишком, не

заставляйте меня думать о вас так дурно, как вы этого не заслуживаете. Не кажитесь хуже, чем вы есть. Вы — добрая, милая, такие выходки вам не к лицу. Сделайте так, чтобы я мог с легким сердцем поцеловать вашу нежную руку. Татьяна Павловна нахмурила брови. Опять пожала плечами, подумала минутку, потом вдруг ярко покраснела, и видно было, что краска румянца разлилась по ее шее и по плечам. Она быстро, неловкой походкой пристыженной школьницы подошла к столу и нажала белую пуговку электрического звонка.

XXXII

Через минуту вошла Катя. Алексей Григорьевич пристально посмотрел на нее.

Катя остановилась у дверей. По лицу ее почти совсем не было заметно, что ее только что побили. Губы ее улыбались сдержанно, глаза были веселы и блудливы. Только щеки все еще были очень красны. Но вся ее наружность говорила о том, что она довольна своим положением, что она охотно готова исполнить то, что ей сейчас прикажут. Катя стояла в скромной, почтительной позе, опустив руки, глядела прямо на Татьяну Павловну и ждала.

Алексей Григорьевич перевел глаза на Татьяну Павловну. Лицо ее все еще пылало, глаза были опущены, правая рука беспокойно раскрывала и закрывала альбом на столе, у которого она стояла. Видно было, что ей очень стыдно и что она не знает, как начать.

Прошла минута неловкого молчания. Катя как будто догадалась о чем-то. Глаза ее с любопытством перебегали с Татьяны Павловны на Алексея Григорьевича. Видно было, что ей хочется смеяться.

Наконец Татьяна Павловна сказала смущенно:

— Катя, Алексей Григорьевич недоволен тем, что я вас поколотила. Правда, я слишком погорячилась. Вы меня уж очень рассердили. Извините меня. Катя.

Перебивая ее, быстро заговорила Катя:

— Что вы, барыня! Да разве я жалуюсь на вас! Я вами очень даже довольна. А что вы погорячились, так я сама этому виновата. Разве можно говорить господам дерзости! Ведь это — не свой брат.

— Извините меня. Катя, — повторила Татьяна Павловна. —

Я вас вперед не буду бить, а вы не должны говорить дерзостей. Постарайтесь, чтобы с вашей стороны это было в последний раз.

Катя с веселой улыбкой говорила:

— Да право же, барыня, я не обижаюсь. Мало ли что бывает! Нашему брату на все обижаться не приходится.

— Подойдите ко мне, Катя, — сказала Татьяна Павловна.

Катя подошла и остановилась перед Татьяной Павловной. Татьяна Павловна неловко и нерешительно подняла руку. Катя вздрогнула, я слегка отстранилась. Но потом вдруг она сообразила, что рука поднимается, конечно, не для удара. Она весело засмеялась, потянулась лицом к Татьяне Павловне и подставила ей щеку.

Татьяна Павловна ласково погладила подставленную щеку. Потом она взяла Катю за подбородок и нежно поцеловала ее в щеку, в губы, в другую щеку. Тогда Катя быстро опустилась на колени, схватила обе руки Татьяны Павловны и поцеловала сначала одну, потом другую. Сказала:

— Простите меня, барыня, много довольна вашей лаской.

XXXIII

Когда Катя ушла, Татьяна Павловна села на диван и, поглаживая раскрасневшиеся щеки тонкими, стройными пальцами, сказала:

— Видите, какая трогательная сцена! Вот видите, она и не думала обижаться.

Но все-таки у нее был вид наказанной девочки. Алексей Григорьевич промолчал. Татьяна Павловна опасливо посмотрела на него и заговорила о другом.

Алексей Григорьевич спросил:

— Вы давно знакомы с моим родственником, Дмитрием Николаевичем Нерадовым?

— Да, приходилось встречаться, — равнодушно ответила Татьяна Павловна. — Он иногда бывает у моей тетушки Неделинской.

Ее спокойный тон совершенно рассеял опасения Алексея Григорьевича.

Но все-таки разговор их кончился сегодня как-то неприятно. Алексей Григорьевич заговорил о том, что он хочет уйти от города, уйти от этой лживой жизни, слиться с народом.

Татьяна Павловна слушала его с каким-то неопределенным выражением на лице.

— А вы, Татьяна Павловна, пойдете ли за мною? — спросил он, опять чувствуя в себе неожиданное волнение.

Татьяна Павловна с принужденным видом улыбнулась и сказала:

— Я пойду за вами всюду, куда вы захотите меня повести, но я буду отчаянно скучать без города, должна сказать вам это откровенно. Да и вы тоже скоро захотите вернуться.

Алексей Григорьевич живо и уверенно сказал:

— Никогда!

— Не ручайтесь за себя, — сказала Татьяна Павловна, усмехаясь. — Знаете, мы, городские жители, как привычные пьяницы, так втягиваемся в городскую жизнь, что уже иначе не можем жить. Как русалку нельзя вытащить на берег, задохнется, — так и мы с вами там, в этой темной глуши, жить не сможем. Да и делать нам там нечего.

Алексей Григорьевич не спорил. Ему стало грустно. Он хотел было рассказать ей о сегодняшнем разговоре с Кундик-Разноходским, — но почувствовал, что еще не может говорить ни с кем об этом. Решил рассказать когда-нибудь после.

XXXIV

Когда Алексей Григорьевич вечером вернулся домой вместе с Гришей, Елены Сергеевны уже не было. Серафима Андреевна, пожилая экономка, степенная вдова курьера, встретила его в передней. У нее было озабоченное, расстроенное лицо. Она говорила растерянно, поглядывая на Гришу:

— Елена-то Сергеевна наша расхворалась совсем, к маменьке уехала.

Алексей Григорьевич понял, что она что-то хочет рассказать ему. До обеда оставалось еще минут пятнадцать. Он сказал:

— Ты, Гриша, переоденься к обеду и займись пока чем-нибудь. А мне надобно с Серафимой Андреевной поговорить.

Когда они вдвоем вошли в кабинет, Серафима Андреевна испуганно заговорила:

— Что тут у нас делается, просто и ума не приложу.

— Садитесь, Серафима Андреевна, — сказал Алексей

Григорьевич, — и рассказывайте. Уж я знаю, что хорошего ждать надобно мало.

Экономка рассказывала:

— Только что вы с Гришенькой уехали, слышу я, Елена Сергеевна разливается, плачет. Я к ней, — что, говорю, такое, что с вами? А Елена Сергеевна, вижу, вне себя, говорит совсем несообразные слова, — я, говорит, таких дел тут наделала, что не знаю, говорит, что мне за это и будет. Только, говорит, я ни в чем не виновата, а виноват во всем Дмитрий Николаевич, а быть мне здесь, говорит, больше никак нельзя. Живо-живехонько собралась, чемоданишко свой укладывает, говорит мне, — давайте мне паспорт, я сейчас съезжаю от вас к своей маменьке. Я не знаю, что и делать, что говорить, только думаю себе, как же это я ее без вас отпущу, — потом, может быть, чего недосчитаемся, кто будет в ответе. Говорю ей, — нет, Елена Сергеевна, говорю, вы меня извините, а только без Алексея Григорьевича я ни паспорта вашего, ни вещей из квартиры выпустить не могу. А она мне довольно спокойно говорит, — да вы, говорит, не бойтесь, я ничего здесь не украла, а только жить здесь мне нельзя ни одной секунды. Я, говорит, уйду, а вещи и паспорт вы мне пришлите, я у своей маменьки буду. Уж я не знаю, как и быть, и отпустить-то ее боюсь, да и задерживать не смею. Стараюсь ее словами разговорить всячески, но она никакого внимания не обращает, живо-живехонько оделась и побежала, — только каблучки по ступенькам зацокали. Только этому делу минут пять прошло, еще я и очухаться не успела, как вдруг новое происшествие, — заявляется Дмитрий Николаевич. А у меня сердце не на месте, ноги подкашиваются, успокоиться не могу, хожу по комнатам дура дурой, в окошки поглядываю. Вижу, Дмитрий Николаевич подъезжает, я сама в прихожую выхожу, Наташе строго-настрого приказала, — что ты, мол, Наташа, не суйся, язык за зубами держи, что тут было, ни о чем ни гугу. Вошли, пальто неглиже скинули, — дома? — спрашивают. Говорю, — только что уехали. — А Гриша, говорят, дома? Вот, говорят, я ему конфет привез, каштанов, знаю, говорят, что он до них большой охотник, пусть полакомится. Спрашивают про Елену Сергеевну, и тут я, уж не знаю с чего, возьми и проболтайся. Что-то, говорю, неладно с Еленой Сергеевной, — да и давай им все по порядку выкладывать. А Дмитрий Николаевич, нижу, в лице переменились, ворчат сквозь зубы: — Экая дурища! — Тут мне как в голову ударило, что Елена-то Сергеевна про них что-то говорила, что они будто в чем-то виноваты. Ну, думаю, помолчать бы мне до Алексея Григорьевича. А они к дверям и конфеты с собой забирают, а то было их поставили на столик подзеркальный. Я им говорю, — да вы, Дмитрий Николаевич, говорю, коробочку-то оставьте, я передам Гришеньке. Нет, говорят, я сам вечером занесу. И скоро-скорехонько пошли вон, как будто рассердившись на что-то, и так каштанов и не захотели оставить. Батюшка Алексей Григорьевич, что я, напутала тут что или что такое?

-Все хорошо обошлось, Серафима Андреевна, — сказал Алексей Григорьевич, — а чуть было очень плохо не вышло. А вся беда в том, что у Гриши денег много. Дело-то вот в чем...

В это время раздался стук в дверь, и вошла Наташа с письмом. Сказала:

— Посыльный подал, от Елены Сергеевны.

Алексей Григорьевич торопливо разрезал конверт и прочел:

"Милостивый Государь Алексей Григорьевич!

После нашего разговора с Вами, и узнав, что Вы Бог знает в чем подозреваете меня, я, конечно, не могу оставаться в Вашем доме. Я переехала к моей маменьке. Мои вещи и паспорт прошу мне прислать, если можете, сегодня, а также и мое жалованье за последний месяц. Грише от души желаю всего наилучшего, и больше всего, чтобы он получил поскорее вторую мать и с ней теплую женскую ласку, которой ему не хватает в Вашем доме и которую ему может дать только Ваша супруга, а не наемная гувернантка, хотя бы и такая усердная и послушная Вам, как я была.

Готовая к услугам Елена Кирпичевская".

Внизу был приписан адрес.

Алексей Григорьевич понял, что она виделась уже с Дмитрием Николаевичем. Вернее всего, что и письмо написано под его диктовку.

Алексей Григорьевич брезгливо швырнул письмо на стол. Глупые слова о второй матери, — конечно, подразумевалась Татьяна Павловна, — показались ему кощунственными. Как смеет эта низкая обманщица говорить об этой очаровательной женщине!

XXXV

На другой день Кундик-Разноходский опять сидел у Алексея, Григорьевича. Прежде всего спросил:

— Могу я узнать, оправдалось ли мое вчерашнее предсказание насчет коробки конфет?

Алексей Григорьевич сказал:

— К сожалению, оправдалось. И даже раньше, чем вы говорили. Коробку принесли днем.

Кундик-Разноходский, хихикая, сказал:

— Поторопились. Итак, глубокоуважаемый Алексей Григорьевич, вы сами изволите видеть, что мои сведения основательны. Документам я принес и нахожусь в приятном ожидании получения денег.

Алексей Григорьевич достал из письменного стола приготовленные деньги и отдал их Кундик-Разноходскому. Тот пересчитал деньги с большим удовольствием. Потом вынул из бокового кармана перевязанную красной ленточкой пачку писем. Алексей Григорьевич взял письма, развязал алую ленточку, взглянул на первое письмо, — и сердце его упало.

Знакомый почерк. Почерк Татьяны Павловны. Даты недавние, — этот год, прошлый. Слова нежные. Письма написаны какому-то Диме. И между ними одно письма мужским почерком, — и этот почерк знаком, — почерк Дмитрия Николаевича.

Прочел в одном из ее писем три только строчки:

"Дурак влюблен в меня без памяти. Его пресные рассуждения надоели мне до чертиков".

Больше не стал читать. Понял всю махинацию.

"Бежать, бежать за океаны или за горы!" — думал он.